Kontroll-Neurotiker

Gerald W. Piaget

Kontroll-Neurotiker

Sie wissen alles besser, sie wollen alles
im Griff haben, ohne sie läuft nichts.
So entgehen Sie ihrem Psychoterror

Aus dem
Amerikanischen
von
Jutta Hein

ECON Taschenbuch Verlag

Die Deutsche Bibliothek – CIP-Einheitsaufnahme

Piaget, Gerald W.:
Kontroll-Neurotiker: Sie wissen alles besser, sie wollen alles im Griff haben, ohne sie läuft nichts; so entgehen Sie ihrem Psychoterror / Gerald W. Piaget. [Aus dem Amerikan. übers. von Jutta Hein]. – Dt. Erstausg. – Düsseldorf; Wien: ECON-Taschenbuch-Verl., 1993
(ETB; 26026: ECON-Sachbuch)
Einheitssacht.: Control freaks ⟨dt.⟩
ISBN 3-612-26026-X
NE: GT

Deutsche Erstausgabe
Februar 1993
© 1991 by Gerald W. Piaget, Ph. D., and the Philip Lief Group, Inc., Published by arrangement with Doubleday, a division of Bantam Doubleday Dell Publishing Group, Inc.
First published in United States of America
Titel des amerikanischen Originals: Control Freaks
Aus dem Amerikanischen übersetzt von Jutta Hein
© ECON Taschenbuch Verlag GmbH, Düsseldorf und Wien
Umschlaggestaltung: Molesch/Niedertubbesing, Bielefeld
Satz: Dörlemann-Satz GmbH, Lemförde
Druck und Bindearbeiten: Ebner Ulm
Printed in Germany
ISBN 3-612-26026-X

Für Craig und Ryan,
die mich so viele Dinge
gelehrt haben,
von denen ich glaubte,
daß ich sie bereits wußte

Danksagungen

Zuerst und vor allem Dank an Joan für ihre Liebe, ihre Hilfe, ihr Verständnis und besonders dafür, daß sie das alles hingenommen hat. Sie entwickelte neue Ideen, redigierte, schrieb, tippte, machte Kaffee, kritisierte, unterstützte, plante neu, paßte auf die Kinder auf, und ganz gleich, wie mürrisch ich wurde, sie warf mich nicht ein einziges Mal aus dem Haus. Dank an Ryan und Craig, die während des mörderischen Monats weitgehend ohne den Vater auskommen mußten. Und dann während eines weiteren mörderischen Monats. Wegen Euch Jungs hat es sich gelohnt.

Besonderen Dank an Janet Wells, die sich sogar auf die große Reise aus Australien machte, um zu helfen. Woher wußtest du ...? An Errol Schubot für seine Ideen, seine Unterstützung und seine Zuneigung jetzt und in all den Jahren. Es gibt sehr wenige Zauberer auf der Welt, aber Errol ist einer von ihnen. An Nancy Kalish, die alles in Bewegung brachte – ich hoffe, eines Tages werden wir wirklich zusammenarbeiten. Und an die Leute bei Doubleday und der Philip Lief Group: Casey Fuetsch, Philip Lief, Susan Meltzner, Susan Moldow und Lisa Schwartzburg.

Schließlich ein herzliches Dankeschön an alle, die damit einverstanden waren, sich einer »Kontrollneurotiker-Befragung« zu unterziehen. Dieses Buch hätte ohne ihre Geschichten, Erkenntnisse und Reaktionen nicht geschrieben werden können, nicht ohne die kleinen Ausschnitte aus ihrem Leben, die sie bei langweiligen Mittagessen, kaltem Kaffee oder gar nichts anboten. Dank auch dafür, daß sie ihre Kontrollneurotiker mit mir teilten; ich hoffe, daß ich sie fair dargestellt habe. Dank auch an die Tausende von Seminarteilnehmern im Laufe der Jahre, die mir genausoviel beibrachten wie ich ihnen. Letztendlich sind die Gedanken in diesem Buch ihre, nicht meine.

Wie immer Dank an Grace. Ich wünschte, du wärst hier.

Gerald W. Piaget
Portola Valley, Kalifornien
20. Dezember 1990

Inhalt

Einleitung

Festhalten mit offener Hand

Es war einmal ein Junge, der fand fernab von seinem Zuhause im Wald einen Spatz mit einem gebrochenen Flügel. Er nahm den Vogel mit ins Haus, baute aus Zweigen einen Käfig für ihn und pflegte ihn geduldig gesund. Es dauerte nicht lange, da liebte er das kleine Geschöpf und betrachtete es als »seins«.

Innerhalb von etwa einem Monat heilte der Flügel des Vogels. Bald versuchte er, seinem Käfig zu entfliehen, er flatterte mit den Flügeln und warf sich gegen die Stäbe. Als er das sah, sagte der Vater des Jungen: »Mein Sohn, du mußt ihn fliegen lassen. Er ist ein Tier der Freiheit und würde in einem Käfig nie glücklich sein. Wenn du ihn behältst, wird er sich nur verletzen und vielleicht versuchen, auch dich zu verletzen.«

Sie trugen den Käfig ins Freie, und der Junge hob den Spatz vorsichtig heraus. Als er die Freiheit spürte, breitete der Vogel seine Flügel aus und versuchte zu fliegen. In einem Reflex schloß der Junge die Hand, weil er plötzlich fürchtete, seinen Freund für immer zu verlieren. Der Vogel piepste und schlug mit den Flügeln.

»Mein Sohn«, sagte der Vater sanft, »öffne deine Hand. Ich weiß, daß du ihn lieb hast, aber sieh mal, wie er kämpft. Gleich können seine zarten Flügel brechen. Wenn du ihn so fest drückst, daß er nicht wegfliegen kann, wirst du ihn verletzen, vielleicht sogar töten.«

»Aber wenn ich die Hand öffne, fliegt er weg!« weinte der Junge.

»Das kann sein«, antwortete der Vater. »Andererseits, wenn er fortfliegt, kehrt er vielleicht eines Tages zurück. Aber wenn deine Angst, ihn zu verlieren, dazu führt, daß du ihn verkrüppelst oder tötest, dann verlierst du ihn mit Sicherheit. *Etwas Wildes und Freies können wir nur mit offener Hand festhalten.*«

Also öffnete der Junge die Hand, und natürlich flog der Spatz sofort davon. Traurig sah der Junge ihn fortfliegen, und er und sein Vater gingen wieder ins Haus. Den ganzen Tag lang spürte er eine schreckliche Einsamkeit. Doch am nächsten Morgen beim Aufwachen hörte er das vertraute Zwitschern und sah einen kleinen Spatz auf einem Ast vor seinem Fenster sitzen. Der Junge wußte nicht, ob es *sein* Spatz war oder nicht, aber als er zum Frühstück nach unten ging, merkte er, daß die Einsamkeit verflogen war.

Diese Geschichte ist meine Version einer alten japanischen Fabel, der ich eine große Bedeutung beimesse. Was für eine schwere Entscheidung mußte der Junge treffen! Und wie sehr ähnelt sie Entscheidungen, denen wir alle im Leben gegenüberstehen. Das richtige Gleichgewicht zwischen Kontrolle und Loslassen aufrechtzuerhalten ist ein schwieriger und nie endender Kampf. Und die Möglichkeit, diese schwer definierbare, fast paradoxe dritte Alternative – mit offener Hand festhalten – zu nutzen, erfordert genausoviel Mut und Selbstbewußtsein wie Geschicklichkeit.

Kontrollneurotiker

Der englische Ausdruck »control freak«, Kontrollneurotiker, ist eine Redewendung der Straße und von ziemlich neuerer Herkunft. Bedeutung und Aussage scheinen von Sprecher zu Sprecher und von Situation zu Situation unterschiedlich zu sein. Unter anderem finden die meisten Leute die Bezeichnung nur abschätzig, wenn sie auf *eine andere Person* bezogen wird. Wenn George den Fred einen Kontrollneurotiker nennt, dann handelt es sich dabei fast immer um Kritik. Dabei wird impliziert, daß Fred ein penetranter, ichbezogener Egonzentriker ist, der wie ein Elefant im Porzellanladen daherkommt. Er mag Ergebnisse aufzuweisen haben, aber er verfügt nicht über die Begabung oder Raffinesse, Dinge auf eine lässigere Weise zu erledigen, und im allgemeinen ist seine Gesellschaft nicht besonders erfreulich. Aber wenn George *sich selbst* einen Kontrollneurotiker nennt, dann ist die Bedeutung weit weniger negativ. In den meisten Fällen wird das Eingeständnis mit mehr als nur einer Prise Stolz gewürzt. »Naja, vielleicht sollte ich nicht so stark Kontrolle ausüben – ich werde versuchen, es abzubauen. Ich vermute, ich wirke manchmal ein bißchen streng. Aber ich bekomme die Dinge erledigt, nicht wahr? Und ich lasse mir von niemandem Scheiße andrehen.«

Natürlich gibt es bei einigen Kontrollneurotikern der Oberliga keinerlei Ambivalenz – sie geben sich direkt zu erkennen und prahlen damit. Woodward und Bernstein schreiben in *All the President's Men*, daß G. Gordon Liddy während seiner Dienstzeit im Weißen Haus ein kleines Schild auf seinem Tisch stehen hatte, auf dem stand: »Wenn du sie an den

Eiern gepackt hast, werden ihre Herzen und ihr Verstand folgen.«

So wie sie in diesem Buch gebraucht wird, ist die Bezeichnung »Kontrollneurotiker« keineswegs abwertend. Sie ist *beschreibend*. Sie bezieht sich auf jemanden, der ständig zuviel oder zur falschen Zeit Kontrolle ausübt – auf jemanden, der sich einfach kümmern muß, der nicht loslassen kann. In anderen Worten, auf jemanden, der nicht mit offener Hand festhalten kann, wenn es notwendig oder besser wäre, das zu tun.

Tatsächlich können die meisten von uns unter den richtigen Bedingungen zu Kontrollneurotikern werden. Manche von uns verbergen es besser als andere, und andere setzen Taktiken ein, die so passiv, indirekt oder auf elegante Weise subtil sind, daß sie nicht als die erkannt werden, die sie sind. Aber irgendwann müssen wir uns fast alle unserem Bedürfnis nach Kontrolle unterwerfen. Mir ist das mit Sicherheit passiert – tatsächlich ist das einer der Gründe, aus denen ich dieses Buch geschrieben habe. In den letzten zwanzig Jahren habe ich ein bißchen darüber gelernt, wie ich mit meinem eigenen Bedürfnis zu kontrollieren umgehe, aber einen guten Teil meines Lebens war ich ein Ausreißer, ein eingetragenes Mitglied im Club der Kontrollneurotiker.

Während der meisten Zeit als Jugendlicher und junger Erwachsener konnte ich bei keinem Streit verlieren oder einem Faustkampf aus dem Weg gehen, ohne mich dabei schrecklich zu fühlen – und ich machte mir in Gedanken eine Notiz, es irgendwann in der Zukunft wieder auszugleichen. Ich spielte Lehrer/Schüler (s. S. 166 f.) mit allen meinen Freundinnen, hatte meine Freude an der Macht und dem Auftrieb für das Ego, zu dem mir dieser Schachzug *vorüberge-hend* verhalf – und zerstörte im Laufe der Zeit natürlich nach und nach jede Beziehung.

Gefühle zu zeigen war gut – wenn ich sie zeigte, um ein bestimmtes Ziel zu erreichen (eine Frau zu beeindrucken, in einem Streit zu gewinnen). Ansonsten besser nicht. Gefühle zu zeigen macht einen nur verletzbar, und das brauchte ich nicht. (Ich weiß jetzt, daß ich mich in vielen Bereichen bereits so ungeheuer verletzbar fühlte, daß ich gar nichts mehr tun konnte, um das noch zu verschlimmern.)

Natürlich wußte ich, daß die Dinge in gewisser Weise nicht so gut liefen, aber ich konnte nie genau sagen, was verkehrt war, bis ich mit Ende Zwanzig ein Interesse für den Sport *Aikido* entwickelte. Da fing ich an einzusehen, daß es Alternativen zum Nachgeben oder Austeilen, Kontrollieren oder Kontrolliertwerden *gab*. Zu meinem Erstaunen lernte ich, daß Nachgeben eine machtvollere Taktik sein kann als Kämpfen, vor allem auf lange Sicht – und daß es mit Sicherheit nichts war, dessen man sich schämen mußte! Nach und nach lernte ich, mit offener Hand festzuhalten.

Zwar habe ich Aikido jahrelang nicht mehr in aller Form ausgeübt, aber ich wende die Lehren immer noch an, die soviel näher an meine persönliche »Wahrheit« herankommen als alles, was ich als Psychologe und als Mensch erlebt habe. Ich beherrsche mit Sicherheit die Sache mit der »offenen Hand« noch nicht – weit entfernt. Das ist für fast jeden eine Lebensaufgabe. Aber ich glaube, ich bin näher dran als am Anfang. Später in diesem Buch erfahren Sie etwas über Aikido und darüber, wie Sie einige der Prinzipien in Ihrem eigenen Leben anwenden können.

Über das Buch

Das Material in diesem Buch stammt aus meiner beruflichen Erfahrung als Therapeut und Ausbilder, aus meinen persönlichen Erlebnissen mit anderen kontrollorientierten Menschen, aus mehr als fünfundzwanzig Jahren intensiver Beschäftigung mit Literatur über Selbsthilfe und Ausbildung und aus einer Reihe von ausführlichen Gesprächen mit Männern und Frauen unterschiedlichen Alters, unterschiedlicher Rasse und kulturellen Hintergrunds und unterschiedlicher Lebensläufe. Die Geschichten und Beispiele basieren auf dem Leben tatsächlich existierender Menschen. Doch alle Namen und Erkennungszeichen wurden verändert; und im Interesse der Vertraulichkeit und Kürze wurden in einigen Fällen Informationen über mehrere Menschen zu einer kompakten Charakterisierung zusammengefaßt.

Jedes Selbsthilfe-Buch muß aus einer besonderen Perspektive heraus geschrieben werden und sich an ein spezielles Publikum wenden. Dieses hat in erster Linie zum Ziel, Menschen dabei zu helfen, besser mit den Kontrollneurotikern in ihrem Leben umzugehen. Wenn Sie jedoch zufällig wie ich ein Kontrollneurotiker sind, dann ist vielleicht auch für Sie etwas dabei. Vielleicht hat Ihnen Ihr Ehepartner, Lebensgefährte oder eine andere wichtige Person dieses Buch geliehen und gemeint, Sie könnten darin jemanden entdecken, den Sie wiedererkennen. Vielleicht hat man Ihnen vier oder fünf Exemplare zum Geburtstag geschenkt (was für ein Zufall). Machen Sie sich dran, schlagen Sie es auf, werfen Sie einen Blick hinein. Was haben Sie zu verlieren? Sie könnten etwas lernen. Zumindest bekommen Sie ein paar Vorstellungen von den neuen Taktiken und Strategien, die ein für Sie wichtiger Mensch bald einsetzen wird, um mit *Ihnen* umzugehen.

Wo auch immer Ihre Ziele liegen mögen, dieses Buch geht die Probleme an, dient den Bedürfnissen, befriedigt jede Art von Neugier, die Sie zuerst einmal dazu verleitet hat, es aufzuschlagen. Ich hoffe, die Lektüre macht Ihnen Spaß, und wenn Sie beschließen, einige Vorschläge auszuführen, dann wünsche ich Ihnen viel Glück.

Teil I

Kontrollneurotiker

Kapitel 1

Kontrollneurotiker und Anpasser

Ein Überblick

»O ja, so einen kenne ich.« Mit einem Kichern oder einem Seufzer, einem nachdrücklichen Kopfnicken oder einer übertriebenen Grimasse sprachen Kollegen, Klienten und Freunde diese Worte aus, sobald sie hörten, daß dies ein Buch über Kontrollneurotiker werden würde. Selbst jene, die die Bezeichnung noch nie gehört hatten, erkannten sie instinktiv und fingen an, Leute aus ihrem Leben zu beschreiben, die ins Bild paßten. Als sich ihre Geschichten von sich einmischenden Managern, schmollenden Ehepartnern, penetranten Eltern, manipulierenden Lebensgefährten und einschüchternden Kollegen fortentwickelten, wurde es offensichtlich, daß der Begriff »Kontrollneurotiker« nicht nur eine vertraute Saite zum Klingen brachte, sondern einen Nerv traf. Hier sind drei von den vielen Beispielen, die die anderen Leute beschrieben.

Der Tyrann

»Schreib ein Kapitel über meinen Schwiegervater«, sagte Drew, ein 33jähriger Arzt von der Unfallstation. »Das würde ihm gefallen!« Drews Wut kam laut und deutlich durch, als er seine Ausführungen machte.

»Carl ist der arroganteste, selbstherrlichste, diktatorischste Mann, den ich je kennengelernt habe. ›Vater weiß es am besten‹ auf Powertrip. Er glaubt, daß er weiß, was für alle anderen am besten ist. Läßt es dich nie vergessen. Gibt nie Ruhe. Wo es um reine Sturheit geht, da ist er eine Klasse für sich.«

Über Jahre hinweg hatte Carl unterstellt, daß seine Tochter glücklicher wäre, wenn Drew mehr Geld verdiente und eine bessere Klasse von Patienten behandelte. Vor kurzem hatte Drew erfahren, daß Carl einige Beziehungen genutzt hatte, damit er von einer angesehenen Ärztegruppe zu einem Gespräch gebeten wurde. »Carl wußte, daß ich kein Interesse daran hatte, mich dieser Praxis anzuschließen«, schäumte Drew. »Aber er ist unfähig, nein als Antwort zu akzeptieren.«

Nach Drews Aussage war Carl so aggressiv, daß er stets zuhörte, wenn vollkommen fremde Leute ihre Bestellung in einem Restaurant aufgaben, und dann mischte er sich ein, um sie zu informieren, daß ihnen das leid tun würde und sie lieber etwas anderes wählen sollten. »Er kann einfach nicht widerstehen, anderen zu sagen, was sie machen sollen«, erklärte Drew. »Er unterbricht jedes Gespräch, um die Grammatik bei einem anderen zu korrigieren. Ich hab' gesehen, wie er jemandem eine Zigarette aus der Hand genommen und sie ausgedrückt hat, um dann einen zehnminütigen Vortrag über die Nachteile des Rauchens anzufangen – obwohl er bei der betreffenden Person damals zu Gast war. So penetrant ist er.«

Da er der sprichwörtliche Selfmademan ist, hatte Carls Herrschsucht in Klassenzimmern, auf Sportplätzen und während seines Aufstiegs vom Versicherungsvertreter zum Präsidenten seiner eigenen Firma zu seinem Vorteil funktioniert. Da nichts – wie klein es auch sein mochte – seinem wachsamen Auge entging, verpaßte Carl kaum eine Gelegenheit, um zu demonstrieren, wie schlau, superkompetent und mächtig er war. Wenn er einen Rechtschreibfehler in einer Notiz oder einem Bericht entdeckte, wies er die Person, die ihn gemacht hatte, nicht nur darauf hin. Er trug ein Nachschlagewerk zum Schreibtisch des Übeltäters und blieb dort stehen, während die betreffende Person das falsch geschriebene Wort heraussuchte. Noch tagelang danach, immer wenn Carl die Person sah, veranstaltete er ein Quiz und verlangte, daß sie das Wort sofort und auf der Stelle buchstabierte, manchmal in Gegenwart von Dutzenden von anderen Angestellten. »Er prahlt mit solchen Angestellten«, kommentierte Drew. »Er kommt gar nicht auf die Idee, daß er die betreffende Person erniedrigen oder sich selbst blamieren könnte, weil er soviel Getue wegen nichts macht.«

So herrisch Carl in gesellschaftlicher oder geschäftlicher Umgebung auch sein mochte, sein tyrannischstes Verhalten schien er für seine Familie reserviert zu haben. Obwohl seine Kinder – drei Söhne und die Tochter, mit der Drew verheiratet war – nicht mehr unter seinem Dach lebten, mischte sich Carl weiterhin aufdringlich in ihr Leben ein. »Vor ein paar Jahren hatte Billy, der Bruder meiner Frau, eine Beziehung zu einer richtig netten Frau«, erinnerte sich Drew. »Aber Carl konnte sie nicht ausstehen. Weil sie zufällig geschieden war und ein kleines Kind hatte, war Carl davon überzeugt, daß sie einen Freifahrtschein suchte – weißt du, jemanden, der sie und ihr Kind ernährte.« Carl forderte Billy auf, diese Frau aufzugeben, und als er das nicht tat, verbot Carl ihm, sie zu irgendwelchen

Familientreffen mitzubringen. »Wenn er hörte, daß einer von uns Billy nach ihr fragte, rastete er aus«, fuhr Drew fort. »Er wollte nicht, daß in seiner Gegenwart über diese ›Goldgräberin‹ gesprochen wurde. ›Diese Goldgräberin‹, so nannte er sie immer. Er weigerte sich, sie bei ihrem Namen zu nennen.«

Als die Beziehung in die Brüche ging, war Carl, ohne Rücksicht auf den Kummer seines Sohns, hocherfreut und schrieb es sich selbst zu, daß sie gescheitert war. »Hab' ich nicht gesagt, daß das Mädchen nichts taugte?« brüstete er sich. »Das nächste Mal wirst du auf mich hören, wenn ich dir sage, was richtig ist.«

Vielleicht gibt es in Ihrem Leben gegenwärtig niemanden, der so beherrschend ist wie Carl, aber Sie haben vermutlich Leute wie ihn schon getroffen. Indem sie sich selbst zum Mittelpunkt der Welt machen, haben sie ein so starkes Gefühl für ihre eigene Wichtigkeit und ihre Überlegenheit, daß sie sich benehmen, als hätten sie das Recht, in jeder Situation das Sagen zu haben. Niemand versteht oder behandelt Dinge so gut wie sie, denken sie – und glauben, daß ihre Firma, ihre Familie oder vermutlich gar die Menschheit selbst aufhören würde zu existieren, wenn sie nicht zur Stelle wären, um ungefragt Ratschläge zu geben, Vorträge über richtiges Benehmen zu halten und Strafen für verschiedene Missetaten auszuteilen.

Natürlich ist nicht jeder, der versucht, Ihr Denken, Fühlen oder Tun so stark zu beeinflussen, so selbstbewußt wie Carl. Tatsächlich können einige der herrschsüchtigsten Menschen in Ihrer Umgebung außerordentlich unsicher sein.

Der Übervorsichtige

»Meine Chefin ist Weltklasse, wenn es darum geht, übermäßige Vorsicht walten zu lassen«, behauptete die siebenundzwanzig Jahre alte Kelly, eine Public-Relations-Assistentin. »Sie überläßt nichts dem Zufall.« Irene, die Public-Relations-Leiterin einer landesweiten Warenhauskette, verbrachte jedesmal, wenn sie Kelly einen Auftrag erteilte, mindestens zwanzig Minuten damit, alle Einzelheiten durchzugehen. »Ich kann genau dieselbe Aufgabe schon hundertmal erledigt haben«, sagte Kelly, »aber sie erklärt sie mir, als wäre es mein erster Arbeitstag. Und ungefähr zehn Minuten später ruft sie an – nur um sicher zu sein, daß ich einen Punkt verstanden habe, den ein trainierter Schimpanse begreifen würde. Bevor die Aufgabe beendet ist, bekomme ich mindestens noch zehn weitere von diesen ›Ich will nur mal überprüfen‹-Anrufen – und das schon bei kleineren Projekten.«

Bei größeren Projekten konsultierte Irene ein halbes Dutzend Leute und erzählte Kelly außerdem, was sie selbst meinte, auch das, was die anderen gesagt hatten. »Dann spielen wir jeden Morgen ›Zwanzig Fragen‹«, fuhr Kelly fort, und ihre Frustration wurde immer offensichtlicher. »Sie will den Stand der Dinge bei dem Projekt wissen, woran ich heute arbeite, ob ich irgend etwas vergessen habe und so weiter. Manchmal habe ich das Gefühl, ich möchte sie schütteln und sie anschreien: ›Hören Sie auf, mich wie eine Idiotin zu behandeln! Ich kann den verdammten Auftrag durchführen, und ich würde ihn viel schneller schaffen, wenn Sie mich in Ruhe lassen würden!‹«

Wenn Kelly nicht mit dem Gedanken beschäftigt war, Irene den Hals umzudrehen, zweifelte sie an ihrer eigenen Kompetenz und stellte ihren eigenen Geisteszustand in Frage. »Ich dachte immer, daß mit mir was nicht stimmte«, sagte Kelly, »daß Irene mich wie eine Doofe behandelte, weil ich mich wie jemand benahm, der Probleme mit Autoritätspersonen oder so etwas hatte.« Aber dann wurde ihr klar, daß Irene auch über dem Rest der Public-Relations-Mannschaft lauernd schwebte. »Sie mußte einfach wissen, was jeder einzelne in jeder Minute des Tages tat«, fuhr Kelly fort. »Sie spielte sogar diese Spielchen, daß sie einem von uns erzählte, daß sie sich Sorgen über das machte, was jemand anderes gerade tat. Sie bat uns, ein Auge auf diese Person zu werfen und sie wissen zu lassen, was vorging. Ziemlich bald bespitzelten wir uns alle gegenseitig, was nicht gut für unsere Stimmung war.«

Irene spielte auch noch andere Spielchen, indem sie für Konkurrenz zwischen ihrer Mannschaft und der Werbeabteilung sorgte oder die Unsicherheiten der Leute ausnutzte und mehr Einsatz aus ihnen herausholte, indem sie ihnen erzählte, was *sie* zu leisten imstande war, als *sie* in deren Position war. »Manchmal log sie glatt«, behauptete Kelly. »Sie erzählte uns, daß *ihr* Chef darauf bestand, daß irgend etwas auf eine bestimmte Weise oder in einer bestimmten Zeit erledigt wurde. Aber es war allein ihre Idee, und ihr Chef wußte nicht einmal was davon. Ehrlich, diese Frau tat *alles*, um uns bei der Stange zu halten oder, wie sie es ausdrückte, um uns davon abzuhalten, ihr etwas zu vermasseln.«

So ärgerlich und zum Verzweifeln wie Carl war, so nörgeln Leute wie Irene herum, überprüfen Sie, bombardieren Sie mit Fragen und Gedächtnisstützen, weil sie vor dem Angst haben, was passieren könnte, wenn sie das nicht täten. Sie scheinen zu befürchten, daß sie, wenn sie eine Kleinigkeit unbemerkt durchrutschen lassen oder den Griff auch nur einen Augenblick lang lockern, die Kontrolle über die gesamte Situation verlieren, aus den Nähten platzen, gefeuert werden oder eine Reihe von fürchterlichen Schicksalsschlägen erleiden. Mit der Neigung, Perfektionisten zu sein oder Menschen, die alle Widrigkeiten überwunden haben, findet man diese übervorsichtigen Kontrolleure oft unter Managern und leitenden Angestellten, zu deren Aufstieg auf der Karriereleiter es gehörte, daß sie Ziele setzten und alles in ihrer Macht Stehende nutzten, um sie auch zu erreichen. Im Laufe der Jahre haben sie sich das Kontrollieren angewöhnt, um das auch zu bekommen, was sie haben wollten, und sie wurden in bezug auf jede andere Art des Vorgehens fast abergläubisch. Ein Ausrutscher, und ich könnte alles verlieren, was ich erreicht habe, denken sie und kontrollieren, um sicherzustellen, daß nichts schiefläuft. Wie jedermann weiß, der es je mit einem überängstlichen Elternteil zu tun hatte oder einen unsicheren Liebhaber, einen übermäßig engagierten, gestreßten Nachbarn beobachtete, ist diese Haltung und Einstellung nicht auf die Geschäftswelt beschränkt.

Der Übernahmekünstler

Beverly, eine Hausfrau Mitte Fünfzig, hatte fast zwanzig Jahre neben Ellen gewohnt, und obwohl die Frauen Freundinnen waren und oft Dinge gemeinsam unternahmen, behauptete Beverly, daß sie Ellen nie verstanden hatte und sie wohl auch nie verstehen würde.

Wenn man Beverly glaubte, war Ellen in allen Dingen sehr eigen, vom Aufhängen der Kleider im Schrank bis zum Schneiden der Hecken im Garten. Jede Minute ihres Tages war im voraus verplant, und nur eine Naturkatastrophe hätte sie dazu bringen können, ihre Pläne zu ändern. »Ich hab' das immer Pingeligkeit genannt«, sagte Beverly. »Ich dachte aber, daß sie das Recht hatte, ihr Leben so zu leben, wie sie es wollte.« Der Ärger war nur, daß Ellen versuchte, andere Leute dazu zu bringen, auch so zu leben, wie sie es sich vorstellte.

»Ganz gleich, wo sie ist, Ellen übernimmt«, fuhr Beverly fort. »Sie betritt deine Küche und bringt Ordnung in die Schränke. Du schaust aus dem Fenster und siehst, wie sie bei dir Unkraut jätet. Sie beschließt, daß du einen neuen Trainingsanzug brauchst oder eine andere Shampoomarke, sie kauft für dich ein, ohne dich zu fragen, bringt dir die Sachen und erwartet, daß du sie bezahlst. Manchmal greift sie direkt in dein Portemonnaie und nimmt sich das Geld, das du ihr ›schuldest‹.«

Wenn Ellen sich erst einmal etwas in den Kopf gesetzt hatte, ließ sie nicht mehr davon ab.

Der vergangene Sonntag war ein perfektes Beispiel. Um acht Uhr morgens hatte Beverly einen »verzweifelten« Anruf von Ellen bekommen. Sie und ihr Mann wollten nachmittags ins Kino gehen und wollten sich den Spielplan ansehen, konnten es aber nicht, weil der Teil in ihrer Zeitung fehlte. Sie wollte sich Beverlys Zeitung ausleihen, und Beverly, die noch im Bett lag, versprach, sie ihr in ungefähr einer Stunde zu bringen.

»Aber sie wollte sie genau in diesem Augenblick haben«, erzählte Beverly. »Sie war richtig aufgeregt deswegen und zählte alles auf, was sie tun wollte, und zwar in der Reihenfolge, in der sie es tun wollte – als ob das rechtfertigte, mich aus dem Bett zu holen. Aber das war ganz sinnlos. Ich meine, bis zur ersten Kinovorstellung dauerte es noch Stunden, und sie würde nur eine Minute brauchen, um die Spielpläne durchzusehen. Was machte das für einen Unterschied, wenn sie es sofort oder eine Stunde später tat?«

Auch wenn Beverly im allgemeinen alles tat, worum Ellen sie bat, blieb sie dieses Mal fest und teilte Ellen mit, daß sie ihr den Teil der Zeitung in einer Stunde bringen würde und keine Minute eher. »Ich dachte, damit wäre es erledigt«, erzählte Beverly weiter. »Aber im nächsten Augenblick klopfte Ellen an die Tür. Da ich ihr die Zeitung nicht bringen wollte, hatte sie beschlossen, zu kommen und sie sich zu holen.«

Kontrollneurotiker

Leute wie Carl, Irene und Ellen sind »Kontrollneurotiker«: Menschen, die zuviel, zu oft oder dann kontrollieren, wenn Kontrolle eigentlich gar nicht nötig ist. Manche nörgeln, drohen, reden ununterbrochen oder schüchtern ein, wobei sie wenig Zweifel an ihren Absichten lassen. Andere kontrollieren verdeckt, wobei sie sich auf ein wahrhaft geniales Talent zur Manipulation stützen. Ihre Doppelbindungen, vermischten Botschaften und Täuschungen können so subtil sein, daß Sie die Manipulation erst merken, wenn es schon passiert ist. Alle scheinen entschieden und entschlossen zu sein, auf jeden Fall ihren Willen zu bekommen, und sie scheinen mehr als bereit zu sein, Ihr Glück

29

und Ihren Seelenfrieden zu opfern, um sich selbst beides zu erhalten.

Extremes Kontrollverhalten ist im besten Fall verwirrend. Zusammenarbeit mit einem Kontrollneurotiker kann sie wütend, frustriert, ärgerlich oder mit dem Gefühl, Opfer zu sein, zurücklassen. Nichts scheint sie aufzuhalten. Wenn sie gegen eine Wand rennen, schreckt sie das nicht ab. Daß sie rücksichtslos über Menschen hinwegsteigen – einschließlich Menschen, die sie lieben –, bringt sie von nichts ab. Sie MÜSSEN Sie zwingen, sich an ihren Spielplan zu halten. Sie MÜSSEN Sie dazu bringen, ihnen zuzustimmen oder Sie aus dem Weg zu räumen. Das ist für die meisten Kontrollneurotiker keine Frage der eigenen Entscheidung. Sie handeln eher aus Gewohnheit als aus Vorliebe oder Notwendigkeit, und sie fühlen sich erfolgreich, sicher, gut oder wohl, wenn – und nur wenn – sie das Sagen haben.

Selbst sanftere Kontrolltaktiken können Sie frustrieren und Sie nach einer Weile zermürben. Das Leben mit einem Kontrolleur fängt an, wie ein nie endender Wettbewerb zu wirken. Sie müssen sich ständig in acht nehmen vor der schneidenden Bemerkung, der subtilen Kritik, dem unterminierenden Blick. Sie müssen immer auf der Hut sein vor dem Freund oder Ehepartner, der immer nach Möglichkeiten sucht, sich nur ein kleines bißchen mehr zu nehmen, als ihm zusteht. Und ganz gleich, wieviel Mühe Sie sich geben, Sie werden nicht alles bekommen. Wirklich geschickte Kontrollneurotiker können schon *Stunden* im Manöver sein, bevor Sie überhaupt merken, daß etwas nicht stimmt – und Sie bemerken es dann nur, weil Sie müde sind und Magenschmerzen bekommen.

Fragebogen –
Wie man Kontrollneurotiker erkennt

Gibt es einen Kontrollneurotiker in Ihrem Leben? Suchen Sie sich jemanden aus, von dem Sie meinen, daß er ins Bild paßt. Nun nehmen Sie sich eine Minute Zeit, um die folgenden Aussagen einzuschätzen. Die Ergebnisse werden auf das Ausmaß hinweisen, in dem Sie das Gefühl haben, daß es in Ihrer Umgebung Menschen gibt, die Sie zu kontrollieren versuchen.

Bewerten Sie jeden der folgenden Bereiche auf einer 5-Punkte-Skala. Eine 5 weist darauf hin, daß der Bereich *sehr* beschreibend für den Menschen ist, den Sie sich ausgesucht haben; eine 1 bedeutet, daß der Bereich den Menschen gar nicht beschreibt.

Bereich	Nicht beschreibend			Sehr beschreibend	
1. Bei einem Streit zu gewinnen, scheint ihr/ihm wichtiger zu sein, als die beste Lösung zu finden.	1	2	3	4	5
2. Sie/er neigt dazu, im Verkehrsstau wütend oder ungeduldig zu werden.	1	2	3	4	5
3. Wenn ich nicht weiß, was sie/er will, wird sie/er wütend, schmollt oder schweigt mich an.	1	2	3	4	5

Bereich	Nicht be-schrei-bend			Sehr be-schrei-bend

4. Es ist wichtig für sie/ihn,
   daß andere Leute denken,
   sie/er trage Verantwortung.   1 2 3 4 5

5. Ich behalte meine Mei-
   nung oft für mich, weil es
   die Mühe nicht lohnt, eine
   andere Meinung zu vertreten.   1 2 3 4 5

6. Mit dem Auto in einer
   fremden Stadt würde sie/
   er sich eher verfahren, als
   nach dem Weg zu fragen.   1 2 3 4 5

7. Sie/er tut mir Gefallen,
   ohne zu fragen, wäre aber
   verletzt, wenn ich sie/ihn
   bitten würde, es nicht zu
   tun.   1 2 3 4 5

8. Wir haben Streit um Klei-
   nigkeiten, der sich so steigert, daß der Abend verdorben ist.   1 2 3 4 5

9. Sie/er scheint am glück-
   lichsten zu sein, wenn sie/
   er Leute herumkomman-
   diert.   1 2 3 4 5

10. Sie/er kann viel besser Be-
    fehle erteilen als anneh-
    men.   1 2 3 4 5

11. Sie/er scheint ständig mit
    anderer Leute Angelegen-
    heiten beschäftigt zu sein.   1 2 3 4 5

Bereich	Nicht be-schrei-bend			Sehr be-schrei-bend	

12. Sie/er hat ständig ein Auge 1 2 3 4 5
auf alle Leute oder alle
Einzelheiten, um zu ver-
hindern, daß Dinge ver-
kehrtlaufen.

13. Wenn ihr/ihm ein Film 1 2 3 4 5
oder das Essen im Restau-
rant nicht gefällt, dann
sollte auch kein anderer
Freude daran haben.

14. Wir scheinen immer das 1 2 3 4 5
zu tun, was sie/er will.

15. Sie/er schmollt, wenn sie/ 1 2 3 4 5
er nicht im Mittelpunkt der
Aufmerksamkeit steht.

16. Sie/er wirft jedem vor, un- 1 2 3 4 5
fähig und unorganisiert zu
sein.

17. Sie/er wird wütend, wenn 1 2 3 4 5
irgend jemand etwas auf
ihrem/seinem Schreib-
tisch oder in ihrem/seinem
Büro anfaßt.

18. Sie/er delegiert *Verantwor-* 1 2 3 4 5
tung, nicht aber *Autorität*.
Wenn ich wirklich einmal
eine selbständige Ent-
scheidung treffe, kritisiert
sie/er mich oder lehnt ab.

19. Sie/er ist übertrieben auf- 1 2 3 4 5
geregt, wenn ihre/seine

Bereich	Nicht be-schreibend			Sehr be-schreibend

Pläne durchfallen oder neu
geordnet werden müssen.

20. Sie/er kann den Gedanken 1 2 3 4 5
an Durcheinander oder
Unordnung nicht ausste-
hen.

Bringt irgendeiner dieser Punkte bei Ihnen eine
Saite zum Klingen? Wenn Sie viele davon mit 4
oder 5 bewertet haben oder wenn die Gesamtpunktzahl über 60 liegt, dann könnten Sie es mit
einem Kontrollneurotiker zu tun haben.

Normale Kontrolle

Es ist nichts verkehrt daran, wenn man sich wünscht,
Kontrolle auszuüben. Wir alle wollen das Gefühl haben, die Verantwortung für unser Leben zu tragen,
einen Einfluß auf unsere Umgebung auszuüben, und
wir wollen glauben, daß wir unsere Träume Wirklichkeit werden lassen können. Das Leben wäre in der Tat
schwierig, wenn alles, was wir uns wünschen, und
jedes erhoffte Ziel von den Strömungen des Schick-
sals oder den Launen anderer Menschen bestimmt
würde. Die Vorstellung von einer solchen absoluten
Machtlosigkeit ist deprimierend und für viele von uns
erschreckend.

An jedem Tag in unserem Leben treffen wir auf
Bedingungen, die das natürliche Bedürfnis zu kontrollieren auslösen können. Wir übernehmen Verantwor-

tung, und in vielen Fällen ist es gut, daß wir uns dazu entschließen. Wir tragen ein Kleinkind vor einem herannahenden Auto von der Fahrbahn in die Sicherheit des Bürgersteigs, und dabei machen wir uns keine Gedanken, ob wir bei diesem Vorgehen die Rechte des Kindes verletzen oder nicht. Bei einer Mitarbeiterversammlung setzen wir uns nachdrücklich für die Schaffung eines neuen Produkts ein, wir tun alles, was in unserer Kraft steht, um die anderen davon zu überzeugen, daß wir recht haben. Wer *tatsächlich* recht hat, ist zumindest vorübergehend nicht das Thema. Es ist vielmehr die Frage, wer die überzeugendsten Argumente vorbringen kann. Kurz, wir üben Kontrolle aus, um unser Leben so erfolgreich, interessant und sicher wie möglich zu machen und um den Menschen in unserer Umgebung zu helfen, wann immer wir können und so gut wir können.

Natürlich, manchmal schießen wir über das Ziel hinaus. Wir planen, entwerfen, manipulieren – und handeln auf eine Weise, die uns später leid tut. Manchmal geben wir uns zuviel Mühe, weil wir nicht erkennen, daß wir den Punkt erreicht haben, an dem die Möglichkeiten zur Umkehr immer geringer werden. Während wir unaufhörlich versuchen, einen viereckigen Keil in ein rundes Loch zu treiben, mag es sein, daß wir dumm oder besessen wirken, daß wir Menschen, die wir lieben, verletzen und daß wir, versessen darauf, unseren Willen zu bekommen, am Ende gar nichts erreichen.

Aber bei den meisten von uns ist dieses über das Ziel Hinausschießen eher die Ausnahme als die Regel. Wenn es uns schließlich dämmert, daß unser Bedürfnis nach Kontrolle die Dinge vielleicht noch verschlimmert, versuchen wir im allgemeinen, die

Kontrolle zu beenden, und suchen einen anderen Weg des Vorgehens. Wir legen vielleicht die Karten auf den Tisch und versuchen, einen Kompromiß auszuhandeln. Wir ziehen uns zurück, um unsere Energien für andere Schlachten zu sparen, oder wir stellen das vorliegende Problem zurück und schaffen so eine Möglichkeit, daß die Differenzen sich legen. Das ist es, was uns »normale Kontrolleure« von den Kontrollneurotikern unterscheidet. Jedermann hat das Bedürfnis zu kontrollieren, und in Wahrheit steckt vermutlich ein Stück von einem Kontrollneurotiker in den meisten von uns. Aber die meisten von uns können ihn abschalten.

Kontrollsüchtige

Kontrollneurotiker können nicht aufhören. Sie sind im Kern *kontrollsüchtig*. Sie haben *die Kontrolle über ihr Verlangen nach Kontrolle* genauso verloren wie andere Süchtige die Kontrolle über ihr Verlangen nach Alkohol, Drogen, Essen oder Sex verloren haben. Kontrollneurotiker werden, um jeden Preis und ohne Rücksicht auf die Konsequenzen, darum kämpfen, ihre intensive, stets gegenwärtige Sucht nach Kontrolle (oder nach der Illusion von Kontrolle) zu befriedigen. Es dämmert ihnen einfach nie, daß ihre nie endende Kontrolle mehr Schaden als Gutes anrichten kann.

Leider gibt es wirklich ein paar bösartige, üble Menschen auf dieser Welt – Menschen, deren Ziel es ist, Sie zu verletzen, Sie von ihnen abhängig zu machen oder Sie daran zu hindern, selbständig zu denken. Doch die meisten Kontrollneurotiker sind weder böse noch geisteskrank. Getrieben von Bedürfnissen, derer sie sich vielleicht nicht einmal bewußt sind, sind sie einfach unfähig, auf eine andere Weise vorzugehen. Das entschuldigt ihr Verhalten nicht und rechtfertigt auch nicht den Schaden, den sie vielleicht anrichten. Aber es macht sie auch nicht zu von Natur aus schlechten Menschen. Außerdem kann es oft nützlich – oder vergnüglich – sein, sie in der Umgebung zu haben.

Die Leute, die bei Ihnen die Fäden ziehen und auf die Knöpfe drücken, können auch charmant sein und Ihnen Freude machen. Es kann sein, daß sie sich gut ausdrücken können, amüsant, schlau und erfolgreich sind. In einer Krisensituation können Sie tatsächlich dankbar sein für ihre »Ich übernehme die Verantwortung«-Einstellung.

Viele außerordentlich erfolgreiche Menschen bezeichnen sich selbst als Kontrollneurotiker, und sie tun das mit Stolz. Sie sind überzeugt, daß sie nicht da wären, wo sie gegenwärtig sind, wenn sie auf irgendeine andere Weise vorgegangen wären – und es kann sein, daß sie recht haben. Wir bewundern und respektieren sie, und vielleicht wünschen wir uns sogar, daß wir mehr wie diese Menschen wären, die den Stier bei den Hörnern packen, genau wissen, was sie wollen, ihr Ziel verfolgen und sich nichts in die Quere kommen lassen.

Viele Kontrolleure gehen nur gelegentlich oder unter bestimmten Umständen in die Extreme. Sie können beispielsweise am Arbeitsplatz zuviel Kontrolle ausüben und zu Hause Schmusekätzchen sein – oder sie schubsen ihre Ehefrau herum, sind aber ganz lieb und nachgiebig bei den Kindern. Wenn sie in führenden Positionen sind, kann ihnen die Macht zu Kopf steigen. Doch wenn sie einfach nur Mitglieder eines

Komitees oder einer Mannschaft sind, dann scheinen sie vollkommen zufrieden zu sein, der Führung einer anderen Person zu folgen. Auch streßbeladene Situationen können bei bestimmten Menschen das Verhalten von Kontrollneurotikern auslösen. Kranke Kinder, bevorstehende Besuche von äußerst kritischen Schwiegereltern, die Aussicht, eine große Konferenz leiten zu müssen oder die schlichte Angst, daß eine wichtige Beziehung auseinandergeht, all diese Ereignisse haben schon mehr als einen verborgenen Kontrollneurotiker ans Tageslicht gebracht.

Dennoch, wenn Leute aus Ihrer Umgebung ungeheuer versessen darauf sind, Sie dazu zu bringen, Dinge auf ihre Weise zu sehen oder zu tun, oder wenn Sie in das Kreuzfeuer ihrer Bemühungen geraten, alles um sich herum unter Kontrolle zu haben, dann ist es schwierig, sie nicht in der Rolle des Schurken zu sehen. *Sie* machen mein Leben unglücklich, denken Sie. *Sie* lassen mir keine Wahl, dringen in mein Privatleben ein, rollen wie eine Dampfwalze über mich hinweg. *Ihretwegen* kann ich meine Arbeit nicht machen oder ein gutes Gefühl in bezug auf meine eigene Person haben. Nachdem man zu solchen Schlußfolgerungen gekommen ist, fällt die Annahme leicht, daß *sie* sich ändern müssen, damit Ihr Leben besser werden kann. Doch *sie* sind nur ein Teil des Problems.

Anpassen

Es ist Zeit, einen Blick darauf zu werfen, wie Sie auf die Kontrollneurotiker in Ihrer Umgebung reagieren. Nehmen Sie sich bitte die Minute Zeit, den Fragebogen im Kasten zu beantworten.

Einschätzung der Neigung zum Anpassen

Jeder der folgenden Punkte vollendet den Satz:
»Wenn jemand versucht, Kontrolle über mich auszuüben oder mich auffordert, etwas zu tun, das ich
nicht tun möchte, führt das dazu, daß ich . . .«

Bewerten Sie jedes Problem auf einer 5-Punkte-
Skala. Eine 5 bedeutet, daß der Punkt Sie *sehr* deutlich beschreibt; eine 1 bedeutet, daß der Punkt Sie
überhaupt nicht beschreibt.

Reaktion	Nicht be-schrei-bend				Sehr be-schrei-bend
1. im allgemeinen zustimme, denn es lohnt den Auf- wand nicht, etwas anderes zu machen.	1	2	3	4	5
2. im allgemeinen ja sage, denn ich habe Angst vor den Konsequenzen, wenn ich nein sage.	1	2	3	4	5
3. einen Standpunkt vertrete und mich weigere oder mich zur Wehr setze, ganz gleich, welche Konsequen- zen das hat.	1	2	3	4	5
4. versuche, mich mit Blöde- leien oder Süßholzraspeln aus dem herauszureden, was die anderen wollen.	1	2	3	4	5
5. wütend werde und sie das auch merken lasse.	1	2	3	4	5

Reaktion	Nicht be-schrei-bend			Sehr be-schrei-bend	
6. der Aufforderung zustim-me, dann aber »vergesse«, ihr nachzukommen.	1	2	3	4	5
7. zustimme und alles aus-führe, mich hinterher aber beschwere.	1	2	3	4	5
8. mit vollem Einsatz kämp-fe – eigene Wünsche oder Forderungen äußere.	1	2	3	4	5
9. es zulasse, daß ich kontrol-liert werde, es ihnen aber später heimzahle.	1	2	3	4	5
10. mich zuerst wehre, am Ende aber erschöpft bin und nachgebe.	1	2	3	4	5
11. schmolle oder schlechte Laune habe.	1	2	3	4	5
12. oft einwillige, weil ich das Gefühl habe, ich sollte das tun, oder weil ich mich schlecht fühlen würde, wenn ich etwas anderes täte.	1	2	3	4	5
13. mich wehre und mich hin-terher schlecht fühle.	1	2	3	4	5
14. nachgebe und dann wü-tend auf mich selbst bin, weil ich schwach war.	1	2	3	4	5

Wenn Sie viele Punkte auf dem Fragebogen mit 4 oder 5 bewertet haben oder Ihr Gesamtergebnis über 40 liegt, sollten die nächsten Seiten eine besondere Bedeutung für Sie haben. Achten Sie vor allem auf die Punkte, die Sie mit 3 oder höher bewertet haben. Manche Menschen unterwerfen sich von Natur aus dem kontrollierenden Verhalten, andere wehren sich automatisch, und wieder andere reagieren indirekt oder tun von beidem ein bißchen. Es gibt Zeiten, in denen diese Reaktionen angemessen erscheinen mögen oder die beste Alternative sind, die zur Verfügung steht. Aber wenn Sie *ständig* auf diese Weise reagieren, fügen Sie Ihrer Sache mehr schaden als Nutzen zu.

Nachgeben und sich wehren

Lassen Sie uns für einen Augenblick zu den beiden Personen und ihren Reaktionen zurückkehren, die Sie am Anfang dieses Kapitels kennengelernt haben.

»Was soll ich denn machen, wenn Ellen mich herumkommandiert?« sagte Beverly und wiederholte die Frage, die ich ihr gestellt hatte. »Was denken Sie denn? Ich tu' alles, was sie will. Ich gerate so unter Druck, daß ich gar nicht auf die Idee komme, etwas anderes zu tun.«

Minuten oder Stunden nach ihrem Gespräch schimpfte Beverly immer mit sich selbst, »weil sie so dumm war und nachgab«, wenn Ellen etwas forderte. Aber in dem Augenblick, in dem Ellen ihre Forderungen äußerte, stimmte Beverly fast immer zu. Sie gab sofort nach, als ob sie keine andere Wahl hätte.

Noch mehr beunruhigten Beverly die Zeit und die

Energie, die sie dafür aufwandte, um Ellens nächsten Schritt vorauszuahnen. In Ellens Gegenwart ging sie wie auf Eiern, wählte jedes Wort, das sie sprach, mit Bedacht aus. »Und es gibt viele Dinge, die ich ihr nicht erzähle, weil ich weiß, daß sie mich dann anschreit«, erklärte Beverly. Sie achtete ständig auf ihr eigenes Vorgehen und bedachte Ellens mögliche Reaktion, bevor sie Entscheidungen traf oder selbständig etwas unternahm. Kleinlaut gestand sie ein, daß sie sich bei mehr als einer Gelegenheit dabei ertappt hatte, wie sie in ihren Kleiderschrank guckte und unter dem Aspekt, ob Ellen damit einverstanden sein würde oder nicht, etwas zum Anziehen auswählte.

Drew dagegen weigerte sich einfach, das Spiel nach Carls Regeln zu spielen. Was ihn anging, so sagte er: »Wenn man Carl den kleinen Finger gibt, nimmt er die ganze Hand. Und wenn man das einmal tut, merkt man als nächstes, daß er das eigene Leben vollkommen bestimmt.« Mit dieser Voraussetzung fest im Kopf verankert, wehrte Drew sich gegen jeden von Carls Schritten. Sein Vorgehen bestand darin, Carls Rat *nicht* zu befolgen und alle von Carl angebotenen Vorschläge zu mißachten – selbst jene, die relativ vernünftig waren und sich für ihn als nützlich erweisen konnten.

Wie Sie vielleicht vermuten, war die Beziehung zwischen Carl und Drew alles andere als friedlich. »Wir haben in all den Jahren ein paar lange Auseinandersetzungen gehabt, bei denen die Fetzen flogen«, gab Drew zu. »Und vermutlich wird es noch reichlich mehr davon geben.«

Zwei Seiten der Medaille

Auch wenn sie sehr unterschiedlich wirken, waren Beverlys und Drews Reaktionen auf die Kontrollneurotiker in ihrer Umgebung auf mehrfache Weise sehr ähnlich. Einmal handelte es sich mehr um *automatische Reaktionen, weniger um bewußt gewählte Vorgehensweisen.* Weder Beverly noch Drew zogen ernsthaft andere Möglichkeiten in Betracht, und sie beschlossen auch nicht mit Bedacht, einzuwilligen oder sich zu widersetzen. Sie taten es einfach. Tatsächlich gab Beverly manchmal so schnell und instinktiv nach, daß sie erst später merkte, daß sie es getan hatte.

Zweitens schien bei beiden die *Vermeidung eines bestimmten Ergebnisses den Vorrang davor zu haben, sich mit der vorliegenden Situation wirksam zu beschäftigen.* Beverly akzeptierte Forderungen, die schlichtweg lächerlich waren, weil sie mehr darauf bedacht war, nicht angeschrien oder kritisiert zu werden, statt das zu tun, was in ihrem eigenen Interesse lag. Drew war so entschlossen, nicht zuzulassen, daß Carl ihm sagte, was er zu tun hatte, daß er dem wirklichen Ratschlag, den Carl anbot, keinerlei Beachtung schenkte und auch nicht versuchte, zwischen aufdringlicher, unangemessener Einmischung und vernünftigen, möglicherweise guten Ratschlägen zu differenzieren.

Indem sie schließlich so reagierten, *ermutigten Beverly und Drew die übermäßig kontrollierenden Menschen in ihrer Umgebung dazu, es noch einmal zu versuchen oder sie noch stärker unter Kontrolle zu bekommen.* Jedesmal, wenn Beverly nachgab, vor allem, wenn sie das tat, wovon sie vermutete, daß Ellen es wollte, bevor Ellen auch nur einen Schritt unternommen hatte, sagte Beverly im Grunde: »Hier bin ich, los. Marschier über mich hinweg. Ich zeige dir sogar, wohin du treten mußt, und auch wenn ich mich vielleicht bei anderen Leuten über dich beklage, werde ich dir nie sagen, wie sehr ich mich über das ärgere, was du machst.« Natürlich machte Ellen keinerlei Anstalten, eine so liebenswürdige Einladung, in erster Linie das zu tun, was sie wollte, abzulehnen. Und wenn Sie denken, daß es Drew besser ging, müssen Sie noch einmal nachdenken. Selten brachte ein Streit Carl dazu, daß er sich zurückzog. In der Tat, Drews krasse Weigerung führte bei Carl nur noch zu größerer Entschlossenheit, und er wandte immer raffiniertere – und ärgerlichere – Kontrolltaktiken an, um seinen Schwiegersohn davon zu überzeugen, die Dinge so wie er zu sehen und auszuführen.

Obwohl ihr individuelles Vorgehen ganz unterschiedlich war, benutzten Beverly und Drew tatsächlich Varianten desselben Reaktionsmusters. Sie *paßten sich* an, und wenn Sie durch das kontrollierende Verhalten eines anderen Menschen ständig hereingelegt, abgelenkt, umgeworfen oder unbeweglich gemacht werden, machen Sie es vermutlich genauso.

Anpassung als Lebensform

Die meisten von uns passen sich Kontrollneurotikern an, ohne es überhaupt zu wissen. Wir merken nicht, daß wir zulassen, daß das Verhalten eines anderen Menschen unser eigenes diktiert oder daß wir dieser Person die Macht geben, uns zu kontrollieren. Wir denken vielleicht, daß wir einen redlichen Handel machen, indem wir etwas bekommen, das uns wichtiger erscheint, als das Sagen zu haben oder Verantwortung zu tragen.

Manchmal wissen wir nicht, was wir sonst tun könnten, oder wir sind, wie im Fall von Beverly, so durcheinander, daß uns andere Möglichkeiten gar nicht in den Kopf kommen. Wir reagieren in einer Weise, die vertraut und bequem ist, greifen zu Verhaltensweisen, die in der Vergangenheit zu unserem Vorteil funktioniert haben und sich immer noch so anfühlen, als seien sie richtig. Der Versuch, andere Menschen glücklich zu machen, und der Versuch, Konflikte zu vermeiden, sind die beiden Reaktionen, die, wenn sie übertrieben werden, uns zum bevorzugten Ziel für jeden machen, der einen machtvollen Drang hat, andere Leute herumzustoßen.

Ironischerweise trifft das auch auf eine natürliche Neigung zum Widerstand zu. Wenn Sie sich willkürlich wehren oder wenn Sie einwilligen, sich dann aber darum bemühen, es dem anderen heimzuzahlen, lassen Sie immer noch zu, daß das Verhalten der anderen Person Kontrolle über Ihr eigenes hat. Sie lassen immer noch Ihre Ziele und Prioritäten beiseite, während Sie sich darum kümmern, den Kontrollneurotiker davon abzuhalten, seine eigenen zu erreichen.

Anpassungsverhalten ist automatisch, und im allgemeinen wiederholen sich dieselben Muster immer wieder. Häufig sind Sie davon überzeugt, daß Ihre Methode funktioniert, wenn Sie sich nur genug Mühe geben, damit sie funktioniert. Und so geben Sie sich immer mehr Mühe, wobei Sie sich trotz kläglicher Ergebnisse und unguter Konsequenzen wiederholt auf dieselbe Weise verhalten. Am Ende können Sie von Ihren unwirksamen Reaktionsmustern abhängig werden und eine Gewohnheit der Anpassung entwik-keln, über die Sie wenig oder gar keine Kontrolle haben. Es ist genau wie bei dem Kontrollneurotiker in Ihrer Umgebung: Was Sie tun, führt nicht zu dem, das Sie sich erhofft hatten, und macht die Dinge häufig nur noch schlimmer, *aber es scheint, als ob Sie nicht aufhö-ren könnten.*

Ob Sie

- zu leicht und zu oft zustimmen, zuviel aufgeben und dafür nicht viel mehr als Magengeschwüre, Ängste und weitere Aufforderungen zum Nachgeben zu-rückbekommen,

- sich zu schnell und zu allgemein weigern und sich dabei in Ihrer Eile, sicherzustellen, daß niemand etwas von Ihnen bekommt, die Nase abschneiden und somit Ihr Gesicht verunzieren,

- das ewige Opfer spielen und in unterschiedlicher Umgebung immer wieder auf Kontrollneurotiker treffen,

- oder ununterbrochen rebellieren, lärmen, sich ver-schwören oder auf Rache sinnen, womit Sie garan-tieren, daß die meisten, wenn nicht alle Ihre Bezie-hungen voller Konflikte stecken.

Ihre Gewohnheit der Anpassung kann genausoviel dazu beitragen, Sie unterzukriegen, wie alles, was ein Kontrollneurotiker Ihnen antun kann. Außerdem kann die kombinierte Wirkung der automatischen, gewohnheitsmäßigen Bemühungen eines anderen Menschen, Sie unter Kontrolle zu halten, und Ihrer automatischen, gewohnheitsmäßigen Reaktion auf diese Bemühungen einen Teufelskreis aus Bewe-gungen und Gegenbewegungen schaffen, die man als »Kontrollfallen« kennt.

Kontrollfallen

Wir haben alle schon Variationen des folgenden Themas gesehen. Ein Kleinkind, das im Supermarkt im Einkaufswagen der Mutter sitzt, kämpft darum, laufen zu dürfen. Die Mutter setzt den Kleinen sanft wieder hin und sagt: »Nein, Schatz. Es ist gefährlich aufzustehen. Du kannst hinfallen.« Klein Richie schreit »NEIN! RAUS!« und versucht noch einmal aufzustehen. Mama setzt ihn wieder hin und gibt ihm ihre Schlüssel. »Hier, Richie, spiel ein bißchen damit, während du gefahren wirst«, sagt sie. Richie wirft die Schlüssel hin, steht auf und fängt an, aus dem Wagen zu klettern.

Mama setzt ihn wieder hin und flüstert ärgerlich: »Nein, du kannst da nicht raus! Jetzt sei bitte ruhig!« Klein Richie fängt an zu weinen und versucht, sich hinzustellen. Mama packt ihn am Arm und setzt ihn wieder hin; der Sohn reagiert damit, daß er noch heftiger weint.

Als Mama ihm den Rücken kehrt, wirft Richie einen großen Becher Himbeerjoghurt aus dem Wagen. Der auf das Linoleum platschende Joghurt erregt die Aufmerksamkeit auch von den Kunden, die noch nicht in unser kleines Drama einbezogen waren. Mama schnappt nach Luft, gibt Richie einen Klaps auf die Hand und knurrt im Flüsterton: »Warte, bis wir zu Hause sind, junger Mann. Dann geb' ich dir was, worüber du weinen kannst!« Richie brüllt. An diesem Punkt sieht die Mutter voller Verlegenheit die anderen Kunden an und merkt dabei, daß sie es geschafft hat, genau die Szene zu machen, die sie auf jeden Fall vermeiden wollte. Sie murmelt irgend etwas Unverständliches, greift sich ihr schreiendes Kind und verläßt den Laden ohne ihre Einkäufe.

Richie ist ein Kontrollneurotiker. (Alle Kleinkinder sind Kontrollneurotiker – das ist Teil ihrer Arbeitsplatzbeschreibung.) Seine Methoden sind, wenn auch nicht sonderlich erfreulich, direkt: Wenn er nicht das bekommt, was er will, weint er, strampelt mit den Füßen, zappelt herum, schmeißt vielleicht mit Joghurt. Und er wird weiter versuchen, seinen Willen zu bekommen, bis er müde wird oder seine Aufmerksamkeit abgelenkt wird.

Richies Mutter ist unter normalen Bedingungen *keine* Kontrollneurotikerin. Sie liebt ihren Sohn sehr, und sie versucht, sich seinen Stimmungen und seinen Vorlieben anzupassen, wenn es irgend geht. Aber in Situationen, in denen sie das Gefühl hat, eine festere Hand sei vonnöten, hat sie Probleme. Wenn ihre Bemühungen um Vernunft und Ablenkung im Supermarkt nichts bringen, weiß Richies Mutter sich keinen anderen Rat, als direkte physische und verbale Gewalt anzuwenden. Aber Richie erfährt zu Hause selten solche Behandlung, und er ist nicht daran gewöhnt. Weit entfernt davon, sein Verhalten unter Kontrolle zu bekommen, macht ihm diese Behandlung angst und bringt ihn aus der Fassung und führt dazu, daß er seine Bemühungen verdoppelt.

Mama gerät auch aus der Fassung. Ihr Sohn macht in der Öffentlichkeit eine Szene, und sie ist so erzogen worden, daß sie Szenen verabscheut. Sie weiß, daß alle im Geschäft sie beobachten – und in diesem Augenblick hat sie das Gefühl, daß ihre Identität als Mutter und Mensch ins Wanken gerät. Außerdem erinnert sie sich daran, daß so etwas fast jedesmal passiert, wenn sie und Richie zum Einkaufen gehen. Die Gefühle von Hilflosigkeit und Frustation, die ein Teil des Lebens jeder jungen Mutter sind, beginnen an die Oberfläche zu steigen. Sie gibt sich noch mehr Mühe, Richie unter Kontrolle zu bekommen, wobei sie Taktiken einsetzt, die sie zu anderen Zeiten mißbilligen würde; er wehrt sich. Mit ihren jeweiligen Anstrengungen verärgern sie sich gegenseitig, und an irgendeinem Punkt verlieren beide.

Wir alle erkennen diese vernichtenden kleinen Muster, weil wir alle sie schon selbst erlebt haben. Irgendwann haben sie die meisten von uns zum Wahnsinn getrieben. Wenn Sie unbedingt ein bestimmtes Ergebnis erreichen wollen, wenn alles, was Sie versuchen, die Dinge nur noch zu verschlimmern scheint und wenn Sie, trotz aller Beweise, *die Versuche immer noch nicht einstellen können* – dann sitzen Sie in einer Kontrollfalle. Viele der Fallenmuster, die sich zwischen Kontrollneurotikern und Anpassern entwickkeln, sind weit subtiler und komplexer als Mamas Zusammenstoß mit Richie und dem Joghurt. Aber die wesentlichen Zutaten sind dieselben.

Bei einer echten Kontrollfalle ist jeder Opfer. Wer war der Schurke und wer das Opfer in der Geschichte von Klein Richie? Wir sind vielleicht nicht einverstanden mit der Art, in der Richies Mutter sich verhielt, und in manchen Fällen mögen wir gezwungen sein, uns vor Leuten zu schützen, die sich so benehmen. Aber sie ist auch nicht am Donnerstagmorgen aufgewacht, hat sich die Zähne geputzt und sich gesagt: »Ich glaube, ich werde meinem Kind am Nachmittag im Supermarkt das Leben schwermachen.« Sie verhielt sich so, wie sie es tat, weil sie unter bestimmten Umständen automatisch gesteuert wird. Richie benahm sich so, wie er es tat, weil er noch keine anderen Methoden kennt, um seine Bedürfnisse zum Ausdruck zu bringen. Er und seine Mutter sitzen in der

Falle eines Musters, das sie (aus verschiedenen Gründen) nicht kontrollieren können. Und beide leiden darunter.

Was sich dreht...

Manchmal können die Begriffe »Kontrollneurotiker« und »Anpasser« ein bißchen irreführend sein. Bitte, kommen Sie nicht auf die Idee, daß es sich um zwei Persönlichkeitstypen handelt, unwiderruflich verschieden voneinander und eingeschworene natürliche Feinde. Nichts könnte weiter von der Wahrheit entfernt sein. Sicher, es gibt Menschen unter uns, die sind der Prototyp des Kontrollneurotikers – die sich dazu getrieben fühlen, in fast jeder Situation Verantwortung zu übernehmen, und die buchstäblich nie aufgeben. Und es gibt Leute, die bereit zu sein scheinen, sich schon bei der leisesten Andeutung anzupassen, jederzeit, überall und an fast jeden.

Aber für die meisten von uns ist die Situation komplizierter. Fast niemand fährt immer Einbahnstraße, und fast niemand ist frei von diesen Mustern. Kontrollneurotiker passen sich an, und Anpasser kontrollieren. Es scheint ein Stück vom Anpasser und vom Kontrollneurotiker in den meisten von uns zu stecken, nur darauf wartend, daß er herausspringen kann, wenn auf den richtigen Knopf gedrückt wird. Bei genauerer Untersuchung beginnt sich der Unterschied zwischen Kontrolle und Anpassung an den Rändern zu verwischen.

Wenn wir uns anpassen, schalten wir oft, wie Drew, auf Selbstkontrolle um. Ein guter Teil des Anpassungsverhaltens ist ein Versuch, entweder den Anschein von Kontrolle über das eigene Leben zu erwecken, oder Kontrollneurotiker in ihrem eigenen Spiel zu schlagen und sie dazu zu zwingen, Dinge auf *unsere* Weise zu tun. In einem sehr realen Sinn passen sich Kontrollneurotiker auch Anpassern an, indem sie ihnen die Gelegenheit geben, Leuten zu gefallen, nachzugeben, zu rebellieren, Konflikt zu vermeiden oder den Anpassungsstil zu benutzen, den sie am bequemsten finden.

Menschliche Wechselbeziehungen können unglaublich verwirrend sein. Die Dinge sind manchmal so kompliziert, daß man ein Spielprotokoll braucht, um die Spieler auseinanderzuhalten. Unter anderem bedeutet dies, daß Sie der Versuchung widerstehen sollten, Ihrem Chef oder Ihrer Frau oder Ihrem Schwiegervater das Etikett Kontrollneurotiker zu verpassen, weil er oder sie in eins der Muster paßt, die auf den folgenden Seiten beschrieben werden. Lernen Sie, die speziellen Kontroll*taktiken*, die der andere benutzt, wenn er Sie unter Kontrolle zu bringen versucht, zu erkennen und mit ihnen wirksamer umzugehen. Und lernen Sie, die Gewohnheiten und emotionalen Reaktionen zu erkennen, die Sie zu leichter Beute machen, wenn die andere Person sich *tatsächlich* wie ein Kontrollneurotiker verhält. Mit anderen Worten, bereiten Sie sich darauf vor, einige Veränderungen vorzunehmen.

Sich befreien

Sie entkommen keiner Kontrollfalle, wenn Sie das, was Sie immer gemacht haben, mit größerer Geschicklichkeit oder Entschlossenheit ausführen. Feuer mit

Feuer zu bekämpfen – sich vorstellen, was Kontroll-neurotiker tun, und sie dann darin übertreffen –, ist auch nicht die richtige Antwort. Auch nicht das Herausfinden der perfekten Methode, mit der man Kontrolleure auf ihrem Weg sofort zum Stehen bringt. Zwar ist es wichtig zu lernen, bestimmtes Kontrollverhalten ein bißchen weniger ernst zu nehmen, aber Sie werden nie lernen, wie Sie jemanden einfach übersehen, der Sie an Kraft übertreffen oder Ihre Position untergraben will. Und Sie verschwenden nur wertvolle Energie, wenn Sie mit Etiketten versehen, Schuld zuweisen oder versuchen, Kontrollneurotiker zu bestrafen. Dieses Buch geht von der Voraussetzung aus, daß Sie sich nie wirklich befreien können, solange Sie mit Kontrollneurotikern um die Kontrolle *im Wettstreit stehen*.

Aber warten Sie. Seien Sie versichert, daß es viel *gibt*, das Sie tun *können*, um die Macht einzuschränken, die Kontrollneurotiker über Sie haben, und um aus der Wechselbeziehung mit ihnen mehr von dem zu bekommen, was Sie wollen und brauchen. Selbst wenn die Kontrolleure in Ihrer Umgebung nicht ein Jota verändern, können *Sie* genug verändern, um sie davon abzuhalten, Sie so leicht, so oft und so gründlich zu erwischen.

Denken Sie beim Lesen an diese Dinge:

- Jeder einzelne von uns – Kontrollneurotiker und Anpasser – ist ein bestimmter Einzelmensch, der tut, was zu tun er *gelernt hat*, um seine Bedürfnisse zu befriedigen, seine Ziele zu erreichen und das Gefühl zu haben, sein eigenes Leben unter Kontrolle zu haben.
- Wir *können* unsere Bedürfnisse befriedigen, ohne das auf anderer Leute Kosten zu tun, und Streit-

gespräche führen, ohne daraus einen »Ich-gegen-ihn«-Konflikt zu machen.

- Wir *können* eigene Standpunkte vertreten, ohne jemandem auf die Füße zu treten, und aufhören, Opfer zu sein, ohne andere zum Opfer zu machen.

- Ganz gleich, wie machtlos wir uns fühlen, wir *haben* die Macht, uns selbst, unsere Einstellungen und unsere Reaktionen auf Bedingungen zu ändern, die dazu geführt haben, daß wir uns elend fühlten.

- Wir *können* uns weniger verwundbar fühlen, unabhängiger und wirksamer vorgehen und Beziehungen mit stärkerer Kooperation pflegen, indem wir lernen, *mehr zu kooperieren als zu konkurrieren und Harmonie anstelle eines entscheidenden Siegs zu suchen.*

Das vorliegende Buch wird Ihnen helfen, diese Gedanken in die Tat umzusetzen. Es wird Ihr Bewußtsein erweitern und Ihr Verständnis für das Kontroll- und das Anpassungsverhalten sowohl bei sich selbst als auch bei anderen Menschen. Es wird Ihnen helfen, Ihre Möglichkeiten der Reaktion auf Menschen und des Umgangs mit ihnen zu erweitern, wenn sie versuchen, Kontrolle über Sie auzuüben. Und es liefert Ihnen spezielle Strategien und Lösungen, die Sie für Ihr eigenes Leben ausprobieren können.

Kapitel 2

Ich hab' dich!

Muster und Taktiken
der Kontrolle

Können andere Menschen wirklich Kontrolle darüber ausüben, was Sie denken, fühlen oder tun? Manche Experten für menschliches Verhalten sagen, daß sie es nicht können, daß niemand Sie dazu *zwingen* kann, etwas zu tun, das Sie nicht tun wollen (oder Sie abhalten kann, etwas zu tun, das Sie wirklich tun möchten). Wenn Sie einem Dieb Ihre Brieftasche aushändigen, weil er Ihnen eine Pistole an den Kopf hält, treffen Sie nach Meinung der Experten immer noch eine freie Entscheidung. Sie wählen, lieber ausgeraubt als erschossen zu werden.

So populär dieser Gedanke während der Blütezeit der Encounter-Gruppen auch war, er ist noch nicht das letzte Wort zum Thema Kontrolle. Auch ist er wenig trostreich oder nützlich bei Erfahrungen mit Kontrollneurotikern im wirklichen Leben. Wenn Sie tatsächlich jemandem gegenüberstehen, der anscheinend alles tun würde, um seinen Willen durchzusetzen, dann *fühlen und handeln* Sie, als ob Ihnen sowohl Ihre Entscheidungsfreiheit als auch Ihre Freiheit zu wählen weggenommen wurden.

»Wie habe ich mich dazu überreden lassen können?« fragte sich Jonathan, ein Computersystemanalytiker, als er sich nervös seine Notizzettel noch einmal ansah. Gerade eben noch hatte er ein freundliches Gespräch mit dem Leiter der Abteilung Öffentlichkeitsarbeit seiner Firma geführt, und im nächsten Augenblick erklärte er sich einverstanden, vor einem Auditorium voller High-School-Studenten einen Vortrag zu halten. »Ich weiß gar nicht, wie ich auf die Idee gekommen bin«, seufzte Jonathan.

Genauso ging es George, einem Gastwirt im Ruhestand. Er war entschlossen, *nicht* jedesmal alles fallen zu lassen und zur Hilfe zu eilen, wenn sein Sohn – der jetzt das Familienunternehmen führte – anrief und ihn um einen Gefallen bat. Aber irgendwie machte sein Sohn ihn immer mürbe. »Ich werde nein, nein, nein sagen«, knurrte George ärgerlich, »aber dann bin ich doch wieder im Restaurant, drehe Frikadellen um, spüle Geschirr und kümmere mich um die Kasse – ich tue all die Dinge, die ich nicht mehr tun wollte, nachdem ich in den Ruhestand gegangen bin.«

Auch Meredith, Einkäuferin in einem Warenhaus, wunderte sich über ihr Verhalten, nachdem sie einem schnell redenden Vertreter über den Weg gelaufen war, mit dem sie sich vor ein paar Jahren ein- oder zweimal getroffen hatte. »Warum um alles in der Welt habe ich zugestimmt, mit ihm heute abend auszugehen?« fragte sie sich, als der Vertreter gegangen war. »Ich habe tausend Dinge zu tun, und ich genieße seine Gesellschaft gar nicht sonderlich.«

Und jedesmal, wenn Lisas Mutter Emma anrief, um eine »klitzekleine Kleinigkeit« in Lisas Hochzeitsplänen zu diskutieren, schwor sich die 29jährige Innenarchitektin: »Dieses Mal lasse ich *nicht* zu, daß sie mich ärgert.« Aber weniger als fünf Minuten später konnte man hören, wie Lisa in den Telefonhörer schrie: »Verdammt! Es ist *meine* Hochzeit, und wenn du dich da nicht heraushältst, sag' ich die ganze Sache ab!« Ihre

Drohung war selbstverständlich vergeblich. Bevor der Tag zu Ende war (manchmal auch bevor das Telefongespräch beendet war), entschuldigte sich Lisa, die wegen ihres Ausbruchs ein schlechtes Gewissen hatte, regelmäßig bei ihrer Mutter und tat genau das, was sie vorher so unnachgiebig abgelehnt hatte.

Was war hier passiert? Warum um alles in der Welt schalteten vier intelligente Erwachsene plötzlich auf automatische Steuerung um, sagten und taten Dinge, die sie nicht wollten und die ihnen später leid taten? Warum konnten sie nicht einfach nein sagen? Außerdem waren das keine Einzelfälle. Unter den richtigen Bedingungen werden Jonathan, George, Meredith und Lisa – und auch viele von uns – jedesmal so reagieren. Sie, wie viele von uns, werden Opfer der Menschen in ihrer Umgebung, die wissen, auf welche Knöpfe man drücken muß, und die die Macht haben, kräftig zu drücken. Wie sie es anstellen, auf die Knöpfe zu drücken, das ist das Thema dieses Kapitels.

Kontrolltaktiken

Im Verlauf der Geschichte haben die Menschen eine wahrlich erstaunliche Anzahl von Methoden entwickelt, sich gegenseitig zu manipulieren. Der Begriff »Kontrollneurotiker« läßt vermutlich an eine aggressive, ziemlich einschüchternde Person denken, der es wichtiger ist, das zu bekommen, was sie möchte, als das, was sie Menschen im Verlauf des Prozesses antut. Aber Kontrollneurotiker sind nicht immer Händler der Macht, noch sind sie unausstehliche Blödmänner. Sie können unaufdringlich sein, oft sind sie unsicher. Manchmal gehen sie nicht einmal nach

56

einem bewußten Spielplan vor. In der Tat, einige der am wenigsten erkennbaren Kontrollneurotiker können die gefährlichsten sein: Wenn jemand schwach oder verletzt oder bedürftig wirkt, neigen wir zum Nachgeben – oder wir verweigern uns und haben deswegen dann ein schlechtes Gewissen. Wie auch immer, wir werden Wachs in ihren Händen.

Gemeinsam ist den Kontrollneurotikern der Erfolg bei der Manipulation anderer. Manche der Methoden, die sie benutzen, sind ziemlich direkt. Kontrolleure versuchen vielleicht, Sie anzugreifen, mit Ihnen zu streiten, Sie zu zermürben, einzuschüchtern oder einfach ihren Befehlen zu unterwerfen. Doch ganz gleich, wie sie vorgehen, ihre Absicht ist klar. Sie wollen etwas haben, und sie glauben, wenn sie Sie und/oder die gegenwärtige Situation unter Kontrolle haben, dann kann das dazu beitragen, es zu bekommen. Bei direkten Methoden bleiben die Leute leicht mit dem Gefühl zurück, von dem Wissen, der emotionalen Intensität, der geschickten Ausdrucksweise oder der schlichten Hartnäckigkeit des Kontrolleurs *überwältigt* worden zu sein.

Andere Taktiken sind weniger offensichtlich und direkt; sie werden von Menschen eingesetzt, die die Tatsache verbergen wollen, daß sie versuchen, Kontrolle über Sie auszuüben. Manche sind so subtil und werden so geschickt angewandt, daß Sie sie nie erkennen – weswegen indirekte Kontrolle so wirksam ist. Im allgemeinen fühlen Sie sich eher *unterminiert* als überwältigt; es sieht fast so aus, als wären Ihre eigenen Gedanken und Gefühle gegen Sie eingesetzt worden. Zu den indirekten Taktiken gehört oft die Manipulation von Gefühlen: Solche Kontrolleure vermitteln Ihnen ein schlechtes Gewissen, Sie fühlen sich hilflos oder sind so wütend, daß Sie etwas tun, das Sie später bedauern. Zusätzlich werden Widersprüche, Unterstellungen, Zweideutigkeiten und andere verbale Methoden eingesetzt, um Ihr Denken in eine Richtung zu lenken, die der Kontrolleur haben will.

Natürlich, bei einigen Kontrollmanövern können Sie sich gleichzeitig überwältigt und unterminiert fühlen. Außerdem benutzen Kontrollneurotiker fast nie nur eine Technik zur Zeit. Sie setzen Kontrolltaktiken so ein, wie gute Boxer Schläge austeilen – kombiniert. Und die guten werden Sie ständig mit neuen Kombinationen bearbeiten, bis sie ein paar herausgefunden haben, die funktionieren. Um Ihnen zu helfen, einige spezifische Kontrolltaktiken zu erkennen, konzentrieren sich die meisten der folgenden Beispiele auf einzelne Vorgänge. Aber in der Realität, in der Sie es mit einem Kontrollneurotiker aus Fleisch und Blut zu tun haben, ist es nicht immer so einfach.

Mit dem Gedanken daran wollen wir uns einige der häufigsten direkten und indirekten Kontrolltaktiken ansehen. Beim Lesen achten Sie einmal darauf, ob Sie Manöver wiedererkennen, die Kontrolleure in Ihrer Umgebung bei Ihnen anwenden. Mit den Methoden, mit denen ein Kontrollneurotiker Sie manipuliert, vertraut zu werden, ist der erste Schritt dazu, seine Macht einzuschränken.

Direkte Kontrolltaktiken

Hier benutzen Kontrolleure Ärger, offene oder versteckte Drohungen, Streit, Beleidigungen, Kritik oder körperliche Gewalt, um Sie ihrem Willen zu unterwerfen. Manchmal reicht die Kraft ihrer Persönlichkeit aus, um das zu schaffen. Und manchmal kommen sie einfach daher und übernehmen. Kontrolleure setzen ihre Macht und Intensität gegen Sie ein; Sie fühlen sich unterlegen, ohne ausreichende Kraft, Kenntnis oder Geschicklichkeit, um sich wirksam zu wehren.

Übernahme

Bei all den subtilen und hinterhältigen Taktiken, die in diesem Buch besprochen werden, besteht die häufigste Methode, mit der Kontrollneurotiker Kontrolle bekommen, darin, daß sie sie sich einfach nehmen. Ellen, die Sie im letzten Kapitel kennengelernt haben, ist ein gutes Beispiel. Sie gehen in eine Situation hinein, wie ein Oberleutnant zur See in eine Schlacht geht, und sie fragen fast genausooft um Erlaubnis. In der *Annahme*, sie hätten das Recht, fast sogar die Pflicht zur Übernahme, kommandieren, befehlen, belehren sie und tun auch sonst alles, was nötig sein könnte, um auf den Fahrersitz zu gelangen und dort zu bleiben. Sie können Sie emotional oder verbal aus dem Weg räumen oder Sie in eine Situation hineinreden, in der Sie wirklich nicht sein mögen. Und später sind sie dann erstaunt oder beleidigt, wenn Sie einen Aufstand machen.

Oft findet der Übergang ins Kontrollverhalten so schnell und so unerwartet statt, daß andere Leute überrascht sind. Bis Sie merken, daß Ihnen die Regelung nicht gefällt, hat sich der Kontrollneurotiker so festgesetzt, daß es schwierig, zumindest aber peinlich ist, ihn wieder zu verdrängen.

Manchmal *handelt* der Übernahmekünstler und ist

sich dabei nicht bewußt, wie aufdringlich er ist. Hochstapler benutzen diese Taktik (unter anderen), um Sie für den »Stich« vorzubereiten, der Sie ärmer, aber (hoffentlich) klüger zurückläßt. In anderen Fällen jedoch ist sich der Kontrolleur wirklich nicht bewußt, wie der Anpasser sich fühlt. Dieser Mangel an Bewußtsein macht seine Position vermutlich noch machtvoller.

Mary Jane beispielsweise war die typische »Freundin, die es gut meint«. Sie und Judy waren Nachbarinnen, und als Judy sich bei einem Skiunfall das Bein brach, war Mary Jane die Rettung. Die gute Frau zog einfach ein. Sie kochte, sie putzte, sie kaufte ein. Und sie saß an Judys Bett und redete. Stundenlang. Nach einer Weile wußte Judy nicht, was schlimmer war: der Streckverband oder Mary Jane. Als sie schließlich anfing, um ein bißchen Privatleben zu bitten, wurden ihre Proteste einfach beiseite geschoben. Judy gibt zu, sie hätte sich mehr anstrengen müssen. Aber sie wollte nicht undankbar wirken, und sie wurde von der Energie und der Vitalität dieser wohlmeinenden, schrecklich hilfreichen Frau überwältigt. Jetzt kann Judy ihr Bein langsam wieder gebrauchen, und Mary Jane hat beschlossen, daß sie in der Weihnachtswoche zusammen eine Kreuzfahrt machen. Urlaub mit Mary Jane ist das *letzte*, was Judy möchte. Aber bis jetzt ist sie nicht in der Lage gewesen, ihrer Freundin zu sagen, daß die sich schnell entwickelnden Pläne für eine Kreuzfahrt nicht die Erfüllung ihres Lebenstraums sind.

Manche Übernahmetaktiken können weit weniger direkt sein. Vor nicht allzu langer Zeit stellte der Geschäftsführer einer kleinen Firma Francine, eine Bürokraft auf Zeit, ein, um die Sekretärin und Büroleiterin während des Urlaubs zu vertreten. Ihr Vertrag lief über eine Woche, und ihre Hauptaufgabe lag darin, bei der Erledigung der liegengebliebenen Schreibarbeiten zu helfen. Drei Tage nach dieser Regelung entdeckte man, daß sie, neben der Erledigung eines guten Teils der Schreibarbeiten, die gesamte Aktenablage des Büros neu organisiert hatte. Offensichtlich suchte Francine einen Dauerarbeitsplatz, und sie hatte beschlossen, daß die Schreibarbeit ihr keine ausreichende Möglichkeit zur Selbstdarstellung bot.

Nun hatten die Akten dringend eine Aufarbeitung gebraucht, und Francine hatte ordentliche Arbeit geleistet. Sie waren in einem viel besseren Zustand als in der Woche zuvor, und Francines andere Arbeit hatte offensichtlich nicht darunter gelitten. Aber man hatte ihr nicht aufgetragen, sich um die Akten zu kümmern, und die Tatsache, daß sie es dennoch getan hatte, sollte zu Problemen führen. Einerseits war das gesamte Register des Büros auf einer Diskette gespeichert, die nun auch auf den neuesten Stand gebracht werden mußte, eine Aufgabe, für die viele Stunden nötig waren. Und außerdem kam die ständige Büroleiterin am Montag zurück. Da sie eine ziemlich unsichere Person war, die Ansprüche auf ihren Bereich erhob, konnte man wetten, daß sie nicht erfreut sein würde.

Als Francine mit dem Problem konfrontiert wurde, war sie wütend und ging in die Verteidigung. »Gefällt Ihnen die Arbeit nicht, die ich gemacht habe?« fragte sie immer wieder. Sie konnte einfach nicht verstehen, daß das Problem nichts mit der Qualität ihrer Arbeit zu tun hatte. Schließlich verlangte sie, daß der Geschäftsführer ihre Zeitkarte abzeichnete und zog beleidigt davon. (Wie die Ironie es will: Wenn sie in der

Lage gewesen wäre, die Angelegenheit rationaler zu diskutieren und zuzugeben, daß sie ihren Verantwortungsbereich überschritten hatte, dann hätte ihr der Geschäftsführer vermutlich einen Arbeitsplatz angeboten.)

Angriff

Ein Angriff ist eine verbale, emotionale oder körperliche Attacke. Eine direkte Attacke ist sowohl offen als auch leicht zu erkennen; wenn Sie vorbereitet sind, kann sie eine der einfachsten Kontrollformen sein, mit der man umzugehen hat. Es sei denn, die Umstände machen Sie für eine eingesetzte Form des Angriffs verwundbar. Ein Teenager aus der Stadt, der sich in die Nähe einer rivalisierenden Bande begibt, ist durch körperliche Angriffe verwundbar, und das gilt auch für die geschlagene Frau, die ihren prügelnden Ehemann nicht verlassen will oder mag. Wenn Wut, Kritik oder die Androhung von Gewalt Ihnen angst machen, sind Sie vielleicht verletzbar durch verbalen und emotionalen Angriff. Angriff ist auch sehr wirkungsvoll gegen jemanden, der etwas von dem Kontrolleur braucht, oder in Situationen, in denen der Kontrolleur bereits einigen Einfluß hat.

Sam, ein freiberuflicher Fotograf, der weitgehend von der Arbeit abhängig ist, die ihm eine kleine Marketingfirma zukommen läßt, ist ein gutes Beispiel. Mit Blick auf die Chefin des Unternehmens sagte Sam: »Cassie gab mir meinen ersten größeren Auftrag. Zu der Zeit machte ich noch Vertretungen als Lehrer und arbeitete als Barkeeper, um finanziell zurechtzukommen. Und im Laufe der Jahre hat sie mich ganz schön über Wasser gehalten. Jedesmal, wenn ich alles hin-schmeißen und einen Job von neun bis fünf anneh-men wollte, hat sie mir geholfen. Daher verdanke ich ihr wirklich sehr viel.«

Leider hatte Cassie die Angewohnheit, ihre Leu-te zu überfordern, und Sam bekam immer wieder Schwierigkeiten. Er hatte tatsächlich in letzter Zeit so viele Probleme mit Cassies Kunden gehabt, daß er, trotz seiner Loyalität und trotz des Gefühls der Sicher-heit, das ihm ihre ständigen Aufträge vermittelten, angefangen hatte, sich zu fragen, ob die Arbeit für sie den ganzen Ärger wert war. Als sie ihm von einem »sensationellen« Projekt erzählte, das sie in Arbeit hatte und bei dem er Teile koordinieren sollte, dankte Sam ihr, ging dann aber auf Nummer Sicher. Er sagte, daß er einige Zusagen wollte, daß das Projekt zu einem bestimmten Zeitpunkt begann, und er bat Cas-sie, ihm eine Liste mit Bereichen aufzustellen, für die er verantwortlich sein würde. Cassie hörte sich unge-fähr drei Sätze an, dann explodierte sie.

»Das kann ich Ihnen nicht glauben!!!« schrie sie. »Nach allem, was ich für Sie getan habe? Wie können Sie es WAGEN, schriftliche Garantien zu verlangen!« Cassie nannte Sam eine »hysterische Primadonna«, die hinter jeder Ecke eingebildete Probleme sah. Sie nannte ihn undankbar, warf ihm vor, daß er versuchte, mehr Geld aus ihr herauszuholen, und erinnerte ihn mehrfach daran, daß sie ihm mehr als irgendei-nem anderen ihrer freien Mitarbeiter gezahlt hatte. Schließlich schlug sie mit der Faust auf den Schreib-tisch und kreischte: «Wenn Sie also mit den Aufträ-gen, die ich Ihnen gebe, nicht zufrieden sind, können Sie GEHEN!«

Sam war platt. »Ich war so fassungslos, daß ich mich,

als ich zu Wort kam, als erstes dafür entschuldigte, daß ich sie verletzt hatte – auch wenn ich keine Ahnung hatte, was ich vielleicht gesagt oder getan hatte, um das zu bewirken. Sie ging meinetwegen einfach die Wände hoch!« Als Cassie sich erst einmal wieder beruhigt hatte, stimmte Sam, immer noch im Schockzustand, zu, ihren Auftrag anzunehmen – ohne irgendeine der Zusagen oder Beschreibungen, die er haben wollte. Tatsächlich warf er sie nie wieder in die Diskussion.

Ihre Angreifer – die Leute, die versuchen die Oberhand zu gewinnen, indem sie Sie aus dem Ring boxen – können Wutanfälle bekommen in Situationen, die ihnen einen Strich durch die Rechnung machen oder sie bedrohen, und dabei setzen sie wütende Tiraden als Waffen gegen Sie ein. Sie können Sie fertigmachen, indem sie Ihren Charakter angreifen und eine lange Liste mit Ihren Verfehlungen als Mensch aufzählen. Sie können Sie vernichten, Sie auslöschen, und Sie sind ihren intensiven, unberechenbaren Explosionen schutzlos ausgeliefert.

Neben Wut gehören zur wirkungsvollen Angriffstaktik Kritik und das Lächerlichmachen, das Zeigen von Verachtung für Sie und bissige Kommentare oder Witze auf Ihre Kosten. Es besteht wirklich kein Unterschied darin, ob Ihr Mann Ihnen Beleidigungen entgegenschreit oder sich an eine dritte Person wendet und sagt: »Naja, ich hab' ja nie behauptet, eine Raketenforscherin geheiratet zu haben« – ob Ihre Geschäftspartnerin Sie mit allen erdenklichen Schimpfwörtern belegt, wobei sie wütend mit der Faust auf den Tisch haut, oder ob sie Ihnen ruhig einen Bericht zurückgibt und fragt: »Sind Sie wirklich so dumm, wie Sie nach dem hier aussehen?« Sie werden in jedem Fall angegriffen.

Einschüchterung

Mit der Einschüchterung kontrollieren Kontrollneurotiker Sie, nachdem sie ihren Ruf gefestigt haben.
Einschüchterer vertrauen auf körperlichen Angriff,
Wutausbrüche, Drohungen und die meisten anderen
Kontrolltaktiken, die in diesem Kapitel beschrieben
werden. Aber das Schöne daran ist, daß sie nichts von
alldem sehr oft *tun* müssen. Sie verhalten sich einfach
so, als *würden* sie Sie kriegen (oder dafür sorgen, daß
man Sie kriegt), wenn Sie aus der Reihe tanzen. Der
Rabauke aus der vierten Klasse muß nicht Herbie
beiseite nehmen und sagen: »Du kleiner Mistkerl,
wenn du der Lehrerin sagst, daß ich dir das Geld für
die Milch weggenommen habe, bring' ich dich um!« Er
braucht Herbie nur ein paarmal im Erdkundeunter-
richt mit dem Blick eines harten Kerls anzusehen und
vielleicht eine Faust zu machen. Herbies lebhafte
Phantasie erledigt den Rest.

Einschüchterer brauchen drei Dinge, damit ihre
spezielle Form des Zaubers wirkt. Erstens brauchen
sie einen Ruf. Ein bißchen echte Macht hilft in dieser
Hinsicht (Position als Schuldirektor, ein großes, wildes äußeres Erscheinungsbild, eine persönliche Beziehung zum Chef, ein roter Ferrari Testaverde), aber
diese Leute müssen auch deutlich machen, daß sie
bereit sind, ihre Macht einzusetzen, um Sie wie einen
Käfer zu zerquetschen, und daß sie dabei nicht an ihre
eigene Sicherheit denken oder auch nur das leiseste
Gefühl des Bedauerns haben werden. Zweitens brauchen sie eine Reihe von einschüchternden Vorgehensweisen: Methoden, um Sie wissen zu lassen, daß
Sie sich besser in acht nehmen sollten. Geschickte
Einschüchterer haben diesen Teil zu einer geschliffe-

nen Kunstform gemacht. Sie können ihr Opfer quer über einen großen Raum hinweg auf einen neurotischen Wackelpeter reduzieren, ohne auch nur ihr Gespräch zu unterbrechen. Und drittens müssen Einschüchterer hin und wieder bereit sein, jemanden tatsächlich wie einen Käfer zu zerquetschen. Aber das ist einfach nur dazu da, um ihren Ruf ungetrübt zu erhalten; es hat nicht viel mit Kontrolle zu tun und braucht im allgemeinen nicht allzuoft stattzufinden.

Die vermutlich berühmteste Einschüchterungsgeschichte in der Unterhaltungsliteratur findet sich in Mario Puzos *Der Pate*. Ein Produzent in Hollywood lehnt die Forderung ab, daß ein bestimmter Schauspieler eine Rolle in einem bestimmten Film bekommt. Eines Morgens wacht der Produzent auf und findet den abgetrennten Kopf seines liebsten (und teuersten) Rennpferdes in seinem Bett. Es sind gleichermaßen der kalte Wahnsinn dieser Tat (und die offensichtliche Tatsache, daß die Männer des Paten die Bewacher des Produzenten und andere Sicherheitsmaßnahmen mit solcher Leichtigkeit überwinden konnten) und die indirekte Bedrohung seines Lebens, die den Produzenten davon überzeugen, daß weiterer Widerstand sinnlos ist. Er kommt der Forderung des Paten nach.

Weniger dramatische Beispiele für Einschüchterung sind im Alltagsleben im Überfluß vorhanden. Es könnte sein, daß ein schriftlicher Auftrag, den Sie haben wollten und von dem Sie sich sicher waren, daß Sie ihn verdient haben, einem anderen, weniger erfahrenen Kollegen erteilt wurde. Nach sorgfältiger Überlegung beschließen Sie, Ihrem Chef Ihre Unzufriedenheit mitzuteilen. Der fragliche Kollege bekommt Wind von Ihrem Plan und kommt »rein zufällig« in Ihr Büro. Er erzählt, wieviel Spaß er am Wochenende hatte – Segeln und Tennis mit dem Chef. »Ich werde einen Auftrag nie jemandem abnehmen können, der solche Verbindungen hat«, denken Sie – und versuchen es gar nicht erst.

Es scheint, als wolle die Konferenz der Lehrer-Eltern-Vereinigung überhaupt kein Ende nehmen, und die meisten Teilnehmer rutschen entweder auf ihren Stühlen herum oder haben einen glasigen Blick. In der letzten halben Stunde haben sie jeden Vorschlag, der ihnen gemacht wurde, genehmigt, aber jetzt kommt ein Thema, das Ihnen wichtig ist, zur Diskussion, und Sie sind mit der Einstellung des Vorsitzenden nicht einverstanden. Sie wollen das sagen, aber gerade, als Sie den Mund zum Sprechen aufmachen wollen, hören Sie ein Husten – die Art von trockenem, künstlichem Husten, den jemand einsetzt, um Aufmerksamkeit zu erregen. Sie blicken in die Richtung des Geräuschs und entdecken eine Nachbarin, vor der Sie sich immer in acht genommen haben, weil sie in dem Ruf steht, ärgerlichen Klatsch zu verbreiten. Sie guckt Sie drohend an. Sie lassen sich auf ihrem Stuhl wieder zurückfallen und sagen nichts.

Verstand und Logik

Manche Menschen sind so rational und logisch, daß sie fast wie Computer zu funktionieren scheinen. (Meines Wissens war die brillante Autorin und Familientherapeutin Virginia Satir die erste, die bei superrationalen Menschen davon sprach, daß sie im »Computer-Mode« arbeiteten.) Sie haben im allgemeinen nicht viel Respekt vor Gefühlen und Intuition oder vor Menschen, die zulassen, daß solche Dinge Verwirrung in ihren Entscheidungsprozeß bringen. Für sie ist der Verstand König. Wenn Sie superrationalen Menschen nicht genauso viele Gründe für Ihren diesjährigen Weihnachtsurlaub in Vermont anführen können, wie sie für ihre eigene Reise nach Hawaii bereithalten, dann haben Sie sicher nicht soviel Sehnsucht nach Ihrem Urlaubsort wie sie. Oder aber Sie sehnen sich genauso danach, aber wenn Sie den Ort Ihrer Wahl nicht einmal verteidigen können, dann verdienen Sie ihn natürlich nicht so sehr! Auf alle Fälle holen Sie Ihren Badeanzug heraus, denn es besteht die Aussicht, daß Sie Weihnachten am Strand verbringen.

Kontrollneurotiker benutzen das logische Argument wie ein verrückter Zimmermann den Hammer benutzt: Wenn sein Nagel auf einen Ast im Holz trifft, dann schlägt er schneller und härter zu, bis der Nagel entweder eingeschlagen oder verbogen und in die Oberfläche des Holzes gedrückt ist. Sie sehen also, daß ein Mensch mit Computer-Mode *weiß*, daß er fast immer recht hat, daß seine Lösungen und Prioritäten im allgemeinen für ihn, für Sie und für alle anderen das Beste sind.

Wenn Sie solchen Leuten nicht zustimmen, dann schließen sie daraus schlicht, daß sie sich Ihnen gegenüber noch nicht gut genug erklärt haben. Also werden sie fünf oder zehn weitere Gründe ausbaggern, warum Sie sich einen Kleinlaster anstelle eines Kombis kaufen oder warum Sie dieses Jahr Weihnachtsurlaub auf Hawaii statt in Vermont machen sollten. Die Möglichkeit, daß Sie einfach eine andere Meinung als sie haben oder daß Sie vielleicht, was Gott verhüten möge, einen sinnvollen Standpunkt vertreten, kommt ihnen wahrscheinlich nie in den Kopf. Sie werden handeln, als ob das Vortragen der meisten Gründe oder des besten Arguments ihnen automatisch das Recht gibt, ihren Kopf durchzusetzen.

Erosion

Manchmal ist die wirksamste Kontrolltaktik die schlichte Wiederholung. Ihr Gegner muß vielleicht gar nicht mehr Macht haben oder mehr denken als Sie, er muß nur einfach länger durchhalten. Kontrollneurotiker, die solche Taktiken beherrschen, müssen nicht unbedingt versuchen, besser oder härter zu sein. Sie müssen es einfach *noch einmal* versuchen. Sie lassen Ihnen keine Ruhe, bis Sie zermürbt sind oder Ihr Widerstand abgebaut ist. Am Ende geben Sie nach, weil das die einzige Methode zum Entkommen ist, die Sie kennen, oder weil Ihnen keine andere Möglichkeit einfällt, um die Gegner zu stoppen.

Erinnern Sie sich noch an Meredith, die Einkäuferin für ein Warenhaus, die gar nicht glauben konnte, daß sie zugestimmt hatte, mit dem schnellredenden Vertreter auszugehen? Im Rückblick wurde ihr klar: »Mir fielen keine Ausreden mehr ein, nicht mit ihm zu gehen. Jedesmal, wenn er aus beruflichen Gründen im Warenhaus anrief, lud er mich ein – für denselben Abend, für den nächsten Abend, für den übernächsten Abend. Er akzeptierte auch ein »Nein« nicht als Antwort. Er wollte den Grund wissen, und ganz gleich, was ich ihm sagte, ihm fiel dazu irgend etwas ein. Es war, als hätten wir eine Debatte darüber, ob ich mit ihm ausgehen würde, und er hielt länger durch als ich.« Manch ein Erosionsexperte wird das genauso machen.

Kontrolleure benutzen die Erosion oft in Verbindung mit anderen Taktiken: Sie verkaufen Ihnen ihre Vorstellungen, sie vermitteln Ihnen ein schlechtes Gewissen, sie starren Sie an, um Sie einzuschüchtern. Sie können eigensinnig sein, eine Position einnehmen und daran bis zum Umfallen festhalten. Sie können Alleswisser sein, die sich verpflichtet fühlen, das letzte Wort zu behalten, oder Angeber, die sich in die Mitte der Bühne stellen und alle Gespräche an sich reißen. Wie übereifrige Bezirksstaatsanwälte führen sie vielleicht scheinbar endlose Verhöre durch, wobei sie Sie auffordern, *Ihre* Position immer wieder darzulegen. Andere sind Nadelpikser, die in Ihre wunden Stellen stechen, bis Sie platzen, oder Nörgler, die keine Ruhe geben, bis Sie tun, was sie wollen.

Logisches Argumentieren und Erosion gehen Hand in Hand zusammen: Die Person mit Computer-Mode übertrifft Sie nicht einfach nur mit Argumenten, sie zermürbt Sie auch. Die Punkte, die sie anführt, mögen begründet sein oder auch nicht, aber nach einiger Zeit ist Ihr Gehirn leer, und es ist Ihnen einfach alles egal. Ihr Rücken schmerzt, Ihr Nacken ist steif, Sie müssen auf die Toilette – und Sie werden fast allem zustimmen, nur um den Raum verlassen zu können. Spitzenverhandler wissen das; manche von ihnen trainieren für größere Vertragsverhandlungen genauso, wie sich professionelle Sportler auf ein Rennen oder ein wichtiges Spiel vorbereiten. Sie haben in der Schußlinie gelernt, daß bei der Schlußanalyse Hartnäckigkeit und Durchhaltevermögen genauso wichtig sind wie Wissen und Wortgewandtheit. In geringerem Umfang haben wir das alle auch schon erlebt. Beispielsweise wurde jeder schon einmal durch »Ja-aber«-Taktiken zermürbt, angewandt von Leuten, die anscheinend an jedem vorstellbaren Gedanken oder Plan etwas auszusetzen finden. Denken Sie daran, es ist fast nie das erste oder zweite Gegenargument, das Sie dazu bringt, das Handtuch zu werfen, es ist das fünfundzwanzigste oder dreißigste. Am Ende denken Sie: »Das *muß* ich nicht haben, das Leben ist zu kurz.« Sie haben natürlich recht, das Leben ist zu kurz; dennoch gehen Spiel, Satz und Sieg an die Erosionsmenschen mit dem Computer-Mode.

Indirekte Kontrolltaktiken

Es gibt eine ungeheure Zahl von Methoden, »versteckte« Kontrolle auszuüben, und Kontrollneurotiker scheinen die meisten zu kennen. Im wirklichen Leben werden diese Schritte fast immer in Kombination mit mehreren anderen direkten oder indirekten Tricks ausgeführt. Die sich daraus ergebenen Strategien können unglaublich komplex und subtil sein; es kann außerordentlich schwer sein, sie zu erkennen, und noch schwerer, ihnen zu entkommen.

Für Kurzschluß sorgen

Rick will nicht, daß seine Frau Karen bei ihrem Ex-Mann zurückruft, also sagt er ihr nie, wenn der angerufen hat. Emma will, daß Lisa eine Woche vor der Hochzeit mit ihr zu Verwandten fliegt, also kauft sie Flugtickets, die nicht zurückgegeben und erstattet werden können – ehe sie die Sache mit Lisa bespricht. Und Warren meint, es sei gefährlich für Frauen, im Dunkeln das Haus zu verlassen, also versteckt er die

Autoschlüssel seiner Frau. Jeder dieser Kontrolleure wandte eine Kurzschlußtaktik an: Sie wollten ein bestimmtes Ergebnis erreichen, entschlossen sich aber aus ureigensten Gründen, nicht direkt mit der anderen Person darüber zu reden. Statt dessen *manipulierten sie die Situation* auf eine Weise, die es dem anderen Menschen schwer oder unmöglich machte, etwas anderes zu tun, als sich abzufinden.

Kurzschließer können Ihre Suche nach einem Arbeitsplatz, die Tatsache, daß Sie eine Abschlußprüfung vor sich haben oder einfach wollen, daß Ihre Kinder rechtzeitig in die Schule kommen, ausnützen. Hier braucht der Kontrolleur keine einschränkenden Bedingungen zu schaffen, er nutzt nur die aus, die bereits bestehen. (Ein echter Kontrollneurotiker würde diesen Bedingungen natürlich noch paar Extradrehs verpassen, und dann bringt er eine oder zwei kleine Bestechungen ins Spiel.) Auch wird die Aufgabe des Kontrolleurs sehr erleichtert, wenn der andere glaubt, daß seine Situation keine andere Wahl zuläßt.

Barbara beispielsweise arbeitet weiterhin für einen Chauvi-Chef, weil sie alleinerziehende Mutter ist und keine großen Chancen auf dem Arbeitsmarkt hat. Sie stellt die Versorgung ihrer Kinder an allererste Stelle, so findet sie sich mit den respektlosen Bemerkungen ihres Chefs, mit seinen sexuellen Anspielungen und den allgemeinen Schikanen ab – und gelegentlich geht sie abends mit ihm essen –, weil sie das Gefühl hat, es tun zu müssen. Aus denselben Gründen haben viele Frauen beschlossen, die Ehe mit einem rüpelhaften, gewalttätigen Mann aufrechtzuerhalten. Wenn sie gefragt werden, warum sie eine derartige Behandlung hinnehmen, antworten sie oft: »Ich weiß, daß ich etwas unternehmen sollte, aber ich weiß nicht, was ich machen soll. Ich kann ihn nicht verlassen – ich liebe ihn. Außerdem, wo sollte ich hin?«

Wenn das Kurzschließen zur Falle wird

Theoretisch gibt es für Leute wie Barbara Alternativen. Mißhandlung der Frau ist ein Verbrechen, und es gibt Häuser, in denen mißhandelte Frauen Schutz finden. Sexuelle Belästigung am Arbeitsplatz ist auch illegal. Wer weiß, vielleicht hat Barbara ausreichende Beweise, um ihren Chef vor den Richter zu bringen. Aber Barbaras Chef kauft sie mit mehr als einer Gehaltsüberweisung. Er räumt ihr eine flexible Arbeitszeit ein, so daß sie ihr jüngstes Kind vom Kindergarten abholen kann – und wenn der Babysitter nicht antritt, darf sie das Kind mit ins Büro bringen. Opfer von Mißhandlung und Belästigung sollten mit Sicherheit die Alternativen nutzen, die ihnen zur Verfügung stehen. Aber im wirklichen Leben ist es oft sehr schwierig für solche Menschen, die Risiken einzuschätzen und die Opfer zu akzeptieren, die höchstwahrscheinlich Teil der Angelegenheit sind.

Kurzschlußtaktiken werden im allgemeinen eingesetzt von gegenseitig Abhängigen, um zu versuchen, die Abhängigen unter Kontrolle zu bekommen, mit denen sie verbunden sind. »Ich habe fast alles getan, um meine Mutter vom Trinken abzuhalten«, sagte Warren bei einem Treffen von erwachsenen Angehörigen von Alkoholikern. »Als ich zehn Jahre alt war, sah ich immer, wie sie nach der Arbeit die Einkäufe nach Hause brachte. Wenn sie ins Bad ging, bevor sie die Sachen weggeräumt hatte, wußte ich, daß sie eine Flasche versteckte, und sobald es ging, ohne ihr Mißtrauen zu erregen, ging ich hin und suchte die Flasche.

Ich lernte sehr früh und sehr schnell, daß es nicht funktionierte, wenn ich Mutters Flasche einfach wegnahm oder ausgoß – ich bekam Schläge und wurde auf mein Zimmer geschickt, und sie holte sich einfach eine neue Flasche. Aber ich fand heraus, daß ich, wenn ich vorsichtig vorging, ungefähr die Hälfte ausgießen und durch Wasser ersetzen konnte. Wenn Mutter schon ein paar Gläser getrunken hatte, merkte sie das im allgemeinen gar nicht. Ich weiß, das ist nicht gerade eine gute Lösung, aber zumindest war sie nicht so schnell betrunken. Zu der Zeit habe ich wirklich gedacht, daß ich uns beiden half.«

Inzwischen sind zwanzig Jahre vergangen, und natürlich lebt Warren nicht mehr mit seiner Mutter zusammen. Statt dessen ist er mit einer Frau verheiratet, die eine schwere Eßstörung hat; und selbst Warren erkennt Ähnlichkeiten in den Methoden, mit denen er seiner Frau zu »helfen« versucht, und den Strategien, die ihm mit einer alkoholkranken Mutter fertig werden ließen, als er zehn Jahre alt war.

Täuschung

Hier handelt es sich um die »Lügen-Betrügen-und-Stehlen«-Gruppe. Kontrolleure stellen die Wirklichkeit falsch dar, indem sie alles verbergen oder verschleiern, von dem sie annehmen, daß es Sie daran hindern könnte, das zu kaufen, was sie zu verkaufen haben. Täuschung funktioniert aus dem offensicht-lichsten Grund: Sie glauben den Kontrolleuren aufs Wort und handeln entsprechend. Da geschickte Täu-scher Ihnen außerdem in erster Linie das sagen, was Sie hören wollen, ärgern Sie sich nur darüber, auf diese Weise kontrolliert zu werden, wenn Sie die Täuschung entdecken.

Täuschungstaktiken reichen über die gesamte Skala von direkten Lügen bis hin zu subtilen Unterstellun-gen und Auslassungen, die darauf angelegt sind, Sie mit einem falschen Eindruck zurückzulassen. Der Kon-trolleur kann versprechen, eine Sache zu tun, und dann etwas anderes machen – Informationen über die eigene Person fälschen, um eine Arbeit zu be-kommen, oder einfach ein Essen in einem eleganten Restaurant bestellen und dann gehen, ohne es zu bezahlen. Verführungstaktiken gehören im allgemei-nen auch in diese Kategorie genau wie die meisten Schmeicheleien. »Einen Köder unter die Nase hal-ten« – eine Form von Bestechung, bei der die Beloh-nung während der gesamten Transaktion greifbar zu sein scheint, aber in letzter Minute zurückgezogen wird – gehört auch dazu.

Ein Geschäftspartner kann »fahrender Zug« spie-len, indem er Ihnen erzählt, daß alle anderen seinen Plänen schon zugestimmt haben – d. h. auf den fah-renden Zug aufgesprungen sind –, oder daß die Leute sagen, Sie seien schwierig im Umgang (und das ist Ihre Chance zu beweisen, daß Sie das nicht sind). Ein Bekannter kann die Rolle Ihres besten Kumpels spie-len, indem er Ihnen immer wieder erzählt, daß er auf Ihrer Seite ist und auf Ihre Interessen achtet – und Sie dann ausplündern.

Zusätzlich gibt es subtilere Formen der Täuschung,

die darauf angelegt sind, über einen längeren Zeitraum zu wirken. Nach und nach, Knoten für Knoten, knüpft der Täuscher einen Teppich aus kleinen Lügen und Halbwahrheiten, die sich als mächtiger und zerstörerischer erweisen können als fast jede andere Form der Kontrolle. Aus dem Zusammenhang gerissen, würde jede der einzelnen Taktiken belanglos wirken, mit Sicherheit zu unbedeutend, als daß man sich drüber aufregen müßte. Aber fünf Jahre später sind Sie wahnsinnig. Dieses Muster wird manchmal die »Gaslicht«-Methode genannt – nach dem Filmklassiker, in dem eine Menge kleiner Lügen dazu benutzt wurden, eine Frau in den Wahnsinn zu treiben.

Zu einer der häufigen Gaslicht-Taktiken gehört es, sich *nur ein bißchen dumm* zu stellen. In der folgenden Szene sitzt ein Ehepaar nach dem Essen im Wohnzimmer. Eine Fernsehzeitschrift liegt auf dem Beistelltisch direkt vor dem Ehemann.

FRAU: Was gibt es heute abend im Fernsehen, Schatz?

MANN: Ich weiß nicht.

FRAU: He, liegt da nicht die Fernsehzeitschrift auf dem Tisch vor dir?

MANN: Hm, hm.

FRAU: Also?

MANN: Also was?

Der Mann verhält sich, als ob er nicht verstanden oder gehört hat, was seine Frau sagte. Sie wird in einer leicht benachteiligten Position gehalten, muß ständig erklären oder sich wiederholen. Im Laufe der Zeit kann das eine absolut verrückte Wirkung haben; das Opfer fängt an zu denken, daß es wirklich an ihm liegt, es kann schließlich an der eigenen Erfahrung zweifeln und an den Urteilen, die auf dieser Erfahrung basieren.

Täuschung wird im allgemeinen in Kombination mit anderen Tricks eingesetzt. Der Mann kann beispielsweise die verärgerte Reaktion seiner Frau mit einer Art von »psychologischem Imperialismus« beantworten, indem er ihr Handeln auf eine Weise deutet, die ihre Macht untergräbt oder sie wie den Missetäter aussehen läßt.

FRAU: (*Ärgerlich*) Himmel, John, ich kann das nicht leiden, wenn du dich so benimmst. Warum kannst du nicht einfach in die Fernsehzeitung gucken?

MANN: (*Sieht seine Frau an, als wäre sie nicht ganz bei Trost*) He, du bist aber empfindlich heute abend. Die vier Wochen scheinen mal wieder um zu sein.

Wenn sie darauf angesprochen werden, versuchen die täuschenden Kontrolleure, ihr Verhalten auf die eine oder andere Weise zu entschuldigen. Sie behaupten vielleicht, daß sie einen ehrlichen Fehler gemacht haben, daß Sie sie falsch verstanden haben oder daß die ganze Sache ein Mißverständnis war. Wenn Sie ihnen dieses unschuldige Vorgehen abkaufen, wurden Sie wieder getäuscht.

Emotionale Ausbeutung

Wenn jemand Sie kontrolliert und manipuliert, *indem er die Tatsache ausnutzt, daß Sie ihn mögen und er Ihnen wichtig ist*, dann werden Sie emotional ausgebeutet. Natürlich, in kleinerem Umfang tun wir alle genau das von Zeit zu Zeit – das liegt im Wesen des Menschen. Teresa klagt stark über den gezerrten Muskel, den sie sich beim Frisbeespielen geholt hat, so daß Dudley ihr den Rücken massiert. Wenn Roger in den Ferien aus dem College nach Hause kommt, macht er im Haushalt keinen Finger krumm, denn er weiß, daß seine Mutter ihn sehr vermißt und es ihr nichts ausmacht, eine Woche lang seine Sachen hinter ihm herzuräumen. Aber die meisten von uns wehren sich voller Hoffnung kräftig, und auf lange Sicht gleicht sich die Rechnung unter dem Strich wieder aus.

In Kapitel 1 wurde erwähnt, daß es eigentlich nicht verkehrt ist, Kontrolle auszuüben, und daß es, je nach den gegebenen Umständen, sogar praktisch sein kann, Kontrollneurotiker in der Umgebung zu haben. Dasselbe gilt für die meisten Kontrolltaktiken. Logik, Kurzschluß, Täuschung, Übernahme, selbst Einschüchterung und Angriff können wertvolle Mittel sein und werden manchmal eher zum Helfen als zum Verletzen eingesetzt. Das gilt *nicht* für Ausbeutungstaktiken. Die unschuldigen, »im Wesen des Menschen liegenden« Ausbeutungsschritte, die oben erwähnt wurden, verursachen *bestenfalls* wenig Schaden. Aber wenn emotionale Ausbeutung extrem angewendet wird, kann sie mehr Schmerz verursachen als alle anderen Methoden – Schmerz, der sich im Laufe der Jahre buchstäblich bis an die Grenze steigern kann.

Aber Ausbeutung ist auch unglaublich machtvoll; und alles Machtvolle wird eingesetzt, wie auch in anderen Bereichen. Viele von uns, Kontrolleure und Anpasser gleichermaßen, benutzen diese Methoden im Übermaß. Viele bekannte Bücher wurden zu diesem Thema geschrieben; das wichtigste *Theaterstück* in diesem Bereich ist natürlich *Wer hat Angst vor Virginia Woolf?* von Edward Albee. Aber man braucht sich nicht in die Literatur zu vertiefen, um einen Eindruck davon zu bekommen, wie diese Muster funktionieren – schalten Sie einfach den Fernsehapparat an einem beliebigen Tag ein. Emotionale Ausbeutung ist die Hauptzutat aller seichten Fernsehserien.

Bei der emotionalen Ausbeutung liefert der Kontrollneurotiker die spezifische Taktik, und Sie liefern die Liebe oder Zuneigung, die diese Taktik bestärkt. Die verbalen Aussagen, die ein Kontrolleur macht, werden manchmal *emotionale Haken* genannt, denn sie »haken« Ihre Gefühle fest und machen Sie anfällig für Manipulation. Zu den Ausbeutungstaktiken gehören Implikationen, doppelte Botschaften, »Entweder/oder«-Denken und -Verfahrensweisen, mit denen sie die Entscheidung erzwingen wollen (»Entweder gehst du heute mit mir ins Bett oder ich weiß, daß du mich nicht liebst.«), Vorwürfe, Sarkasmus, Wut, Tränen, schlechtes Gewissen und ein ganzer Haufen von anderen verbalen und emotionalen Tricks. Die Liste ist so gemischt, daß sie paßt; geschickte Ausbeuter neigen dazu, eine Art von Schrotflintentaktik anzuwenden, indem Sie Ihnen alles bis auf den Hausrat an den Kopf werfen.

Die folgenden Beispiele enthalten nur ein paar der häufigsten Manöver. Wie viele davon erkennen Sie wieder?

Schlechtes Gewissen auslösen

George hatte es sich gerade vor dem Fernsehapparat bequem gemacht, als das Telefon klingelte. Sein Sohn war dran. Als der sich sofort für die Störung entschuldigte, wußte George, was kommen würde und schwor sich, seinen Platz auf dem Sofa nicht zu verlassen, ganz gleich, worum es ging. »Vater, ich bin verzweifelt. Meine Köche sind beide krank. Die Küchenhilfe ist nicht aufgetaucht. Wenn du nicht kommst und aushilfst, muß ich den Laden schließen. Ich meine das ernst, ich muß dann tatsächlich zum ersten Mal in zwanzig Jahren an einem Samstagabend zumachen, und du weißt, daß das tödlich für das Geschäft ist.«

George fing an, das schreckliche Stechen in seinem Bauch zu spüren, und dann warf sein Sohn die Fangleine aus: »Wenn dir wirklich wichtig wäre, was mit mir passiert, dann würdest du verstehen, wie sehr ich deine Hilfe brauche. Und wie schwer es für mich ist, wenn ich dich bitten muß.« Georges Entschluß, nicht alles fallen zu lassen, um seinem Sohn aus der Patsche zu helfen, geriet ins Wanken angesichts der Taktik des schlechten Gewissens von George jr. Vom Verstand her war er ziemlich überzeugt, daß das Restaurant ohne ihn überleben konnte, und er wollte wirklich das Ende des Basketballspiels sehen. Außerdem, irgendwie wußte er genau, was sein Sohn machte. Aber naja ... vielleicht *war* er, George, in letzter Zeit ein bißchen egoistisch gewesen, vielleicht konnte er nur dieses eine Mal noch helfen ... Hilflos zuckte George mit den Achseln, stellte den Fernsehapparat ab und ging zur Tür.

Die meisten von uns haben sehr früh und sehr gut gelernt, ein schlechtes Gewissen zu haben; jene Knöpfe warten immer noch darauf, von irgend jemandem gedrückt zu werden, der weiß, wie es geht. Und zu wissen wie, ist eine Spezialität von Kontrollneurotikern.

Schmollen

Das Schmollen ist ein Muster mit doppelter Botschaft, auf das Sie zweifellos auch schon gestoßen sind. Im allgemeinen sagen die Worte des Schmollenden das eine (oder, wenn er schweigt, sie sagen gar nichts), während sein nonverbales Verhalten und sein Tonfall eine ganz klare und sehr unterschiedliche Aussage machen. Oft werden auch Implikationen, versteckte Vorwürfe, Abschalten und verschiedene andere Taktiken eingesetzt.

Karen ißt mit ihrem Mann Rick zu Abend, hilft beim Geschirrspülen und sagt dann: »Also, ich geh' zum Treffen meiner Frauengruppe. Bin gegen neun wieder da, Schatz.« Dann folgt dieses Gespräch:

RICK: (*Seufzt*)

KAREN: Was ist los, Rick?

RICK: (*Düster*) »Ach, nichts . . .«

KAREN: Rick, ich *hasse* das. Wenn du nicht willst, daß ich heute abend weggehe, warum sagst du das nicht einfach?

RICK: (*Als der schon lange leidende Märtyrer*) Nein, nein, du kannst gehen, ist schon in Ordnung. Das sei fern von mir, dich von deinem geliebten Treffen abzuhalten. Es geht schon in Ordnung für mich, keine Sorge . . . Ich hab' den Fernseher und kann mit dem Hund spielen . . .

Karen weiß natürlich, daß etwas nicht stimmt. Sie und Rick tragen noch ein paar Runden aus, wobei sie nach und nach immer wütender wird, er immer leidender. Schließlich schreit Karen etwas, weswegen sie später ein schlechtes Gewissen haben wird, und rennt aus der Tür. In der Frauengruppe ist sie abwechselnd wütend über die Art, wie Rick sie behandelt hat, und nervös, weil sie nicht weiß, was später zu Hause passieren wird.

Oder vielleicht gelingt es Rick, seine Frau dazu zu bringen, daß sie zu Hause bleibt. Verärgert über ihren Mann wegen seiner offensichtlichen Manipulation und über sich selbst, weil sie nachgegeben hat, verbringt Karen keinen erfreulichen Abend. In dieser Nacht schliefen sie und Rick jeweils an den Außenkanten des Betts. Am nächsten Morgen wacht Rick in bester Stimmung auf, aber Karen ist noch verärgert. Beim Frühstück ist sie schließlich in der Lage, ihren Mann auf sein Schmollen anzusprechen, mit dem er sie vom Treffen ihrer Frauengruppe ferngehalten hat.

Rick reagiert natürlich mit Überraschung und Entrüstung. »Guck mich nicht so an, Karen«, sagt er so sanft, als würden ihm die Worte auf der Zunge zergehen. »Ich hab' dich nicht davon abgehalten, zu deinem Treffen zu gehen. Verdammt, *ich* hab' gesagt, du sollst gehen.« Und das stimmt.

Punkte zählen

Bei einer Variante dieser Taktik geht es darum, vergangene Gefälligkeiten aufzuzählen, immer und immer wieder. Sie funktioniert am besten, wenn der größte Teil der wichtigen Kommunikation nicht verbal stattfindet.

Zwei alte Freunde trinken ein Glas zusammen. Fred sagt: »Du, Al, ich muß am Freitag morgen ungefähr um halb acht zum Flughafen. Kannst du mich hinbringen?« Al, der die anscheinend ständigen Bitten seines Freundes leid ist, sagt: »Ach, meine Enkelin ist diese

Woche in der Stadt. Ich hatte vor, den Vormittag mit ihr zu verbringen.« Fred sitzt eine Weile schweigend da, starrt in sein Bier und sagt dann mit *ganz kleiner Andeutung* von Traurigkeit: »Ich bin ein wenig überrascht, alter Freund. Ich meine, nachdem ich dir damals im Krieg am Strand von Anzio das Leben gerettet habe ... Das hast du wohl vergessen ...« Tatsächlich hat Fred seinem Freund Al im Zweiten Weltkrieg das Leben gerettet. Aber das lag sechsunddreißig Jahre zurück. Und Al hat das mit Sicherheit nicht vergessen, denn seitdem hat Fred ihn mindestens fünfhundertmal daran erinnert, wenn er Al um einen Gefallen oder ein kleines Darlehen bat.

Emotionale Ausbeutung funktioniert teilweise deswegen, weil Sie anfangen, an sich selbst zu zweifeln. Wenn der richtige Knopf gedrückt wird, meldet sich in Ihrem Kopf eine kleine Stimme und sagt: »He, vielleicht hat er recht – vielleicht *bin* ich egoistisch. Es würde nicht wehtun, ihm nur dieses eine Mal zu helfen.« An diesem Punkt haben sich die Chancen verändert, jetzt haben Sie sich und ihn gegen sich. Sie sind in der Unterzahl, und so gehen Sie ins Restaurant oder fahren zum Flughafen.

Abschalten

Abschalter üben Kontrolle über Sie aus, indem sie sich vollständig oder teilweise von Ihnen zurückziehen. Ihre Macht beziehen sie aus der Tatsache, daß Sie auf irgendeine Art mit ihnen zu tun haben müssen (oder glauben, daß Sie es müßten). Also rufen sie nicht zurück. Sie wechseln das Thema oder gehen mitten im Gespräch weg. Sie verweigern Sex, drehen die Stereoanlage hoch, während Sie mit ihnen reden, schließen sich im Badezimmer ein oder schweigen Sie schlicht an. Oder sie mauern, wenn Sie ihre Mitarbeit brauchen, um ein Problem zu lösen, einen Konflikt zu klären oder ein Projekt abzuschließen. Diese letzte Variante ist besonders beliebt bei Arbeitnehmern, die aus dem einen oder anderen Grund entweder nicht gefeuert werden können (Beamte, Gewerkschaftsverträge, Amtszeit, Bedeutung für die Firma, Vetternwirtschaft) oder denen es egal ist.

Schmollen und andere Tricks der emotionalen Ausbeutung haben oft eine Abschaltkomponente. Hier zwei weitere Variationen zu dem Thema.

Dreiecksbildung

Sie geraten in eine *Dreiecksbeziehung*, wenn der Kontrollneurotiker einen dritten Beteiligten benutzt, um Sie zu manipulieren oder zu entmachten. Eine der häufigsten Varianten schließt Sie auf die eine oder andere Weise aus der Kommunikationsschleife aus. Eine Angestellte beispielsweise geht mit einer Beschwerde gleich zum obersten Chef, statt erst zu versuchen, die Dinge mit ihrem direkten Vorgesetzten zu klären. Oder Martha kritisiert Jane gegenüber Mary, weil sie weiß, daß Mary die Kritik wieder bei Jane durchsickern läßt.

Zu einer weiteren Variante, dem *Bezug auf eine dritte Person*, gehört es, daß die Kontrolleure sich selbst aus der Kommunikationsschleife ausschließen. Debbi erzählt ihrer Mutter, daß sie beschlossen hat, den Besuch des Colleges für ein Jahr zu verschieben, um einige praktische Arbeitserfahrungen zu sammeln. Mama, der diese Idee überhaupt nicht gefällt, sagt in gequältem Ton: »Gut, Liebes, was immer du denkst, ist gut und für mich in Ordnung. Aber dein Vater wird dich drängen ...«

Einschüchterung

Mit einer Trennung zu drohen ist ein sehr wirksames Mittel der Einschüchterung. Wie bei anderen Einschüchterungstaktiken brauchen Kontrollneurotiker eigentlich gar nichts zu tun – sie müssen einfach den Eindruck vermitteln, daß sie sich zurückziehen oder gehen *werden*, wenn ihr unglücklicher Partner sich nicht anständig benimmt. Bei sehr vielen Menschen steht die Angst, abgelehnt oder allein gelassen zu werden, absolut vor allem anderen, und sie laufen buchstäblich jede Strecke, um dieser schrecklichsten aller Möglichkeiten aus dem Weg zu gehen. Selbst kleine Abschaltungen sind für solche Leute schwierig. Sie glauben, daß es verheerend wäre, auf Dauer verlassen zu werden, etwas, das sie einfach nicht ertragen könnten. Wenn also der Kontrollneurotiker droht zu gehen oder wenn er oder sie das Spiel »Mit einem Fuß aus der Tür« zu spielen beginnt, kapitulieren sie und werden Wachs in seinen Händen.

Fallen stellen

Einfache Fallen funktionieren weitgehend genauso wie Ausbeutung. Das heißt, der Kontrolleur nimmt Sie an den Haken, indem er Ihre emotionalen Reaktionen gegen Sie benutzt. Aber Ausbeuter spielen mit Ihren Gefühlen *für* Sie; Fallenstellertricks können jedes starke Gefühl benutzen. Angst, Verwirrung, Trauer und Hoffnung sind bekannte Beispiele. (Die komplizierten Kontrollfallen, zu denen wir in Kapitel 3 kommen, haben eine weit größere Bandbreite. Unter anderem werden sie nicht von dem Kontrollneurotiker aufgebaut – der Kontrollneurotiker sitzt genauso in der Falle wie der Aufpasser.) Im wesentlichen sind Sie in eine Situation eingezwängt, in der Sie nicht gewinnen können. Was immer Sie tun, es ist verkehrt – und Sie müssen etwas tun; Sie haben nicht die Wahl, nicht zu handeln. Eine der einfachsten Methoden, mit der Kontrolleure diese Art von Arrangement schaffen, besteht darin, daß sie eine Frage stellen, *auf die sie die Antwort schon kennen*, um Sie in Verlegenheit zu bringen, um zu beweisen, daß Sie unrecht haben, um Sie zu bestrafen oder um Sie in die Klemme zu bringen. Wenn Sie das Pech haben, falsch zu antworten – auweia!

Die Frage als Falle

Kim, eine achtundzwanzigjährige angehende Lehrerin, geriet in die Falle, als ihr Freund Alan sie fragte, wo sie an ihrem Geburtstag essen gehen wollte. Da sie es gewohnt war, daß Alan ihre Aktivitäten plante, und weil es ihr wirklich gleichgültig war, wo sie aßen, sagte Kim zu Alan, daß er entscheiden sollte.

»Ich hasse es, wenn du so reagierst«, schimpfte Alan. »Ich bitte dich, mir zu sagen, was du denkst. Ich meine, du denkst doch – oder?«

Verletzt, es aber nicht zeigend, kam Kim der Aufforderung Alans nach. Sie sagte ihm, was sie dachte, und nannte ein halbes Dutzend Restaurants, die ihr gefielen. Er legte gegen jeden Vorschlag Widerspruch ein, und dabei machte er abfällige Bemerkungen über jede Möglichkeit, die sie anbot. Kim sagte: »Nachdem er dafür gesorgt hatte, daß ich mich fühlte, als hätte ich keinen Geschmack, keinen Stil und kein Gehirn im Kopf, landeten wir am Ende in seinem Lieblingsrestaurant, in das er vermutlich sowieso die ganze Zeit gehen wollte.«

Was hatte Alan von seinem Verhalten? Zusätzlich zu dem Abendessen in dem Restaurant seiner Wahl hatte er das Gefühl der Überlegenheit und der Kontrolle. Das ist ein wichtiges Ergebnis für jeden, der Fallen stellt.

Doppelbindungen

Doppelte Botschaften wurden bereits im Zusammenhang mit emotionaler Ausbeutung erwähnt. Doch wenn die doppelte Botschaft begleitet wird von einer implizierten Aufforderung, *die vorhandene Widersprüchlichkeit zu ignorieren*, kann sich etwas sehr viel Schlimmeres entwickeln.

Peter und Mary haben ernste Eheprobleme. Unter anderem trinkt Peter, und wenn er trinkt, wird er manchmal gewalttätig. Bisher ging sein Verhalten in dieser Hinsicht nicht weiter, als daß er Mary gelegentlich eine Ohrfeige verpaßte. Aber Mary reicht das (und so sollte es auch sein!). Die Schläge verletzen. Mary weiß, daß ihr Mann ausfallend werden kann, und in letzter Zeit ist es mit der Trinkerei schlimmer geworden. Mary hat Angst.

Sie liebt ihren Mann und würde die Dinge gern mit ihm ausdiskutieren. Aber wenn er nicht wütend ist, lacht Peter nur und meint, daß sie übertreibt. Bringt sie das Thema zur Sprache, wenn er wütend ist, dann leugnet er laut (und zornig), daß er (1) sie je geschlagen hat und daß er (2) gegenwärtig wütend ist.

Mary hat das Gefühl, langsam verrückt zu werden.

Zu diesem Zeitpunkt hat sie Angst, daß, wenn sie vielleicht etwas wie »He, Schatz, du sagst, daß du nicht wütend bist, aber du klingst doch sehr wütend« sagt, Peter noch zorniger werden und ihr körperlichen Schaden zufügen könnte. Die Alternative dazu besteht darin, daß sie so tut, als ob sie Peters Wut nicht bemerkt – aber sie hat viel zuviel Angst und fühlt sich zu sehr alleingelassen, um das zu tun. Sie weiß wirklich nicht mehr aus noch ein.

Wenn die Dinge schlimmer werden, kann Marys Verstand das Problem für sie vielleicht lösen, indem sie die Wirklichkeit (oder Marys Wahrnehmung der Wirklichkeit) soweit verändert, daß Mary in relativem Frieden leben kann. Am Ende kann Mary an den Punkt kommen, an dem sie *buchstäblich nicht mehr merkt*, daß ihr Mann sehr aggressive, widersprüchliche Botschaften aussendet. Sie ignoriert sie nicht einfach nur; soweit es ihr Bewußtsein betrifft, sind die Wutsignale nicht mehr vorhanden. Natürlich hat Mary Magenschmerzen und ist oft nervös, ohne zu wissen warum. Und es gelingt ihr nicht mehr ganz so gut, den Schlägen auszuweichen.

Gezwungen zu werden, die eigene Erfahrung zu leugnen, damit man überleben kann, ist eine der tödlichsten und zerstörerischsten Kontrollfallen. Es ist ein Beispiel aus einer Reihe von unglaublich machtvollen Mustern, den *Doppelbindungen*. Im schlimmsten Fall verblüffen diese Doppelbindungen Sie nicht nur einfach, sie machen Sie unbeweglich. Sie sind unfähig, sich in irgendeine Richtung zu bewegen, weil die Doppeldeutigkeit und die Unstimmigkeit in den Botschaften, die Sie erhalten, Sie in eine lähmende »Verdammt, wenn du's tust, verdammt, wenn du's nicht tust, *verdammt, wenn du nicht mitspielst*«-Position bringen. Dann kann der Kontrollneurotiker sich nach Belieben bewegen und übernehmen, er kann Anforderungen stellen, die Sie in Ihrem konfusen und gefangenen Zustand unmöglich verweigern können.

Abschließende Gedanken

Kontrollneurotiker benutzen die in diesem Kapitel beschriebenen Methoden oft und im Übermaß. Außerdem können sie oft nicht *aufhören*, sie zu benutzen, selbst wenn die Taktiken eindeutig nicht mehr funktionieren. Für viele Kontrollneurotiker wird die Kontrolle wichtiger als das Erreichen irgendeines Ziels, das sie anfangs veranlaßt hat zu übernehmen. Sie werden verzweifelt darum kämpfen, auf dem Fahrersitz zu bleiben, wobei sie alle Methoden einsetzen werden, die sie für hilfreich halten. Bevor Sie anfangen, diese (und andere) Kontrolltaktiken ausfindig zu machen und zu erkennen, hier ein paar abschließende Gedanken, an die Sie sich erinnern sollten.

1. Kontrolltaktiken werden fast nie einzeln eingesetzt (wie wir sie hier beschreiben). Kontrolleure der Oberliga wissen, daß sie nicht zwischen Möglichkeiten auswählen müssen – sie können alle nutzen. Sie verwirren Sie, sie beunruhigen Sie, dann kommen sie zum Zug. Und je nach den Umständen können die Besten unter ihnen das machen, ohne daß Sie merken, was passiert. Bis Sie Taktik Nr. 1 erkannt haben, gehen die anderen schon mit Taktik Nr. 7, 9 und 13b gegen Sie vor.

2. Unterschiedliche Menschen benutzen unterschiedliche Muster bei den Taktiken. Lernen Sie, diese Muster zu erkennen und vorauszuberechnen. An-

dererseits verlassen Sie sich nicht darauf, daß Ihr Kontrollneurotiker ein bestimmtes Muster in einer bestimmten Situation einsetzt, weil er es in der Vergangenheit so gemacht hat. Geschickte Kontrolleure werden ihre Strategien verändern, vor allem, wenn sie merken, daß Sie anfangen, sie zu kapieren.

3. Manche Taktiken werden direkt dazu eingesetzt, Leute unter Kontrolle zu halten. Aber andere werden nur ins Spiel gebracht, wenn Kontrollneurotiker (zu Recht oder zu Unrecht) das Gefühl haben, die Kontrolle verlieren zu können. Hierbei handelt es sich um Krisentaktiken, um Maßnahmen, die Dinge wieder auf die Reihe zu bekommen. Natürlich sind manche Menschen immer in Krisenstimmung. Aber die meisten Kontrolleure benutzen diese Taktiken nicht die ganze oder den größten Teil der Zeit. Wenn sie Kontrolle ausüben und die Dinge glatt laufen, dann können sie sich vernünftig und flexibel verhalten. Die Methoden, die sie benutzen, um die Menschen und Situationen um sich herum zu beeinflussen, können sanft, respektvoll, sogar gütig sein. Aber wenn etwas anfängt, in die verkehrte Richtung zu laufen, dann passen Sie auf.

Weiteres Vorgehen: Prüfen Sie Ihre Achillesferse

Welche Kontrolltaktiken ärgern Sie vermutlich am meisten? Wählen Sie eine allgemeine Taktik aus (beispielsweise Angriff, Täuschung, Erosion) oder ein spezielles Vorgehen (wie lächerlich machen, doppelte Botschaften, Fragen als Falle), und denken

Sie über eine Gelegenheit in jüngerer Vergangenheit nach, bei der sie jemand bei Ihnen angewandt hat. Und dann schreiben Sie Ihre Antworten auf die folgenden Fragen in ein Notizbuch oder auf einen Zettel.

1. Wer setzte das Vorgehen oder die Taktik gegen Sie ein? Welche Beziehung haben Sie zu der Person und wie wichtig ist diese Beziehung für Sie?

2. Was passierte während des Vorgangs? Was passierte vorher, währenddessen und nachher? Eine allgemeine Beschreibung reicht aus. Sie können jedoch zu nützlicheren Einsichten kommen, wenn Sie die gesamte Situation noch einmal neu entstehen lassen, als handele es sich um eine Szene aus einem Film, den Sie sich anschauen. Beschreiben Sie Worte und Taten, und notieren Sie sich irgendwelche relevanten Hintergrundinformationen.

3. Auch wenn Sie sich ihrer damals vielleicht nicht bewußt waren, überprüfen Sie, ob Sie sich an irgendwelche Gedanken erinnern können, die Ihnen zu der Zeit vielleicht durch den Kopf gegangen sind (beispielsweise »O je, jetzt hab' ich was gesagt, was ihm nicht gefallen hat«; »Wenn ich nicht sage, daß ich mit ihr einer Meinung bin, geht das den ganzen Abend so weiter«), und an irgendwelche Gefühle, die Sie vielleicht überkamen (Ärger, Angst, Zurückweisung).

4. Wie sah das Ergebnis des Vorgangs aus? (Hat der Kontrolleur seinen Willen bekommen? Haben Sie etwas getan oder gesagt, das Sie unmittelbar hinterher oder später bedauert haben? Wurden Sie davon abgelenkt oder daran gehindert, Ihre Ziele zu verfolgen?)

5. Wie typisch war das Ergebnis? (Ist das, was geschah, genau das, was im allgemeinen geschieht,

wenn diese Person oder ein anderer Mensch aus Ihrer Umgebung zu dieser speziellen Kontrollmaßnahme greift?)

Ihre Antworten auf diese Fragen liefern die ersten Hinweise zum Verständnis, wie Kontrolltaktiken gegen Sie eingesetzt werden können. Bewahren Sie Ihre Zettel mit den Antworten auf. Später im Buch werden wir Ihnen die wirksamsten Methoden beibringen, mit denen Sie mit Kontrolleuren und ihrem Vorgehen fertig werden. Aber für den Augenblick geben Sie sich damit zufrieden, sie zu erkennen. Wie Sie sehen werden, ist die Fähigkeit, Kontrollmuster zu erkennen, *bevor* sie Sie eingewickelt haben, schon die halbe Schlacht.

Im folgenden Kapitel werden wir uns die Kehrseite der Medaille ansehen: die typischen Taktiken und Methoden, die Anpasser einsetzen, wenn sie auf einen Kontrollneurotiker reagieren.

Kapitel 3

Ich gehöre dir

Wie wir mit den Kontrollneurotikern in unserem Leben umgehen

Gar keine Frage, Kontrollneurotiker sind Menschen, mit denen schwer umzugehen ist. Sie haben eine ungeheure Auswahl an Taktiken zur Verfügung und Kombinationen dieser Taktiken schon praktiziert, als sie noch gar nicht sprechen gelernt hatten. Sie haben das Bedürfnis, Kontrolle über Sie auszuüben, die Absicht, die Kontrolle über Sie auszuüben, und oft sind sie bereit, viel zu opfern, auch die eigentlichen Ergebnisse, die zu erreichen sie hoffen, nur damit sie die Kontrolle über Sie *erfolgreich* ausüben können. Aber das *können sie nicht allein schaffen* – sie brauchen Ihre Hilfe. Und da kommt die Anpassung ins Spiel.

Im letzten Kapitel haben wir Kim und Alan kennengelernt, als sie sich zum Ausgehen fertig machten, um Kims Geburtstag zu feiern. Wie Sie sich vielleicht erinnern, hatte Alan, der im allgemeinen die Verabredungen des Paares in allen Einzelheiten plante, Kim unerwartet gefragt, wo sie zu Abend essen wollte. Kim machte netterweise ein paar Vorschläge; aber nach ein paar Runden mit »Warum gehen wir nicht ...?« und »Ja, aber ...« landeten sie in einem Restaurant, das Alan ausgesucht hatte.

Alan, der sehr viel über gute Weine wußte und sein Wissen an Kim weitergegeben hatte, seit sie sich kannten, wählte im Restaurant eine Flasche teuren Wein aus, und als der kam, veranstaltete Alan ein Quiz – wobei er Kim verschiedene Fragen stellte, um festzustellen, wieviel sie gelernt hatte. Gehorsam unterwarf sich Kim dem Test und bestand ihn, was bei ihr zu einem Seufzer der Erleichterung führte. (Hätte sie eine Frage falsch beantwortet, wäre sie gezwungen gewesen, sich den gesamten Weinvortrag noch einmal anzuhören.)

Als es Zeit war, nach der ziemlich umfangreichen Karte zu bestellen, sagte Alan seiner Kim, was ihr seiner Meinung nach schmecken würde. Verärgert bestellte Kim etwas anderes. »Du wirst enttäuscht sein«, warnte Alan sie. Das war sie auch, aber da sie Alans »Ich hab' es dir doch gesagt« nicht hören wollte, versicherte sie ihm, daß ihr Essen ausgezeichnet war, und verschlang es bis auf den letzten faden Bissen.

Nach dem Essen gingen Alan und Kim in einen Film, den Alans Lieblingskritiker zu einem Meisterwerk erklärt hatte und von dem Alan sicher war, daß er Kim gefallen würde. Sie war nicht sonderlich beeindruckt davon, Alan allerdings war es. »Was für ein toller, toller Film«, erklärte er, als sie das Kino verließen. Kim sagte nichts. »Findest du nicht, daß er großartig war?« fragte er. Wie die meisten Leute, die »Findest-du-nicht?«-Fragen stellen, war Alan weniger an Kims Reaktion interessiert, sondern mehr an ihrer ungeteilten Zustimmung zu seiner Meinung. Aber sie verstand den Hinweis nicht.

»Er war ganz gut«, antwortete Kim ohne große Begeisterung.

»Was?« schnauzte Alan sie an und blieb auf der Stelle stehen. »Er hat dir nicht gefallen?« Er hätte nicht empörter sein können, wenn er selbst Drehbuchautor, Produzent und Regisseur des Films gewesen wäre. »Wie kann es angehen, daß er dir *nicht* gefallen hat?« fragte er atemlos und erläuterte dann die Vorzüge des Films.

Zehn Minuten später, als sie endlich einmal zu Wort kam, revidierte Kim ihre Meinung. Ja, es war ein großartiger Film, versicherte sie, und ja, jetzt, wo sie mehr darüber nachgedacht hatte, gefiel er ihr.

»Er hat meine Meinung nicht wirklich verändert«, erklärte Kim. »Ich wußte nur, daß er mich nicht in Ruhe lassen würde, bis ich ihm zustimmte, also hab' ich es gemacht.« Alan war beschwichtigt, und nach ganz kurzer Zeit tat er so, als wäre nie etwas geschehen. Aber für Kim war der Abend verdorben. Sie verbrachte die nächsten Stunden damit, daß sie nervös darauf achtete, was sie tat, und vorsichtig jedes Wort wählte in der Hoffnung, den Rest des Abends ohne einen weiteren Zwischenfall zu überstehen. Ihre Ängste und die donnernde Disco-Musik in dem Club, in den Alan unbedingt gehen wollte, führten bei Kim zu dicken Kopfschmerzen.

Anpassung

Wenn bei Kims und Alans Abend Punkte verteilt würden, wie bei einem Ringkampf am College, wäre es mit Sicherheit nicht schwierig, den Sieger auszumachen. Den ganzen Abend lang bemühte sich Alan systematisch um das, was er haben wollte, und er bekam es, während Kim fast ausschließlich auf das, was Alan tat oder sagte, *reagierte*. Alan kontrollierte Kim mit Anordnungen und Anweisungen und einer

Reihe von Manövern, die sie in die Falle lockten, daß Kim ganz durcheinander war. Verwirrt und unsicher stimmte sie ihm dann zu.

Ob sie nun die Gelegenheit vorübergehen ließ, eine Entscheidung zu treffen, oder eine ungerechtfertigte Bemerkung überhörte und das sagte, von dem sie annahm, daß Alan es hören wollte, oder ob sie sich gehorsam seinen Überraschungsquizfragen aussetzte, symbolisch einen festen Standpunkt bei der Bestellung des Essens einnahm und ihre Enttäuschung über die Mahlzeit verbarg, oder ob sie vorgab, mit Alans Filmkritik übereinzustimmen, Kims Reden und Handeln wurden von Alan diktiert. Und da Alan genau das bekam, was er wollte, und sich überlegen und als Kontrolleur fühlen konnte, funktionierten Kims Reaktionen offensichtlich zu seinem Vorteil und bewirkten absolut gar nichts, um ihn davon abzubringen, dieselben oder ähnliche Taktiken wieder bei ihr anzuwenden.

Natürlich denken Sie vielleicht, daß Sie an Kims Stelle Alan mit seinen spitzen Bemerkungen und seinen herablassenden Kommentaren nicht hätten davonkommen lassen. Sie hätten ihm genau gesagt, was er mit seiner Flasche Wein und seinem allwissenden Verhalten anfangen soll. Und bestimmt hätten Sie Ihr Recht verteidigt, den Film nicht zu mögen, ganz gleich, welche künstlerischen Verdienste er nach Alans Worten auch hatte. Sie hätten vielleicht ein halbes Dutzend Streitereien mit Alan, aber zumindest würde er keine Kontrolle über Sie ausüben.

Seien Sie sich da nicht so sicher.

Sich gegen Kontrolltaktiken zur Wehr zu setzen, mag anders aussehen und sich anders anfühlen als das Nachgeben. Und wenn Sie zwischen diesen und nur diesen Alternativen auswählen müßten, dann wäre die Verteidigung meistens die bessere Wahl. Aber auf lange Sicht sind Nachgeben und Verteidigung nicht viel mehr als die beiden Seiten derselben Medaille. Würde es Ihnen nach einem ganzen Abend des Widerstands gegen Alan und des Streitens mit ihm *wirklich* besser gehen als Kim? Vermutlich nicht, es sei denn, es macht Ihnen einfach Spaß, sich mit Kontrollneurotikern zu streiten. Alan wird sich nicht ändern. Ob Sie dem Kontrolleur in Ihrem Leben nachgeben oder sich gegen ihn wehren, nach einiger Zeit werden Sie über die Ergebnisse nicht glücklich sein. Auf lange Sicht verlieren beide Formen ihren Wert.

Nachdem das gesagt ist, wollen wir einen Blick auf die sechs häufigsten Anpassungsformen des Nachgebens und des Widerstands werfen.

Nachgeben

Wenn wir vor einem echten oder potentiellen Konflikt stehen, neigen viele von uns dazu nachzugeben, wobei wir uns ändern, damit wir mit den Bedürfnissen und Wünschen des Kontrolleurs übereinstimmen. Das soll nicht heißen, daß wir uns *immer* beugen; unter bestimmten Bedingungen oder wenn wir beiseite gestoßen werden, können wir kämpfen wie Wildkatzen. Doch unsere natürliche Neigung geht zur Einwilligung. Motiviert von Angst, schlechtem Gewissen, einem Gefühl der Verpflichtung oder einem Wunsch, Konflikte zu vermeiden, lassen wir zu, daß Kontrolleure ihren Willen bekommen, ohne Widerstand oder sogar mit einiger Hilfe – indem wir ihnen den Gedanken zugestehen, daß sie unser Denken, Fühlen und Tun beeinflußt haben oder daß ihre Worte und Taten uns gleichgültig waren.

Frieden bewahren

Kim war eine »Friedensbewahrerin«. Sie sah keinen Sinn darin, sich Alans Kontrolle aktiv zu widersetzen. Das zu tun, hätte zu einem Streit geführt, den zu gewinnen sie keine Chance hatte. Wütend über Alan zu werden, weil er versuchte, sie unter Kontrolle zu halten, kam auch nicht in Frage. Wut war eine Emotion, die Kim beunruhigte und die zu empfinden sie sich selten zugestand, und sie auszudrücken noch seltener. Ihre Motivation zum Nachgeben (oder so zu tun, als gebe sie nach) lag darin, Auseinandersetzungen, Aufstände, Angriffe oder Schimpfkanonaden zu vermeiden.

Steckt ein »Friedensbewahrer« in Ihnen?

Wenn Sie Ärger und Unstimmigkeiten wenig Toleranz entgegenbringen, wenn Sie sich unbehaglich fühlen, wenn Sie Zeuge eines Streits werden oder ängstlich oder bedroht, wenn andere Leute nicht Ihrer Meinung sind, dann können Kontrollneurotiker den Friedensbewahrer in Ihnen zum Vorschein bringen.

Als Friedensbewahrer haben Sie das Motto »*Sorgt nicht für Unruhe!*« Konflikte um jeden Preis zu vermeiden ist Ihr Ziel. Sie möchten gern mit jedem gut auskommen. Sie wünschen sich, daß andere Menschen sich mehr Mühe geben würden, miteinander auszukommen, und auf einer grundlegenden Ebene sind Sie überzeugt, daß selbst kleinere Konflikte zu richtigen Schlachten werden können, die letzten Endes Sie oder Ihre Beziehung zerstören würden.

Im allgemeinen achten Sie auf Ihr Vorgehen, wobei Sie mögliche Reaktionen anderer Leute in Betracht ziehen, bevor Sie selbst etwas unternehmen. Sie zensieren sich selbst und sagen das, was Menschen wahrscheinlich nicht verletzen oder einen Streit auslösen wird, und nicht das, was Sie wirklich denken oder meinen. Und Sie weisen sich selbst die Rolle zu, eine gemeinsame Basis zu finden, indem Sie herbeieilen, um Punkte der Übereinstimmung zu finden, die einen Konflikt beenden könnten – ihn aber nicht unbedingt lösen.

Wenn man Sie fragt, sagen Sie, daß Streitereien mehr Ärger bringen, als sie es wert sind, und daß Sie die Dinge eher laufen lassen, statt sich über sie zu zanken. Aber tief innen befürchten Sie, daß Leute, die Ihnen wichtig sind, weggehen, wenn sie wütend werden, und nie zurückkehren. Folglich, je näher Sie jemandem stehen, desto größere Mühe geben Sie sich, Frieden zu halten, manchmal sogar bis zu dem Punkt, an dem Sie jedes Wort, das Sie äußern, und jeden Schritt, den Sie tun, abwägen und abschätzen.

Wenn Sie für Friedensbewahrung anfällig sind, dann sind die Kontrolltaktiken, die Sie am wahrscheinlichsten aufregen, Angriffe, Nötigung und Einschüchterung oder alles, was Sie zu der Annahme veranlassen kann, daß Streit und Kritik auf Sie zukommen könnten. Neben denen, die Kim einsetzte, gehören zu den typischen, friedensbewahrenden Reaktionen:

- Nachgeben beim ersten Anzeichen von Unstimmigkeit.
- Leuten schmeicheln, um zu verhindern, daß sie wütend werden.

- Leute beschwichtigen, besänftigen und beruhigen, wenn sie Wut oder Unzufriedenheit zum Ausdruck bringen.
- Gemeinsame Sache machen oder Heimlichtuereien, damit Ihre dringenderen Wünsche erfüllt werden (beispielsweise den eigenen Willen durchsetzen, indem Sie Kontrollneurotiker überzeugen, daß Sie sich wünschen, deren Vorstellungen zu erfahren, oder das tun, was Sie wollen, aber dafür sorgen, daß die Kontrollneurotiker nichts davon merken.)

Sich »lieb Kind« machen

Beverly beschrieb den Tag, an dem Ellen ihr ein Geschenk gab, um ihr zu zeigen, wie sehr sie ihre Freundschaft schätzte, und sie gleichzeitig kritisierte, weil sie sich am Abend zuvor nicht wie eine gute Freundin verhalten hatte. Beverly schüttelte voller Bestürzung den Kopf und versuchte zu erklären, warum diese doppelte Botschaft eine so große Wirkung auf sie ausübte. »Sicher, es war eine ganz schön raffinierte Methode, es mir zu stecken«, sagte Beverly. »Was aber wirklich weh tut, ist, daß ich mir soviel Mühe gebe, nett zu Ellen zu sein. Wenn ich irgendwo hingehe, lade ich sie ein, mich zu begleiten. Ich ruf' sie jeden Tag an oder besuche sie, einfach um sie wissen zu lassen, wie wichtig sie mir ist. Ich schicke ihr und ihrem Mann sogar Essen, wenn ich etwas gekocht habe, von dem ich weiß, daß sie es mögen. Und bei dem Fest in der Kirchengemeinde habe ich mich besonders angestrengt, um sicherzustellen, daß sie es bequem hatte und sich vergnügte. Um Himmels willen, was verlangt diese Frau denn noch von mir?«

Was auch immer das sein mochte, es war klar, daß Beverly sich weiterhin besonders anstrengen würde, damit Ellen es bekam. Beverly neigte dazu, *sich lieb Kind zu machen*. Sie nahm Haltung an und befolgte Ellens Befehle, änderte ihr Programm, damit sie besser in Ellens exakte Pläne paßte, sie zog sich um, wenn Ellen ihre Kleidung kritisierte, und machte Verrenkungen, um Ellen zu zeigen, daß sie sie mochte. Sie glaubte, daß nett zu Leuten zu sein und alles zu tun, um sie glücklich zu machen, die beste Methode sei, um von ihnen akzeptiert zu werden und sich in bezug auf die eigene Person gut zu fühlen.

Sind Sie jemand, der sich »lieb Kind« macht?

Wenn es Ihnen sehr wichtig ist, daß Leute Sie als liebenswürdig, freigebig, verantwortungsbewußt oder unverzichtbar sehen, wenn Sie empfindlich gegenüber Kritik sind und es hassen, übersehen zu werden, und einen großen Teil Ihrer Zeit und Energie damit verbringen, andere Menschen glücklich zu machen, deren Selbstvertrauen zu steigern oder deren Lob und Anerkennung zu suchen, dann können Kontrollneurotiker die Seite an Ihnen zum Vorschein bringen, die immer anderen Leuten einen Gefallen tun will. Weil Sie dazu neigen, hochmotiviert zu sein, die Wärme und die Vertrautheit in Ihren Beziehungen zu erhalten, und weil sie darauf zählen, daß andere Ihren Wert bestätigen, sind Sie besonders verletzlich durch Kontrollmethoden des Abschaltens und durch emotionale Ausbeutung, Einschüchterung, Bestechungen, Warnungen und natürlich Kritik. Täuschungstaktiken, vor allem solche, bei denen Schmeichelei im

Spiel ist, kommen auch gut bei Ihnen an. Sie neigen dazu:

- Schnell das zu verbessern, was Kontrolleure kritisieren.
- Sich mit Kontrolleuren abzusprechen, um sicherzugehen, daß sie mit Ihren Plänen einverstanden sind.
- Ausgleich dafür zu schaffen, wenn Sie Leute verstimmt haben, indem Sie ihnen ihren Willen lassen und ihnen noch zusätzlich etwas geben. (Wenn Sie beispielsweise Ihre Tochter unglücklich »gemacht« haben, weil Sie sie am Dienstag nicht zum Volksfest fahren konnten, dann fahren Sie sie nicht nur am Mittwoch hin, sondern bieten ihr noch zusätzliches Taschengeld an.)
- Auf Leute »Jagd zu machen«, die schlechte Laune haben, schmollen oder sich auf andere Weise von Ihnen zurückziehen, indem Sie sie verhätscheln, ihnen gut zureden und versuchen, sie aus ihren Schneckenhäusern zu ziehen, oder indem Sie zu erraten versuchen, was ihnen Sorgen macht, und dann alles tun, damit sie sich besser fühlen.

Selbstaufopferung

Erinnern Sie sich noch an Sam, den freiberuflichen Fotografen, der von Cassie, einer seiner Arbeitgeberinnen, eingeschüchtert wurde? Seine unmittelbare Reaktion auf Cassies Angriff war die Entschuldigung dafür, daß er diesen Angriff provoziert hatte – selbst wenn er in Wirklichkeit nichts getan hatte, was eine solche Schimpfkanonade rechtfertigen würde. Er legte seine Zweifel sofort *ad acta* und akzeptierte Cassies

Auftrag, ohne nach den Sicherheiten zu fragen, die er brauchte und ihm zustanden. Und als die Probleme, die Sam vorausgesagt hatte, tatsächlich auftraten, löste er sie selbst – auch wenn sie nicht in seinem Verantwortungsbereich lagen und Zeit und Energie kosteten, die er produktiver hätte einsetzen können.

»Ich weiß, ich hätte Cassie sagen müssen, was los war«, gab Sam zu. »Ich hätte wirklich ihre Hilfe brauchen können. Aber sie wirkte so gestreßt und überlastet, daß ich es einfach nicht fertigbrachte, es zu tun.« Und so nahm Sam die Last allein auf sich, war dann selbst auch gestreßt und überlastet. Anfangs war Cassie stärker als er, schrie ihn an und schüchterte Sam ein, damit er ihr die Last abnahm. Aber Sam tat noch mehr. Er war ein »*Selbstaufopferer*« – er gab seine eigenen Ziele auf, um anderen Leuten dabei zu helfen, ihre zu erreichen, und er ließ zu, daß seine Bedürfnisse nicht erfüllt wurden, damit andere Leute in der Lage waren, ihre eigenen zu befriedigen.

Sind Sie ein »Selbstaufopferer«?

Wenn Sie zu der Überzeugung neigen, daß die Wünsche und Bedürfnisse anderer Leute wichtiger sind als Ihre eigenen, wenn Sie anfällig dafür sind, für das »höhere Gut« ihrer Beziehungen, Familie oder Firma Opfer zu bringen, oder wenn Sie bereit sind, sich selbst die Schuld zu geben, oder wenn Sie sich immer fragen, was Sie falsch gemacht haben, wenn etwas nicht glattläuft, dann kann der Selbstaufopferer in Ihnen den Kontrollneurotikern das Leben erleichtern.

Wie Friedensbewahrer sind Sie allergisch gegen Ärger. Wie diejenigen, die sich lieb Kind machen, möchten Sie, daß andere Menschen glücklich sind und es gut haben. In der Tat, Sie hassen es so sehr, sie leiden zu sehen, daß Sie bereit sind, selbst zu leiden, um sicherzustellen, daß sie es nicht mehr tun. Ganz gleich, wieviel man Ihnen auflädt, Sie glauben, daß Sie es tragen können. Um das zu beweisen, geben Sie den Forderungen von Kontrollneurotikern regelmäßig und immer wieder nach, während Sie selbst selten, wenn überhaupt, Forderungen stellen. Manchmal entscheiden Sie tatsächlich darüber, was andere Menschen brauchen, und geben es ihnen, *bevor sie darum bitten.*

Weil Sie selbst dann ein schlechtes Gewissen haben, wenn Sie nichts Falsches getan haben, sind Sie besonders empfänglich für emotional ausbeutende Kontrolltaktiken und die irrsinnigen Doppelbotschaften – besonders für die Variante »Ist schon in Ordnung« (tiefer Seufzer), »mach dir um mich keine Sorgen«. Die wiederholten, überzeugenden Argumente des Erosionstaktikers und die Implikationen des Einschüchterers, daß etwas Schreckliches passieren wird, wenn Sie versagen, lösen auch automatische, gewohnheitsmäßige Reaktionen der Selbstaufopferung aus, etwa:

- Bei jeder Bitte um Hilfe ja sagen – ganz gleich, wie beschäftigt Sie selbst sind.
- Bei Leuten nachgeben, die andeuten, Sie könnten sie auf irgendeine Weise verletzen oder beleidigen.
- Leuten zusätzlich etwas geben, die unterstellen, Sie hätten sie bereits auf irgendeine Weise verletzt oder beleidigt.
- Für Leute, die sich dumm stellen oder hilflos benehmen, arbeiten oder die Schwierigkeiten aus dem Weg räumen.
- Das Verhalten der Leute anderen gegenüber rechtfertigen und sich selbst sagen, daß es Ihnen nichts

ausmacht, daß Sie es ja verursacht haben, oder daß es deren Art und Weise ist, Ihnen zu zeigen, daß Sie für sie wichtig sind.

Sich wehren

Manche von uns würden nicht im Traum daran denken, Verhaltensweisen einzusetzen, bei denen sie Frieden bewahren, sich bei anderen Leuten lieb Kind machen oder Selbstaufopferung betreiben. Wir würden eher kämpfen statt umzuschalten. Sobald wir Kontrollverhalten entdecken, vor allem bei jemandem, der uns in der Vergangenheit schon einmal manipuliert oder herumgestoßen hat, leisten wir Widerstand. Wir versuchen, den Kontrolleuren in unserem Leben einen Strich durch die Rechnung zu machen – wir verhindern, daß sie uns ausnutzen, oder bestrafen sie dafür, daß sie uns gegenüber Kontrolltaktiken anwenden. Unsere eigenen Neigungen zur Kontrolle beginnen an die Oberfläche zu kommen, wenn wir versuchen, sie von ihrem Tun abzubringen und Dinge aus unserer Sicht zu sehen.

Passiver Widerstand

»Ich wünschte, ich könnte Irene sagen, sich aus meinen Dingen herauszuhalten«, sagte Kelly mit einem Seufzer; dann beschrieb sie einen ihrer Lieblingsträume. »Irene würde zu einem ihrer kleinen Schwätzchen auftauchen, das unerträglich süße Lächeln im Gesicht, Kaffeebecher in der Hand und so. Aber statt nur dazusitzen und darauf zu warten, daß sie loslegt, würde ich aufstehen, zu ihr gehen, direkt vor ihr stehenbleiben, auf den Stuhl vor meinem Schreibtisch zeigen und sagen: ›Setzen Sie sich einfach hin und halten Sie den Mund.‹ Dann würde ich die Tür zuknallen, mich umdrehen und direkt auf den Punkt kommen.

Ich würde ihr direkt in die Augen sehen und sagen: ›Hören Sie auf, mich wie eine Idiotin zu behandeln. Hören Sie auf, mir über die Schulter zu sehen und mir dumme Fragen zu stellen, auf die Sie die Antworten schon kennen. Hören Sie einfach damit auf, und lassen Sie mich meine Arbeit tun.‹ «

Kelly seufzte noch einmal, als ihre Vorstellung, Irene die Leviten zu lesen, verblaßte, und sagte: »Aber das kann ich natürlich nicht machen. Ich kann gar nichts machen. Sie ist meine Chefin. Ich brauche die Arbeit. Und abgesehen von ihrer Einmischung *liebe* ich meine Arbeit und will sie nicht verlieren, also sind mir die Hände gebunden.«

Aber waren sie das wirklich? Zwar beklagte sich Kelly, daß es nichts gab, was sie gegen Irenes Kontrollverhalten tun konnte, in Wirklichkeit tat sie viel. Sie tat es nur unter dem Tisch und auf eine Weise, die für keine der beiden Frauen gut war.

Wenn Irene zu einem Schwätzchen kam, warf Kelly ihr einen vernichtenden Blick zu. Statt Irenes fröhliches »guten Morgen!« zu erwidern, brach sie dann sofort den Blickkontakt ab und versuchte so auszusehen, als ob sie sich intensiv auf die vor ihr liegenden Schreibarbeiten konzentrierte. Als Irene fragte, ob sie eintreten dürfte, zuckte Kelly gleichgültig mit den Achseln. Sie reagierte auf Irenes beiläufige Kommentare mit kurzen, scharfen Sätzen, die sie in einem flachen, gelangweilten Tonfall herausbrachte, und während des ganzen Gesprächs sah sie immer wieder auf die Uhr, rutschte unruhig auf dem Stuhl herum, gähnte oder klopfte mit dem Bleistift auf den Schreibtisch. Wenn Irene dann endlich auf den Punkt kam und nach einem von Kellys Projekten fragte, antwortete sie sarkastisch, wobei sie den »unerträglich süßen« Tonfall nachmachte, den sie Irene zuschrieb.

Indem sie sich auf viele derselben unterminierenden Manöver verließ, die Kontrollneurotiker einsetzen, leistete Kelly *passiven Widerstand* gegen Irenes Kontrolle. Auch wenn sie nicht direkt wurde und nie sagte, was ihr durch den Kopf ging, übermittelte alles, was sie tat (oder nicht tat) die Botschaft: »Ich muß tun, was du sagst, und mich mit dem abfinden, was du tust, aber ich muß das nicht gut finden. Und ich glaube, ich kann es für dich auch ein bißchen unerfreulicher gestalten.«

Natürlich hoffte Kelly, daß Irene die zugrundeliegende Botschaft verstehen und einen Schritt zurück machen würde. Aber selbstverständlich tat Irene das genaue Gegenteil. Weil sie Kellys Widerstand als Einstellungssache deutete, war Irene noch entschlossener, ein Auge auf sie zu haben. Und als Chefin, die aus Überzeugung hinter der Volksweisheit stand, daß man mit Honig mehr Fliegen fängt als mit Essig, nahm sich Irene vor, beim nächsten Mal noch liebenswürdiger zu Kelly zu sein.

Der passive Widerständler in Ihnen

Auch Ihnen fehlt vielleicht die Kraft oder der Mut, sich den kontrollierenden Menschen in Ihrem Leben direkt zu widersetzen. Offen auszusprechen, was Sie denken, Ihr Unbehagen auszudrücken oder sich zu weigern, ihren Plänen zu folgen, scheint Ihnen ein zu großes Risiko zu sein. Sie könnten Ihren Job verlieren, sich Ehepartner, Eltern oder Freunden entfremden, den Haß Ihrer Kinder heraufbeschwören oder sich einen unerwünschten Ruf als Unruhestifter erwerben. Doch anders als der Friedensbewahrer, jemand, der sich lieb Kind macht, oder der Selbstaufopferer können und werden Sie Ihre Gefühle nicht vollständig unterdrücken, und Sie ziehen es vor, bei Leuten, die Sie herumkommandieren oder manipulieren, nicht nachzugeben. Der passive Widerständler in Ihnen flüstert: »Du kannst sie damit nicht durchkommen lassen. Du mußt was tun, um sie zu stoppen – *laß dich einfach nicht einfangen.*« Und so warten Sie mit einem Koffer voller Tricks auf, die Verwirrung schaffen, beunruhigende Emotionen aufwühlen und das Leben ganz allgemein ein bißchen schwieriger und unerfreulicher machen für Leute, die versuchen, Sie unter Kontrolle zu bekommen. Sie könnten vielleicht:

- unwirsch, mürrisch oder sarkastisch wirken (und hoffen, daß das die Kontrolleure auf Distanz hält oder sie dazu bringt, sich ein fügsameres Opfer zu suchen);

- herumtrödeln, verzögern oder zaudern (und hoffen, daß die Kontrolleure ihre Anforderungen vergessen oder ihnen das Warten zu langweilig wird und sie die Dinge selbst erledigen);

- hilflos handeln, den Dummen spielen oder Dutzende von Fragen stellen, »nur um ganz sicher zu gehen«, daß Sie verstanden haben, was die Kontrolleure wollen (und hoffen, daß sie so außer Atem geraten, daß sie die Aufgabe selbst erledigen oder weggehen, um einen anderen zu belästigen);

- sich ausschalten – leer vor sich hinstieren, Theater machen, zappeln, summen –, während Kontrolleure mit Ihnen reden oder Sie anschreien (und hoffen, daß sie die Klappe halten oder die Nase voll haben und weggehen).

Falls das nicht klargeworden ist, mit passivem Widerstand können Sie selten jemanden vertreiben. In der Tat, wie es bei Kelly der Fall war, kann Ihr Manöver als Schuß nach hinten losgehen, die Konflikte verschärfen oder Kontrollneurotiker frustrieren oder wütend machen, und dann geben sie sich nur noch mehr Mühe, Sie unter Kontrolle zu bringen.

Vergeltung

Als Sie von Beverlys Reaktionen auf das Kontrollverhalten ihrer Freundin Ellen gelesen haben (Seite 100), haben Sie sich vielleicht gefragt, ob andere Menschen in Ellens Leben auf dieselbe Weise auf sie reagierten. Das tat ihre jüngste Tochter, die sogar noch verzweifelter und wütender als Beverly auf die Aufmerksamkeiten reagierte und im Karree sprang. Ellens Älteste ging der Mutter soweit wie möglich aus dem Weg und zog mit Achtzehn in eine eigene Wohnung. Heute lebt sie in Japan und redet höchstens zweimal im Jahr mit ihrer Mutter. Und Ellens Mann Howard – wie kam er mit ihrem Kontrollverhalten fast dreißig Jahre lang zurecht? Indem er heimzahlte. Unfähig, Ellen dazu zu bringen, daß sie versuchte, die Kontrolle über ihn abzustellen, ließ er sie für das Privileg bezahlen.

Nachdem er sich einen Tag lang angehört hatte, wie Ellen fast alles an ihm kritisierte, vom Offenlassen der Badezimmertür während des Duschens, damit die Spiegel nicht beschlugen, bis hin zu der Anzahl der

Cocktails, die er zum Abendessen trank, war es nicht ungewöhnlich, daß Howard die Nacht auf dem Sofa in seinem Arbeitszimmer verbrachte. »Den ganzen Tag hab' ich getan, was du wolltest, aber heute nacht schlafe ich, wo ich will«, sagte er dann, schloß die Tür hinter sich und drehte den Schlüssel um. Bei einem ähnlichen Schritt erklärte er wiederholt: »Ich muß dir vielleicht zuhören, aber ich muß nicht mit dir reden.« Und dann schwieg er Ellen an. Eine ähnlich wirksame Vergeltungstaktik, die besonders gut bei festlichen Abendeinladungen wirkte, bestand darin, daß er Unterstützung verweigerte oder die Zustimmung zu einer Feststellung, die seine Frau unbedingt treffen wollte (ganz gleich, ob er *wirklich* mit ihr übereinstimmte oder nicht). »Howard, bist du nicht auch der Meinung, daß sie genau das tun sollten?« fragte Ellen. »Nein, Liebes«, pflegte Howard ruhig zu antworten, »das bin ich nicht.«

Zusätzlich zu diesen absichtlichen Racheakten ärgerte Howard seine Frau mit weniger direkten Methoden, indem er Vergeltung mit passivem Widerstand kombinierte. Wenn Ellen ihn zum vierten Mal in einer Viertelstunde in die Küche schickte, warf er die Cocktailsauce nicht *absichtlich* vom Beistelltisch auf den fleckenlosen weißen Läufer. Es passierte einfach, wie so viele »Unfälle«, die zu passieren schienen, wenn er und Ellen zusammen waren. Wenn er geschäftliche Treffen am Abend oder am Wochenende plante und schwor, daß Ellen ihm nichts von anderweitigen Verpflichtungen gesagt hatte, log er nicht. Er vergaß häufig die Pläne, die Ellen für sie beide gemacht hatte. Er verbrachte nicht eine ganze Stunde im Bad, damit Ellen in Panik verfiel, weil sie zu spät kommen könnten. Er brauchte wirklich so lange, um sich zum Ausgehen fertig zu machen. Im Laufe der Jahre war er immer langsamer geworden. Und er machte immer mehr Fehler. »Ich bin auch nur ein Mensch«, sagte er immer ganz ehrlich, wenn er falsch abbog oder an einer Autobahnausfahrt vorbeifuhr. Es war reiner Zufall, daß er und Ellen auf dem Weg zu einer gesellschaftlichen Veranstaltung waren, zu der er nicht gehen wollte.

Bewußt oder unbewußt, Howard war in der Lage, einen Anflug von Kontrolle zurückzugewinnen, ein Gefühl der eigenen Macht und ein Ventil für seine Frustration, indem er seiner kontrollsüchtigen Ehefrau einen Strich durch die Rechnung machte und sie frustrierte. Sein Schweigen und sein Widerspruch, seine Vergeßlichkeit und seine Ungeschicklichkeiten zwangen Ellen nur noch, ihre Bemühungen zu verstärken, aber zumindest hatte Howard etwas von der Situation: Rache.

Steckt ein Rächer in Ihnen?

Wenn Sie dazu neigen, kontrollierende Menschen als Schurken zu sehen, die mit Bosheit und Überlegung darangehen, Ihr Leben schwieriger zu gestalten, dann können ihre Kontrolltaktiken den Rächer in Ihnen aktivieren. Sie selbst würden sie gern dazu bringen, daß sie gänzlich damit aufhören, ihre Taktiken bei Ihnen anzuwenden, aber wenn Sie das nicht können, dann machen Sie sich daran, den Punktestand auszugleichen. Sie werden bei den anderen für ein genauso elendes Gefühl sorgen, wie sie es bei Ihnen getan haben, oder Sie zeigen ihnen, daß Sie Verantwortung für etwas tragen – selbst wenn es nicht im entferntesten mit der Situation in Verbindung steht, in der die anderen die Oberhand hatten. Vielleicht können sie

Sie ärgern und ihren Kopf durchsetzen, aber Sie können es ihnen heimzahlen, indem Sie:

- mürrisch sind, schmollen oder die Kontrolleure einfach anschweigen;
- »vergessen«, bei ihnen zurückzurufen, Nachrichten auszurichten, Sachen in der Reinigung abzuholen oder etwas anderes zu tun, das sie von Ihnen erwartet haben;
- Sex verweigern;
- hinter ihrem Rücken etwas tun, über ihren Kopf hinweg entscheiden, Gerüchte verbreiten oder auf andere Weise Ärger machen;
- Aufgaben vermasseln, die sie Ihnen aufgetragen haben, Unordnung machen, zufällig ihre Sachen verlieren oder beschädigen oder sie vor Leuten bloßstellen, die sie beeindrucken wollen;
- sich selbst sagen: »Ich werde nicht verrückt – ich zahle heim.«

Rebellion

Als Drew erfuhr, daß Carl seinen Einfluß benutzt hatte, damit er ein Gespräch bei einer hochangesehenen Ärztegruppe bekam, war er wütend. Carl war zu weit gegangen, und Drew wollte dafür sorgen, daß er das erkannte. Er wollte Carl genau sagen, was er von seiner Aufdringlichkeit und Einmischung, seinen frommen Ratschlägen und unerwünschten Vorschlägen hielt.

Natürlich hatte er schon vorher oft mit Carl geschimpft. »Ich hab' geredet, bis ich blau im Gesicht war«, gab Drew zu. »Ich hab' ihm einmal gesagt, ich hab' ihm hundertmal gesagt, daß es die Unfallmedizin ist, die ich betreiben will, und daß es die Notaufnahme ist, wo ich bleiben werde. Er hört einfach nicht zu.« Und Drew gab nicht auf. »Und wenn es das Letzte ist, was ich tue, ich werde diese Aussage in Carls Dickkopf hämmern«, sagte er.

Drew war ein *Rebell*. Niemand würde ihm sagen, was er zu tun hatte, und er ließ niemandem den Versuch durchgehen, ihn zu kontrollieren. In der Tat, allein die Möglichkeit, herumgeschoben oder manipuliert zu werden, erregte Gefühle von Irritation, Empörung und Zorn. »Wie können sie es wagen?« war der erste Gedanke, der in Drew in den Kopf kam, schnell gefolgt von »Ich werde es ihnen zeigen«. Und das tat er dann auch, indem er den Argumenten des Kontrolleurs Punkt für Punkt widersprach, Wutausbrüche bekam, Drohungen ausstieß, Warnungen von sich gab, aus Zimmern herausstürmte und mit Türen knallte. Während er darum kämpfte, die Zügel der Kontrolle wieder zu ergreifen und die Kontrolleure entweder daran zu hindern, ihren Kopf durchzusetzen, oder sie zu überzeugen, Dinge auf seine Weise zu sehen und zu tun, veränderte sich ironischerweise sein Benehmen und war buchstäblich nicht mehr von dem eines Kontrollneurotikers zu unterscheiden.

Sind Sie ein Rebell?

Rebellion ist die bei weitem offensichtlichste Form des Widerstands, und oft scheint sich die Mühe zu lohnen. Ihr Ärger vermittelt Ihnen den Eindruck, daß Sie aus einer Position der Stärke heraus verhandeln und niemand Sie ein leichtes Opfer nennen wird. Man wird Ihnen jedoch vielleicht vorwerfen, daß Sie trotzig handeln. Sie tun das oft, wenn automatische, heftige Reaktionen auf jemanden, der Sie zu kontrol-

lieren versucht, dazu führen, daß Sie blind zurück-
schlagen und:

- sich weigern zuzuhören oder dem Rat anderer
  Glauben zu schenken – selbst wenn er vielleicht
  vernünftig ist und Sie Vorteile davon hätten;
- Kontrolleure anschnauzen, kritisieren, verun-
  glimpfen oder fertigmachen, wobei Sie das Gefühl
  haben, daß Ihre verletzenden Worte, unfairen Anschuldigungen und brutalen Angriffe auf die Persönlichkeit gerechtfertigt sind, weil »die ja angefangen haben«;
- nichts auf sich beruhen lassen, wobei Sie Kontrolleure an jede Gelegenheit erinnern, bei der sie in
  ihren Bemühungen zu weit gegangen sind, ihren
  Willen durchzusetzen;
- mehr Kraft als nötig einsetzen, wobei Ihnen Ihre
  Überreaktion hinterher leid tut;
- denken, daß Sie e's bei jemandem ein für allemal
  geschafft haben, nur um festzustellen, daß Sie auf
  derselben Stelle treten und immer wieder denselben Streit haben.

Ist Widerstand wirklich
eine Art der Anpassung?

In manchen Fällen mag das nicht so sein. Bei manchen Gelegenheiten oder in bestimmten Situationen
mag das direkte Kräftemessen notwendig sein. Wenn
das der Fall ist und Sie bereit sind, sich auf die möglichen Konsequenzen einzulassen, dann kämpfen Sie
um jeden Preis.

Wenn Sie sich wehren, trägt das auch dazu bei, daß
Sie sich mächtiger, weniger kontrolliert fühlen. Ganz

gleich, wie die Auseinandersetzungen ausgehen, Sie können sich mit der Tatsache trösten, daß Sie nicht klein beigegeben haben. Sie haben Ihre Sache vertreten. Sie haben diesen Kontrolleuren einen Teil Ihres Denkens gezeigt, vielleicht haben Sie sogar ein paar Punkte gemacht oder Schläge gelandet, so daß sie bedauern, was sie Ihnen angetan haben.

Aber wenn Sie *automatisch* jedesmal kämpfen, wenn Sie angegriffen werden oder jemand versucht, Sie unter Kontrolle zu bekommen, dann passen Sie sich mit Sicherheit an. Kontrollneurotiker bekommen vielleicht nicht soviel so leicht von Ihnen, wie das der Fall wäre, wenn Sie automatisch deren Anforderungen erfüllt hätten, aber sie gehen immer noch als Sieger hervor.

Bei der Widerstandsmethode schmeißen Sie den Kontrolleuren alles bis auf den Hausrat an den Kopf, und die werfen es umgehend zurück. Sie wollen deren Angriff abwehren. Dann kämpfen sie härter, oder sie ziehen sich vorübergehend zurück, kehren zurück und starten einen weiteren Angriff aus einer anderen Ecke. Sie selbst liefern einen guten Kampf, aber im allgemeinen haben die anderen die größere Ausdauer oder manövrieren Sie aus, so daß sie am Ende auf jeden Fall das bekommen, was sie haben wollten. Selbst wenn Sie am Ende vorn liegen, wissen sie, daß ihre Taktiken Sie geärgert haben und werden sich beim nächsten Mal einfach mehr Mühe geben. Siegen Sie, verlieren Sie, oder erreichen Sie ein Unentschieden, auf lange Sicht kostet Sie der automatische Widerstand mit ziemlicher Sicherheit mehr Mühe, als er wert ist.

Erkennen Sie Ihre Formen der Anpassung

Welches ist Ihre typische Reaktion auf einen Kontrolleur? Neigen Sie dazu, sich bei ihm lieb Kind zu machen, gleichzuziehen, Frieden zu bewahren? Dieser Test kann Ihnen helfen, die automatischen Muster zu erkennen, in die Sie hineinrutschen, wenn Sie es mit Leuten zu tun haben, die versuchen, Sie unter Kontrolle zu bekommen.

Bewerten Sie jede Aussage nach der folgenden Tabelle:
1 = starke Ablehnung
2 = mittlere Ablehnung
3 = leichte Zustimmung
4 = mittlere Zustimmung
5 = starke Zustimmung

Frieden bewahren

1. Ich würde eher meinen Wunsch aufgeben, als daß jemand über mich traurig oder bestürzt ist. _____
2. Es ist leichter, das zu bekommen, was ich haben will, wenn ich die andere Person denken lasse, daß es ihre Idee war. _____
3. Ich versuche herauszufinden, was eine andere Person will und mache es, bevor sie sich über mich ärgern kann. _____
4. Wenn jemand, der mir wichtig ist, wütend über mich ist, tue ich fast alles, um ihn zu beruhigen. _____

GESAMT _____

Sich lieb Kind bei Leuten machen

5. Ich hasse das Anschweigen und tue fast alles, damit der andere damit aufhört. _____
6. Was andere über mich denken, ist mir sehr wichtig. _____
7. Ich reagiere auf Kritik, indem ich zu ändern versuche, was »verkehrt« ist. _____
8. Wenn ich glaube, ich hätte jemanden verletzt, dann tue ich alles, um die Sache beizulegen. _____

GESAMT _____

Selbstaufopferung

9. Ich tue alles, was ich kann, um andere Menschen nicht zu verletzen. _____
10. Ich werde oft überbelastet, weil ich nicht nein sagen kann, wenn ich glaube, daß jemand meine Hilfe braucht. _____
11. Wenn jemand, der mir wichtig ist, mich bittet, viel für ihn zu tun, dann zeigt das meiner Ansicht nach nur, wie sehr er mich braucht. _____
12. Wenn jemand am Arbeitsplatz überlastet, hilflos oder unfähig wirkt, übernehme ich seine Arbeit, auch wenn ich selbst schon zuviel zu tun habe. _____

GESAMT _____
GESAMT 1.–12. _____

Passiver Widerstand

13. Wenn ich über jemanden verärgert bin, sage ich nichts, aber die andere Person wird es merken. _____

14. Wenn mich jemand anschreit, dann tue ich ihm nicht den Gefallen, darauf zu reagieren oder überhaupt zuzuhören. _____

15. Ich tue oft so, als ob ich nicht verstehe oder weiß, wie man etwas macht, damit ein Kontrolleur mich nicht mehr bittet, es zu tun. _____

16. Wenn jemand eine unvernünftige Anforderung stellt, sage ich nicht nein, aber ich nehme mir für die Ausführung reichlich Zeit. _____

GESAMT _____

Vergeltung

17. Ich räche mich an Leuten, die versuchen, mich auszunutzen, indem ich sie anschweige. _____

18. Manchmal »vergesse« ich, etwas zu tun, nur um zu sehen, wie der andere es selbst in letzter Minute ausschwitzt. _____

19. Ich neige dazu, ungeschickter zu sein (verschütte oder zerbreche Dinge) bei Leuten, die viel Macht über mich haben. _____

20. Wenn ich in einer Situation bin, in der ich gezwungen werde, etwas zu tun, was jemand anders will, dann finde ich im allgemeinen einen Weg, um mich zu rächen. _____

GESAMT _____

Rebellion

21. Wenn jemand versucht, mich zu zwingen, etwas zu tun, dann weigere ich mich – auch wenn es sich um eine gute Idee handelt. _____

22. Ich verliere die Beherrschung, wenn jemand versucht, mich herumzukommandieren, und sage oder tue oft Dinge, die mir später leid tun. _____

23. Auch wenn ich einem Kontrolleur standhalte, stelle ich fest, daß ich immer wieder dieselben Schlachten schlage. _____

24. Ich würde eher einem Kontrolleur standhalten als nachzugeben – selbst wenn ich später dafür bezahlen muß. _____

GESAMT _____

GESAMT 13.–24. _____

Ihre Punkte _____

In jeder Gruppe ist eine Gesamtpunktzahl von 20 möglich. Eine Summe von 14 oder mehr deutet darauf hin, daß Sie vermutlich auf dieses Muster zurückgreifen, wenn Sie auf einen Kontrolleur reagieren. Ein Vergleich der Gesamtzahl der Punkte unter 1.–12. mit denen unter 13.–24. zeigt an, ob Sie bei Ihren typischen Reaktionen eher nachgeben oder sich wehren. Wenn die Punktezahlen relativ ausgeglichen sind, benutzen Sie vermutlich, je nach Reaktion, beide Formen der automatischen Reaktionen. Schenken Sie jeder Position, die Sie mit einer 4 oder 5 bewertet haben, besondere Aufmerksamkeit.

Anpassung als Kontrolle

Es ist leicht zu erkennen, wie Widerstandstaktiken darauf angelegt sind, Kontrolle auszuüben. Passive Widerständler hoffen, daß der Kontrolleur all die lästigen, indirekten kleinen Straßensperren, die er einsetzen kann, satt bekommt. Rächer verlassen sich auf den Einschüchterungsfaktor: »Diese Kontrolleure sollten *mich* lieber nicht schikanieren, wenn sie wissen, was gut für sie ist!« (Tatsächlich hoffen einige Rächer insgeheim, daß der Kontrolleur sie schikanieren *wird* – und ihnen damit eine Chance gibt, es ihm heimzuzahlen.) Dabei handelt es sich um Leute, die herumstolzieren und – verbal oder nonverbal – sagen: »Los – tu mir den Gefallen!« Und Rebellen kämpfen natürlich mit den gleichen Waffen – sie stellen sich dem Kontrolleur gern mit erhobenem Kopf.

Nachgeben wirkt auf den ersten Blick weniger kontrollierend. Aber die Taktiken des Nachgebens, die wir beschrieben haben, sind tatsächlich Formen dessen, was manche Psychologen »Sekundär- oder Passivkontrolle« nennen. Friedensbewahrer hoffen, daß sie die Dinge so ruhig halten können, daß der Kontrollneurotiker keine Notwendigkeit sieht, etwas zu unternehmen. Solche, die sich lieb Kind machen, versuchen, Kontrolle zu vermeiden, indem sie die anderen glücklich machen. Beide Gruppen setzen meistens Einfühlungsvermögen, persönliche Sensibilität und ihre Fähigkeit, die Bedürfnisse des Kontrolleurs *vorauszuberechnen*, als Gegenstrategien ein. Und Selbstaufopferer verzögern und verzichten natürlich auf die Erfüllung ihrer Bedürfnisse und halten sich soweit wie möglich zurück, um den Angriff des Kontrollneurotikers zu vermeiden. Die Neigung, sekundäre Kontrolltaktiken einzusetzen, spiegelt unter anderem vielleicht sowohl die sexuelle Rolle als auch kulturelle Einstellungen wider. Im Durchschnitt setzen Frauen die Sekundärkontrolle öfter ein als Männer. Menschen, die in Japan oder anderen asiatischen Kulturen erzogen wurden, neigen zum Einsatz von Sekundärtaktiken, während Amerikaner und Westeuropäer primäre (aggressive) Kontrolle zu bevorzugen scheinen.

Wie auch immer, Kontrolle erzeugt Kontrolle. Letzten Endes bekommen wir vielleicht genau das, was wir zu vermeiden versuchen. Durch den Umgang mit Kontrollneurotikern laufen wir Gefahr, *selbst Kontrollneurotiker zu werden*, indem wir uns genausoviel Mühe geben, sie auszumanövrieren, wie sie, um uns zu kontrollieren. Auf lange Sicht läuft es auf dasselbe hinaus, und es tut keinem von uns gut.

Weiteres Vorgehen

Passen Sie sich den kontrollierenden Menschen in Ihrem Leben an? Holen Sie das Szenario hervor, das Sie aufgeschrieben haben, als Sie in Kapitel 2 Ihre Achillesferse geprüft haben und markieren oder unterstreichen Sie alles, was Sie bei der besonderen Reaktion gesagt oder getan haben. Dann kreisen Sie Reaktionen ein, die Sie *freiwillig getroffen* haben, nachdem Sie Ihre Bedürfnisse und Möglichkeiten *bewußt durchdacht* haben. Wenn Sie viele Kreise auf das Blatt malen, Glückwunsch. Sie sind den meisten von uns weit voraus und müssen vielleicht nur Ihre Fähigkeiten der Kommunikation aufpolieren (wenn überhaupt). Aber es besteht die Möglichkeit, daß Sie nicht viele Reaktionen einkreisen. Die meisten Menschen funktionieren zumindest einen Teil der Zeit automatisch, wenn sie es mit einem Kontrollneurotiker zu tun haben.

Jetzt sehen Sie sich die Reaktionen an, die Sie nicht eingekreist haben, und beantworten Sie folgende Fragen:

1. Was, hofften Sie, würde diese Reaktion bewirken?
2. Was haben Sie tatsächlich erreicht?
3. Was hat die andere Person gewonnen? Wollten Sie dieser Person das geben, was zu bekommen sie sich bemüht hat?
4. Nachdem Sie reagiert haben, hat die andere Person noch einmal oder stärker versucht, Sie unter Kontrolle zu bekommen?
5. Welches Gefühl hatten Sie hinterher in bezug auf sich selbst und die Situation? Waren Sie stolz auf das, was Sie getan und gesagt haben? Wünschten Sie sich, Sie hätten anders reagiert? Waren Sie benommen oder peinlich berührt oder schämten Sie sich?
6. Was sagte Ihre Reaktion über Sie aus? Hat die kontrollierende Person in Ihrem Leben diese Information irgendwann zum eigenen Vorteil ausgenutzt, seit dieser besondere Vorfall sich ereignete?
7. Wie typisch war Ihre Reaktion? Bei welchen anderen Menschen und unter welchen Umständen werden Sie sie vermutlich wieder einsetzen? Wissen Sie noch, wann und warum Sie begonnen haben, auf diese Weise zu reagieren?

Im nächsten Kapitel werden wir anfangen, einige der Motive und Ergebnisse genauer zu erforschen, die Kontrolleure – und Anpasser – dazu bringen, sich so zu verhalten, wie sie es tun.

Kapitel 4

Motive und Ergebnisse

Warum sich Kontrollneurotiker und die, die sich ihnen anpassen, so verhalten, wie sie es tun

Mark ist ein Geschäftsmann von sechsunddreißig Jahren, auf den Bezeichnungen wie arrogant, aggressiv und anmaßend vollkommen zutreffen. Er ist ein Elefant im Porzellanladen des Lebens, der durch jeden Tag trampelt und gar nicht merkt, welches Chaos er hinterläßt. Natürlich hat er auch positive Eigenschaften – wache Intelligenz, vielseitige Interessen, einen schlagfertigen Sinn für Humor. Da er auch großzügig ist, möchte Mark ernstlich die Leute glücklich machen, ihnen nur das Beste geben. Doch selbst wenn Mark »gut« ist, neigt er leider dazu, über das Ziel hinauszuschießen.

»Wenn wir abends zum Essen gehen, bittet er den Oberkellner immer um den besten Tisch im Restaurant«, erzählte Marks Schwester Julie. »Wenn er aus irgendeinem Grund findet, daß der Tisch, den wir bekommen haben, nicht gut genug ist, macht er eine Szene – er streitet, will den Geschäftsführer sprechen und sagt: ›Meine Schwester ist eine weite Strecke gefahren, um einen angenehmen, entspannenden Abend zu erleben. Ich finde, sie hat etwas Besseres verdient. Finden Sie nicht auch?‹ Mir ist das äußerst peinlich. Ich wünsch' mir, daß der Erdboden sich öffnet und mich verschlingt.«

Immer und um jeden Preis legt Mark sich voll ins

Zeug, um die Ziele zu erreichen, die er sich gesetzt hat. Ein »Nein« als Antwort hält ihn nie auf. Er gibt sich einfach mehr Mühe, es zu einem »Ja« zu machen. Manchmal sind Marks Überwältigungstaktiken erfolgreich. Aber sie sind öfter erfolglos, als man erwarten würde, und mit beunruhigender Häufigkeit fügen sie Mark mehr Schaden zu, als sie ihm nützen.

Eine politische Gruppe, der Mark angehörte, wählte ihn beispielsweise zusammen mit einigen anderen Mitgliedern aus, die Gruppe bei einer nationalen Konferenz zu vertreten. Weil der Platz im Konferenzzentrum begrenzt war, wurde den Delegierten nicht erlaubt, Ehefrauen oder andere Gäste mitzubringen. Natürlich wollte Mark sich das nicht gefallen lassen.

Er rief den Koordinator der Delegation an und präsentierte ausführliche und leidenschaftliche Argumente, warum in seinem Fall eine Ausnahme von der »Keine-Ehefrauen«-Regel gemacht werden sollte. Der Koordinator lehnte Marks Forderung ab. Mark rief sofort den Vorsitzenden der Gruppe an und trug ihm dieselben Argumente vor, mit demselben Ergebnis. Dann rief er mehrere Leute in der Zentrale an. Als sie auch nein sagten, rief Mark noch einmal den Koordinator der Delegation an und stellte ein Ultimatum, nach dem, wie er überzeugt war, Joe die Dinge in seinem Sinne regeln würde.

»Ich nehme nicht an der Konferenz teil, wenn ich keinen Gast mitbringen kann«, sagte er. Aber sein Versuch der Kontrolle ging als Schuß nach hinten los.

»Gut, ich rufe den Ersatzmann an«, antwortete Joe und legte den Hörer auf.

Marks Kontrollverhalten ging auch am Arbeitsplatz ins Auge. Trotz seiner eindrucksvollen Immobilienverkäufe dachten die Partner in der Firma daran, ihn zu feuern. Sie konnten es nicht mehr ertragen, wie er sich ständig in eine gute Position zu drängeln versuchte, Sonderbehandlung verlangte und zwanghaft immer um zweite, dritte und vierte Meinungen bat, wenn er sich nicht sofort durchsetzen konnte.

Die Quelle finden

Ich lernte Mark in einem Seminar kennen, bei dem Verkaufsleiter im Umgang mit schwierigen Angestellten geschult werden sollten. Mark bekannte schnell (fast stolz), daß die meisten anderen Teilnehmer vermutlich beim Seminar waren, um zu lernen, wie man mit Leuten wie *ihm* umging. Aber an dem Nachmittag sagte er etwas, was rührend und ein bißchen traurig war. »Ich möchte mich nicht zum Feind haben! Aber ich glaube auch nicht, daß ich mich besonders gern zum Freund hätte.«

Als Mark gefragt wurde, ob er seiner Meinung nach mit seiner sehr aggressiven Art das vom Leben bekam, was er wollte, dachte er einen Augenblick nach und sagte dann: »Manchmal ja. Ich bin ein guter Verkäufer, und ich bin auf anderen Gebieten ganz schön erfolgreich. Aber manchmal weiß ich, daß ich überreagiere, und dann gerate ich in Schwierigkeiten. Ich habe ein paar Geschäftsverbindungen verloren und ein paar Freundinnen. Viele Leute sagen mir, daß ich es mir leichter machen, mich ein bißchen zügeln muß. Ich glaube nicht, daß ich weiß wie. Der blöde Korken knallt ganz einfach immer wieder hoch.« Er zuckte mit den Achseln. »Ich vermute, daß ich so auf die Welt gekommen bin.«

Meinen Sie, daß Mark recht hat? Kommen einige Menschen genetisch so bestimmt auf die Welt, daß sie für Kopfschmerzen sorgen? Ist das eine unveränderbare Eigenschaft wie blaue Augen? Oder ist das Control-Freak-Verhalten erlernt? Das ist eine wichtige Frage, weil die meisten Psychologen überzeugt sind, daß man alles, was man erlernt hat, teilweise auch wieder verlernen kann.

Genetisch bedingt oder erlernt? Die Antwort lautet vermutlich: von beidem etwas. Manche Menschen mögen mit einer genetischen Veranlagung zu übermäßiger Kontrolle auf die Welt kommen, so wie ja auch manche Babys vom ersten Tag an aggressiver als andere sind. Das bedeutet nicht, daß es ein Kontrollneurotiker-Gen gibt, dem Mark und Leute wie er nun die Schuld an ihrem maßlosen Verhalten geben könnten. Niemand weiß genau, in welchem Umfang genetische Faktoren zur Persönlichkeit und zum Verhalten beitragen. Es gibt Hinweise darauf, daß sie in beachtlicher Weise dazu beitragen; aber Marks Neigung, Kellner zu beleidigen und seine Schwester in peinliche Situationen zu bringen, ist vermutlich eher erlernt als angeboren.

Wir werden in diesem Kapitel zwei Fragen behandeln. Erstens, in bezug auf die angelernten Muster der übermäßigen Kontrolle – wie werden sie erlernt? Also, wie und warum *begann* Mark, ein Kontrollneurotiker zu sein? Die zweite Frage lautet im wesentlichen: Warum *hört er nicht auf?* Da sich Mark bewußt ist, daß er durch übertriebene Kontrolle oft in Schwierigkeiten gerät und angesichts der Tatsache, daß er zumindest sagt, daß er Alternativen entwickeln möchte: Welche Kräfte führen dazu, daß er sich weiter so verhält, wie er es tut? Warum kann er sich nicht ändern?

Lernen, ein Kontrollneurotiker zu sein

Wir wollen ein paar der Methoden untersuchen, mit denen Mark vielleicht gelernt hat, ein Kontrollneurotiker zu sein. Diese Lernerfahrungen setzen früh im Leben ein und stammen aus unterschiedlichen Quellen.

Kontrollverhalten funktioniert, wird verstärkt und wird zu einer Gewohnheit

Im Alter von sechs Monaten wacht das Baby Mark allein auf. Ihm ist kalt, und er ist naß, also beginnt er zu weinen. Seine Mutter schläft auf der Couch und hört ihn nicht, also weint Mark lauter. Immer noch keine Reaktion, also schreit er. Die Mutter wacht auf und eilt herbei, um ihn zu trösten; ihre Anwesenheit und Wärme beruhigen ihn und sorgen für *starke und unmittelbare Befriedigung* als direkte Reaktion auf sein Weinen. Dieses ist ein Beispiel für das, was die Psychologie einen »Lernprozeß« nennt: Reiz (Mark empfindet Unbehagen), Reaktion (er weint) und Verstärkung (sein Unbehagen wird gemildert).

Einige Zeit später sitzt der kleine Mark in der Küche in seinem Hochstuhl. Er sieht seine Flasche auf dem Schrank und zeigt darauf. Mama, die mit ihrer Mutter telefoniert, sieht das nicht, also weint Mark. Mama dreht sich um und sagt: »Gleich, mein Schatz.« Mark schreit wütend und wirft seinen Spinat auf den Fußboden. Mama denkt: »Ach, verflixt! Ich will dieses Gespräch zu Ende führen.« Also gibt sie Mark seine Flasche. Mark gluckst vergnügt. Reiz, Reaktion, Verstärkung.

Die nächsten zwei oder drei Male, bei denen Mark einen Aufstand macht, um etwas zu bekommen, gibt Mama seinem fordernden Geschrei nicht nach – und am Ende beruhigt er sich von selbst wieder. Aber dann ist sie eines Abends besonders müde, daher läßt sie Mark in ihrem Bett schlafen, damit er aufhört zu schreien. Und in der nächsten Woche telefoniert sie wieder einmal ...

Marks Mutter wendet bei ihrem Sohn einen »intermittierenden Verstärkungsplan« an. Das bedeutet, sie belohnt sein kontrollierendes Verhalten nicht jedesmal, wenn er es vorführt, sondern eher jedes dritte, fünfte oder zehnte Mal. Wie sich herausstellt, fördert die intermittierende Verstärkung in vielen Situationen die Entwicklung von Gewohnheiten *mehr*, als wenn die Belohnung jedesmal gegeben wird. Bei neuen Mustern dauert es bei intermittierender Verstärkung länger, sie zu erlernen, sind sie aber erst einmal erlernt, sind sie sehr schwer wieder zu brechen.

An diesem Punkt denken einige von Ihnen vielleicht: Moment mal! *Alle* Mütter belohnen ihre Kinder, wenn sie weinen, wenigstens manchmal. Sie können gar nicht anders. Warum wachsen dann nicht alle zu wilden Kontrollneurotikern heran?

Das ist eine Frage, die Entwicklungspsychologen noch lösen müssen. Ein anderes Kind, das ganz genauso wie Mark behandelt wird, kann ganz unterschiedliche Muster entwickeln. Einige Experten werden Ihnen sagen, daß das etwas mit Genetik zu tun hat (der Veranlagung, die schon erwähnt wurde); andere glauben, daß sehr frühe Ereignisse in der Erfahrung eines Kindes sehr starken Einfluß darauf haben, wie das Kind auf spätere Ereignisse und Erfahrungen zu reagieren lernt. Es gibt Experten, die auf subtile und weitgehend unbewußte Unterschiede in der Art, wie zwei Mütter auf die Tränen ihrer Kinder reagieren, hinweisen. Und andere erzählen Ihnen vielleicht, daß alle diese Erfahrungen, Reaktionen und Verstärkungen innerhalb einer besonderen *Beziehung* zwischen Mutter und Kind stattfinden. Sie meinen eher, daß die Art dieser Beziehung eine ungeheure Wirkung darauf hat, wie die Verstärkung gedeutet wird.

Es gibt auch noch weitere Theorien, und viele von ihnen haben ihre Vorzüge. Aber die Grundlinie ist diese: Niemand weiß es genau. Die meisten Experten sind sich einig, daß die Art und Weise, in der die Mutter auf die Bedürfnisse ihres Kindes reagiert, einen wichtigen Einfluß darauf hat, wie dieses Kind sich entwickelt; alles weitere steht zur Diskussion.

Später in der Kindheit werden ähnliche, aber kompliziertere Muster verstärkt

Als Jugendlicher und junger Erwachsener hat Mark seine Fähigkeit, Menschen und Situationen zu kontrollieren, ständig verbessert. In der Tat, sie schien immer und überall belohnt und verstärkt zu werden. Seine Schwester Julie tat alles, was er wollte, wenn er sie mit Süßigkeiten bestach oder drohte, sie nicht mit ihm und seinen Freunden herumziehen zu lassen.

Wenn er bei seiner Mutter nur lange genug herum-
nörgelte oder ihr ein lächerliches Ultimatum wie
»Sonst rede ich nie wieder mit dir« stellte, gab sie
seiner Forderung unweigerlich nach. Ihr zu sagen, wie
besonders und wichtig ihre Mutter-Sohn-Beziehung
war, wirkte auch Wunder. Und manch ein Lehrer änderte Marks Noten, nachdem er über die Formulie-
rung einer Testfrage gestritten hatte. Freunde und
Verwandte behaupteten, daß Mark »den Eskimos
Kühlschränke verkaufen könnte«, und Mark hörte das
gern. Er wurde stolz auf seinen Ruf, den seine Kon-
trollfähigkeiten ihm eingetragen hatten.

Da seine Eltern selten etwas mit gleichen Augen
sahen, einschließlich des Verhaltens ihrer Kinder,
entdeckte Mark durch Zufall, daß etwas, das ein Elternteil verbot, vom anderen erlaubt wurde. Er nutzte
das Wissen bei jeder Gelegenheit aus und wurde so
geschickt, beide gegeneinander auszuspielen, daß er
fast nie »Nein« als Antwort akzeptieren mußte. Julie
erinnerte sich lebhaft an eine besondere Gelegenheit,
bei der er ungeschoren davonkam, weil er seine ele-
mentare Kontrolltaktik einsetzte.

»Mark war acht, und Papa erholte sich von einem
Herzinfarkt«, erinnerte sie sich. »Mama hatte es ganz
klar gemacht, daß wir unter *keinen* Umständen ohne
sie in Vaters Zimmer gehen durften. Sie sagte es so,
daß es klang, als würde er sterben, wenn wir es taten,
und das war Drohung genug, um mich gehorsam sein
zu lassen. Nicht so Mark.« Im Rückblick vermutete
Julie, daß Mark nicht glauben wollte, daß ihr Vater so
krank war, wie die Mutter sagte. »Ich glaube, er wollte
mit eigenen Augen sehen, daß Papa in Ordnung war«,
sagte sie. Aber aus welchem Grund auch immer, Mark –
der zu der Taktik griff, die ihm vorher schon sooft

geholfen hatte – umging die Anordnung seiner Mutter, indem er seinen Fall einer der Krankenschwestern des Vaters vortrug. Er marschierte in Vaters Zimmer, und natürlich freute der Papa sich, ihn zu sehen. Mama, die wirklich Angst hatte, ihren Mann aufzuregen, erzählte ihm nie von dem Trick, und so kam Mark davon.

Natürlich bekam Mark nicht immer seinen Willen, aber seine Kontrolltaktiken funktionierten oft genug, um ihn davon zu überzeugen, daß er sie weiter nutzen sollte. Noch einmal: Kontrolle funktioniert häufig. Selbst wenn sie negative Nebenwirkungen oder auf lange Sicht Probleme hervorruft. Das unmittelbare Ergebnis ist Erfolg, Belohnung, ein Gefühl von Macht und ein Haufen Beifall von anderen Leuten.

Erwachsene Vorbilder bestätigen den Einsatz von Kontrolltaktiken

Einige der zwingendsten Lektionen, die Kinder lernen, werden von Rollenvorbildern erteilt – von Menschen, die sie lieben, zu denen sie aufsehen oder von denen sie abhängig sind und deren Verhalten sie bewußt oder unbewußt nacheifern. Eltern, Verwandte, Lehrer, Helden aus den Medien, längst verstorbene Vorfahren, deren Ruf lebendig erhalten wird in Geschichten, die von einer Generation an die nächste weitergegeben werden, oder mächtige Gleichaltrige – alle können Vorbild sein für Verhaltensformen, die das Kind unbewußt zu seinen eigenen macht. Meistens sind die Rollenvorbilder die Eltern, bei denen durch den ständigen Kontakt mit den Kindern und durch den emotionalen Einfluß auf sie jeder Schritt zu einem möglichen Beispiel dafür wird, wie man sein soll ... oder nicht sein soll.

Ellen beispielsweise, die zwanghafte Kontrolleurin, die in den vorigen Kapiteln erwähnt wurde, war als kleines Mädchen der Liebling ihres Vaters. Der sanfte, leise sprechende Pfarrer überschüttete sein ältestes Kind mit Aufmerksamkeit und Liebe, wann immer er zu Hause war. Wenn er mehr bei seiner Familie gewesen wäre, hätte Ellen vielleicht sein gutmütiges, bescheidenes Verhalten übernommen. Wegen seines Engagements in Kirchenfragen und Gemeindeangelegenheiten war Ellens Vater leider nicht sehr oft zu Hause. Und selbst wenn er da war, bot seine uneingeschränkte Bewunderung keinen Ausgleich und schützte Ellen mit Sicherheit nicht vor der harschen Behandlung, die ihr die Mutter zuteil werden ließ – eine sprunghafte, nervöse Frau, die von allen, mit denen sie zu tun hatte, Perfektion verlangte.

Ellen verstand eigentlich nie, warum ihr Vater sich seiner Frau gegenüber nicht behauptete. Er sagte, es machte ihm nichts aus, herumkommandiert zu werden, weil er wußte, daß seine Frau ihn liebte und ihr seine Interessen am Herzen lagen. Die junge Ellen bekam den Eindruck vermittelt, daß es richtig war, alles und jeden in ihrer Umgebung stramm am Zügel zu führen. Auch wenn sie die Art und Weise haßte, in der sie und ihr Vater behandelt wurden, waren doch die Maßstäbe der perfektionistischen Mutter und deren Kontrollverhalten das, was Ellen in sich aufnahm und in ihr Erwachsenenleben und in Beziehungen wie die mit ihrer Freundin Beverly hineintrug.

Es ist merkwürdig, sich vorzustellen, daß wir uns manchmal an Eltern und anderen Personen ausrichten, *deren Verhalten wir nicht einmal mochten.* Aber genau das passiert. Wir mögen uns sogar vornehmen: »Mensch, ich werde meine Kinder nicht so behandeln, wenn *ich* erwachsen bin!« Aber gleichzeitig sehen wir, daß das Verhalten bei dem Erwachsenen funktioniert – die Kontrolle ausübende Person steht eindeutig an der Spitze. Auf einer bestimmten Ebene müssen wir mit unwiderlegbarer kindlicher Logik zu dem Schluß kommen: »Naja, es ist nicht in Ordnung, *ich* in dieser Beziehung zu sein – aber es scheint sicherlich in Ordnung zu sein, *sie* zu sein.« Und schon legen wir los.

Andererseits lehnen manche Kinder das Verhalten eines »schwachen« oder »kontrollosen« Elternteils ab. »Das ist nicht gut, wenn man so ist«, denken sie, »also werde ich das Gegenteil sein.« Diese unbewußten Entscheidungen, getroffen zu einer Zeit, in der es Kindern an Reife, Information oder Möglichkeiten, für sich selbst einen anderen Weg zu wählen, fehlt, können ungeheuren Einfluß auf spätere Verhaltensweisen haben. Wir alle lernen von frühen Rollenvorbildern, wenn wir also heute im Übermaß Kontrolle ausüben, dann ist es wahrscheinlich, daß wir bis zu einem gewissen Maß immer noch jenen frühen Lektionen huldigen.

Erwachsene sagen uns, wie man Kontrolltaktiken benutzt

Jeder nimmt während der Kindheit eine große Zahl von belehrenden Botschaften auf, schluckt sie am Stück und wiederholt sie automatisch, wenn die Umstände es rechtfertigen. Der Inhalt dieser Botschaft unterscheidet sich natürlich von Mensch zu Mensch und führt dazu, daß verschiedene Leute auf eine identische Situation auf ganz unterschiedliche Weise reagieren. (Vier Freundinnen im Badeanzug gehen am Strand entlang. Eine Stimme hinter ihnen kichert: »Guck sie dir an! Ich wußte gar nicht, daß dieses aufgeblasene Luftschiff wieder in der Stadt ist!« Janet denkt: »Wie schade, daß Leute so gemeine Sachen über jemanden sagen.« Maria schluckt und denkt: »O Gott, ich wußte, daß ich besser meinen Einteiler angezogen hätte!« Barbara murmelt: »Sag das nicht nochmal, du Drecksmaul!« Und Linda blickt zum Himmel und denkt: »Wo?«)

Manche Menschen scheinen sehr viele innere Botschaften gesammelt zu haben, die direkt oder indirekt zum Einsatz von Kontrolltaktiken ermuntern:

- »Überlaß nie etwas dem Zufall.«
- »Sei vorsichtig.«
- »Du hättest wissen müssen, daß das passiert.«
- »Gib dir einfach mehr Mühe.«
- »Laß dich nicht von ihnen herumstoßen.«
- »Du mußt ihnen zeigen, wer die Verantwortung trägt.«
- »Kannst du dich nicht zwei Sekunden unter Kontrolle behalten?«
- »Jeder liebt einen Sieger, aber sie behandeln einen Verlierer oder einen, der aufgibt, nicht gerade gut.«

Diese Botschaften und die Behandlung und die Formung, die wir von wichtigen Leuten in unserem Leben erfahren haben, prägten in verschiedenen Entwicklungsstadien die Wahrnehmung von uns selbst und lehrten uns, wie wir mit der Welt um uns herum umgehen sollten.

Manchmal werden Rollenvorbilder
ein »Teil« von uns

Lange nachdem ihre Möglichkeit, uns direkt zu beeinflussen, vorbei ist, können Rollenvorbilder in der
Form von inneren Stimmen, Bildern, Überzeugungen,
Werten und Sichtweisen in uns leben. Selbst wenn sie
heute vielleicht nicht mehr angemessen und nützlich
sind, verschwinden diese Muster nie ganz von der
Bühne. In der Tat, die Drei-, Fünf- oder Zehnjährigen,
die später zu Kontrollneurotikern wurden, können
immer noch als »innere Kinder« in uns Erwachsenen
existieren – Aspekte der Persönlichkeit von wichtigen
Personen, nach denen wir unser jüngeres Ich formten
und die jetzt die Fähigkeit besitzen, unter bestimmten
Bedingungen hervorzuspringen und beherrschend zu
werden.

Wenn eine Kontrolleurin, die früher von ihrer Mutter alles haben konnte, was sie wollte, indem sie in der
Öffentlichkeit oder in Anwesenheit von Gästen bei
einem Abendessen einen Wutanfall bekam, ihre Kinder oder eine Angestellte vor anderen Leuten nieder-
macht, dann deutet alles darauf hin, daß ihr inneres
Kind das Schiff steuert. Ebenso kann ein inneres Kind
das Sagen haben, wenn ein Kontrolleur, der nicht den
Mut hatte, sich direkt zu äußern und um das zu bitten, was er haben wollte, schmollt oder Andeutungen
macht oder andere unterminierende Taktiken einsetzt, um seinen Willen zu bekommen.

Zu den vergangenen beiden Jahrzehnten ist viel
darüber geschrieben worden, wie unsere »inneren
Kinder« so wurden, wie sie sind, und über den tief-
greifenden Einfluß, den sie auf unser Leben haben
können. Unter anderem wird in dieser Literatur die

Ansicht vertreten, daß Menschen mit außergewöhnlich beherrschenden »inneren Kindern« vermutlich erzogen wurden von:

- unterwürfigen Eltern, die ihnen zu leicht und zu oft nachgegeben haben;
- ehrgeizigen Eltern, die sie ermutigt haben, andere Kinder zu übertreffen und sich nicht herumstoßen zu lassen;
- abgöttisch liebenden Eltern, die sie in den Mittelpunkt der Welt stellten und ihnen ständig sagten, wie außergewöhnlich sie seien;
- unter Vorbehalt liebenden Eltern, die ihre Zustimmung und Akzeptanz für »gutes Benehmen« versprachen, aber Perfektion erwarteten oder die Maßstäbe erhöhten, wenn ihre Anforderungen erfüllt wurden, womit sie zukünftige Kontrollneurotiker zwangen, sich ständig mehr anzustrengen;
- kindlichen Eltern, die auf ihre Rolle verzichteten, wodurch der Kontrollneurotiker in jungen Jahren die Verantworung wie ein Erwachsener übernehmen mußte;
- alkohol- oder drogenabhängigen Eltern, die nicht in der Lage waren, eine Atmosphäre der Beständigkeit, Unterstützung und liebevollen Anleitung zu schaffen.

Kratzen Sie an der Oberfläche eines Kontrollneurotikers, und die Aussichten sind gut, daß Sie in seinem Hintergrund eines oder mehrere dieser Muster finden werden.

Kontrolle übernehmen:
Der Kampf ums Überleben

Leider müssen manche Kinder Tag für Tag mit Menschen und Situationen umgehen, die wirklich gefährlich sind und vollkommen über ihr Verständnis und ihre Kontrolle hinausgehen. Forschungen über erwachsene Kinder von Alkoholikern und über Erwachsene, die früh mißhandelt wurden, beschreiben die Extreme, in die einige Kinder gehen müssen, damit sie überhaupt überleben.

Die Kinder von Alkoholikern und Drogenabhängigen müssen schnell heranwachsen, denn es gibt sonst niemanden in der Familie, der die Funktion als verantwortlicher Erwachsener übernehmen könnte. Diese Kinder haben buchstäblich keine Kindheit. Ihre Lebensbedingungen – und selbst die Art und Weise, wie sich ihre Eltern von einer Minute zur anderen verhalten – sind so unberechenbar, daß sie ständig auf der Hut sein müssen. In Extremfällen müssen sie vielleicht sogar die Verantwortung für das leibliche Wohlergehen der gesamten Familie übernehmen.

So schlimm das auch sein mag, mißbrauchte Kinder hatten es noch schlechter. Bei ihnen ist sogar das Überleben nicht sicher. Ständig verletzbar durch körperliche und/oder psychologische Angriffe, doch nicht wissend, ob oder wann diese Angriffe kommen, wird ihr Leben zu einer unberechenbaren Hölle. Die einzige Methode, mit der manche dieser Kinder »Kontrolle« übernehmen können, ist, daß sie laufen, und der einzige Ort, an den sie laufen können, liegt tief in ihnen selbst. Also ziehen sie sich tief in sich selbst zurück, bauen sich Schutzmauern und Barrikaden auf – manchmal auch andere Persönlichkeiten oder sogar Realitäten – um sich abzuschirmen gegen das vollkommen unkontrollierbare Durcheinander und den Schrecken in der äußeren Welt.

Das bedeutet nicht, daß jedes erwachsene Kind von Alkoholabhängigen oder jeder Erwachsene, der Mißhandlungen überlebt hat, auch ein Kontrollneurotiker ist. Viele von ihnen haben Kontroll*pläne*, aber die menschliche Entwicklung verläuft nicht so einfach und direkt. Doch eine große Anzahl dieser Menschen scheint zu Kontrolleuren, Anpassern oder beidem zu werden. Manche fangen tatsächlich an, Kontrollneurotiker-Verhalten zu zeigen, und manche entwickeln Anpassungsgewohnheiten, die ihr Erwachsenenleben fast genauso verwirrend und unberechenbar bleiben läßt, wie es ihre Kindheit war. Ellens Erziehung ist ein perfektes Beispiel dafür.

Ellens Mutter tat mehr als Verhaltensweisen vorzuführen, denen ihre Tochter nacheifern konnte. Sie hämmerte ihr ihren eigenen Verhaltenskodex buchstäblich ein, indem sie sie gnadenlos und böse kritisierte, sie schlug oder für die kleinste Missetat oder den kleinsten Fehler hart bestrafte.

Der Bestrafung aus dem Weg zu gehen, wurde für Ellen schnell eine Angelegenheit von äußerster Dringlichkeit. In der Tat, aus Ellens jugendlicher Perspektive wirkte es so, als ob ihr Gefühl von Sicherheit und Geborgenheit – selbst ihr Überleben – davon abhing, daß sie genau herausfand, was ihre Mutter wollte, und daß sie die Dinge genau so tat, wie ihre Mutter es erwartete. In der Hoffnung, die Behandlung, die ihr zuteil wurde, kontrollieren zu können, wurde Ellen sehr vorsichtig, sehr sorgfältig und sehr entschlossen, ihrer Mutter immer einen Schritt voraus zu sein.

Die Aufgabe, die Ellen sich selbst gestellt hatte,

wurde noch schwieriger, nachdem ihre Geschwister geboren worden waren. Aus unerklärlichen Gründen machte ihre Mutter sie für deren Ungezogenheiten genauso verantwortlich wie für die eigenen. An einem bestimmten Punkt kam Ellen zu der Schlußfolgerung, daß sie sich nur vor dem Zorn ihrer Mutter schützen konnte, wenn sie dafür sorgte, daß ihre Geschwister spurten. Im Alter von zwölf Jahren bestimmte sie nicht nur ihr eigenes Leben mit Vorsicht und Sorgfalt, sondern sie kommandierte auch ihre Geschwister herum und übernahm selbst die Führung, wann immer sie Angst hatte, sie könnten den Erwartungen der Mutter nicht entsprechen.

Wenigstens manchmal funktionierte Ellens Kontrollverhalten, und wenn das der Fall war, fühlte Ellen sich weniger hilflos, weniger als Opfer ihrer Mutter, sicherer und ganz allgemein selbstbewußter.

Ellen hatte gelernt, durch Kontrolle zurecht zu kommen, erschreckende, schmerzhafte, unberechenbare Erfahrungen weniger bedrohlich zu machen, indem sie ihre Aufmerksamkeit auf andere Leute oder äußere Ereignisse konzentrierte und mit aller Kraft versuchte, sie dahin zu bringen, daß sie *ihren* Erwartungen entsprachen. Noch einmal, auf diese Weise haben viele Kontrollneurotiker, die in gestörten Familienverhältnissen aufgewachsen sind, gelernt zu überleben. Bei der verzweifelten Suche nach einem Weg, wieder Ordnung in das Chaos um sie herum zu bringen, versuchten sie, das Verhalten der gestörten Person zu kontrollieren, die Geschwister daran zu hindern, die Eltern zu ärgern, oder die Rolle ihrer Eltern zu übernehmen und buchstäblich den Haushalt zu führen.

Andere wurden mit dem Verlust eines geliebten Menschen durch Tod, Scheidung oder Trennung fertig, indem sie sich um äußere Einzelheiten kümmerten. Als Erwachsene sind das die Menschen, die besorgt oder wütend sind, wenn eine Kleinigkeit nicht an ihrem Platz ist, wenn die kleinste Einzelheit nicht erledigt wird. Von älteren Jugendlichen herumkommandiert und bearbeitet, reagierten andere zukünftige Kontrollneurotiker damit, daß sie ihre kleineren oder jüngeren Spielgefährten herumstießen und auf ihnen herumhackten. Wieder andere bahnten sich ihren Weg ins Scheinwerferlicht mit Prahlerei oder Süßholzraspeln, um sich in einer neuen Schule oder Nachbarschaft weniger fehl am Platz zu fühlen.

Auch wenn die Art ihrer Erfahrungen und die Taktiken, die sie zum Zurechtkommen einsetzten, unterschiedlich sein mögen, so half doch das Kontrollverhalten zu einem bestimmten Zeitpunkt vielen Kontrolleuren und Anpassern, emotional und/oder körperlich zu überleben. Die Wichtigkeit, die Kontrolle zu behalten, wurde auf Dauer in ihr Gedächtnis eingegraben. Jetzt kann die pure Vorstellung, mit streßbelasteten oder herausfordernden Umständen auf irgendeine andere Weise umgehen zu müssen, sie genauso ängstlich oder bedroht zurücklassen, wie sie sich in der Kindheit fühlten (oder wann immer die schmerzhafte Erfahrung ursprünglich stattfand). Natürlich gehen sie mit diesen erschreckenden gegenwärtigen Emotionen genauso um wie in der Vergangenheit – indem sie die Kontrolle übernehmen.

Dieses sind einige der Faktoren, die zur Entwicklung eines Kontrollneurotikers beitragen. Jetzt wird es Zeit, daß wir unsere zweite Frage betrachten: Welches sind die Kräfte, die Kontrolleure und Anpasser an ihrem Verhalten festhalten lassen? Und was Leute wie Mark angeht, die zumindest sagen, daß sie gern

Alternativen entwickeln würden. Warum ist übermäßige Kontrolle eine Angewohnheit, die man sich so
schwer abgewöhnen kann?

Kontrollneurotiker bleiben

Kontrollneurotiker *glauben* an Kontrolle. Sie haben
Jahre damit verbracht, sich selbst zu beweisen, daß
das Festhalten der Zügel die wirksamste Methode
des Vorgehens ist. Auf einer rationalen Ebene sind
sie sich vielleicht bewußt, daß ihr Kontrollverhalten
ihnen mehr schadet als guttut. Aber der Glaube an
die Kontrolle ist immer noch schwer zu erschüttern.
Sie sehen, viele Kontrollneurotiker (und auch viele
von uns) begehen einen logischen Trugschluß, durch
den sich ihre Vorstellungen von Kontrolle sehr schwer
in Frage stellen lassen. Lesen Sie die kleine Geschichte im folgenden Kasten, damit Sie eine Vorstellung davon bekommen, wie dieser Trugschluß funktioniert.

Kontrollneurotiker üben zu starke Kontrolle aus,
um die Indianer fernzuhalten. Wenn sie nur lange
genug aufhören würden, Papier vom Dach zu werfen,
bis sie sehen, ob es wirklich Indianer gibt oder nicht,
erlebten sie vielleicht eine erfreuliche Überraschung.
Aber wie der Bursche in der Geschichte haben die
meisten Kontrolleure zuviel Angst vor Verletzungen
durch Pfeile, um diese Chance zu nutzen.

Neben dem unerschütterlichen Glauben an die Kontrolle gibt es fünf größere Anreize oder Ergebnisse,
die dazu beitragen, daß Kontrollneurotiker im Spiel
bleiben. Ausübung von Kontrolle hilft ihnen
1. ihre Bedürfnisse zu erfüllen;

2. ihre Ängste abzuwenden und Katastrophen zu verhindern;
3. ihre Erwartungen zu erfüllen;
4. ein Teil ihres gegenwärtigen »Systems« zu bleiben;
5. das *Gefühl* der Kontrolle über das eigene Leben zu haben.

Wenn Sie verstehen, wie diese »Belohnungen« funktionieren, trägt das dazu bei, daß Sie mit Kontrolleuren wirkungsvoller als in der Vergangenheit umgehen können. Im Rest dieses Kapitels sehen wir uns jedes dieser Ergebnisse genauer an und geben Ihnen die Möglichkeit, die zu erkennen, die vielleicht Antrieb für die Kontrolleure in Ihrem Leben sind.

Die Indianer fernhalten

Ein Mann saß jeden Morgen auf seinem Dach und riß Zeitungen in kleine Fetzen, die er in die Luft warf. Eines Tages kam ein Nachbar zu ihm und fragte ihn, was er da machte. »Ich halte die Indianer fern«, antwortete der Mann. »Das ist verrückt! Es gibt hier keine Indianer!« rief der Nachbar aus. »Sehen Sie«, sagte der Mann, während er den Sportteil zerriß. »Es funktioniert!«

Die Theorie dieses Mannes dazu, wie man Indianer fernhält, *kann nicht widerlegt werden, solange er sie weiterhin erfolgreich umsetzt.* Und er hat zuviel Angst, daß Indianer kommen können. (Übrigens wirkt dieser Mann nur auf Leute, die nicht glauben, daß es ein Indianerproblem gibt, wie ein Dummkopf. Alle anderen im Häuserblock engagieren ihn als Berater.)

Kontrolle lohnt sich

Kontrollverhalten funktioniert oft genug und gut genug, um den Kontrolleuren dabei zu helfen, ihre Bedürfnisse auf verschiedene Art und Weise zu befriedigen.

Greifbare Ergebnisse

Cassie wollte, daß Sam ihren Fotoauftrag annahm, und das tat er – nachdem sie eine Schimpfkanonade losgelassen und ihn mit wütenden Vorwürfen der Illoyalität und der Undankbarkeit überschüttet hatte. Sie hatte Kontrolle ausgeübt, und Kontrolle lohnte sich für sie.

Irene wollte immer wissen, was die Abteilung Public Relations machte. Also ließ sie mehrere Mitarbeiter glauben, daß sie vertrauliche Informationen mit ihnen (und nur mit ihnen) teilte, brachte ihre Sorgen über einen anderen Angestellten zum Ausdruck und bat ihre »Vertrauten«, ein Auge auf die betreffende Person zu haben. Mit ihrem Netz aus Spionen, die ihr regelmäßig Bericht erstatteten, war Irene in der Lage, über alles Bescheid zu wissen, was in ihrer Abteilung passierte. Sie hatte Kontrolle ausgeübt, und Kontrolle lohnte sich für sie.

Carl wollte, daß sein Sohn Billy die Frau verließ, mit der er befreundet war. Also hielt Carl seinem Sohn endlose Vorträge, verbot ihm, diese »Goldgräberin« zu Familienfesten mitzubringen, schwieg andere Familienmitglieder an, wenn sie in seiner Gegenwart über die Frau sprachen und weigerte sich ständig, die Freundin seines Sohnes beim Namen zu nennen. Einige Monate, nachdem Carl seinen Feldzug begonnen hatte, endete Billys Beziehung. Carl hatte Kontrolle ausgeübt. Auch wenn seine Bemühungen vielleicht gar nichts mit dem Scheitern der Beziehung seines Sohnes zu tun hatten, so hatte Carl doch bekommen, was er wollte. Kontrolle schien sich zu lohnen – und das reicht den meisten Kontrollneurotikern schon.

Wie schon erwähnt, kann Kontrolle sich lohnen und tut es häufig auch, indem sie zu greifbaren Resultaten führt, die die offensichtlichsten Anreize dafür sind, das Kontrollverhalten beizubehalten. Kontrolle bringt auch Ergebnisse, die für das Auge nicht erkennbar sind, indem sie innere Bedürfnisse, Sehnsüchte und Wünsche befriedigt, selbst wenn es so aussieht, daß kein äußeres Ziel erreicht wurde.

Nicht greifbare Ergebnisse

Das Bedürfnis, ihr Bild von sich selbst zu bestätigen oder zu verbessern, ist ein kräftiger Anreiz für viele Kontrolleure, vor allem für jene, die sich bereits als selbstbewußte, kompetente Menschen sehen. Ihre ziemlich hochfliegende Meinung von sich selbst stützt ihre Behauptung, daß die Dinge besser funktionieren, wenn sie Verantwortung tragen, und ihren Glauben, daß sie, dank ihres überlegenen Intellekts, ihrer überlegenen Fähigkeit oder Position, das Recht haben, ihren Willen durchzusetzen. Jedesmal wenn sie erfolgreich Kontrolle über Sie ausüben, bestätigen Kontrollneurotiker ihre Wahrnehmungen und geben ihrem Ego Auftrieb.

Kontrollverhalten kann auch ein Bedürfnis nach Respekt, Macht oder Leistung befriedigen. Auch ein Wunsch, Sie oder eine dritte Person (ihren Chef beispielsweise oder Ihre Eltern) zu beeindrucken, kann Kontrollneurotiker motivieren. Oder sie wünschen sich vielleicht, gehört zu werden – und von Ihnen zu hören, daß sie sich durchgesetzt haben. Manchmal wünschen sich Kontrollneurotiker Beachtung oder Lob dafür, daß sie sich um Einzelheiten kümmern, die andere Leute übersehen. Bei anderen Gelegenheiten sind sie auf Rechtfertigung, vielleicht sogar auf Rache aus. (Du hast mich geärgert und mich davon abgehalten, das zu bekommen, was ich haben wollte, denken sie. Du hattest kein Recht, das zu tun, und ich habe das Recht, sogar noch mehr zu bekommen oder dafür zu sorgen, daß du das nicht noch einmal machst.) Und manchmal üben Kontrollneurotiker aus reinem Vergnügen Kontrolle aus. Einfach nur zu spüren, daß sie die Kontrolle haben, gibt ihnen ein sagenhaftes Gefühl. Sie sind aufgeregt und stecken voller Energie, wenn sie das Sagen haben.

Ob Kontrolleure nun bewußt danach streben, ein greifbares Ziel zu erreichen, oder ob sie instinktiv versuchen, ihre Bedürfnisse zu befriedigen, daß sie dieses Ergebnis *tatsächlich erreichen*, führt zu einer kräftigen Nebenwirkung, einem positiven emotionalen »Sturm«, der sogar noch bestärkender sein kann als das Ergebnis selbst. Ihr praktischer oder psychologischer Erfolg bestärkt die Kontrollneurotiker wieder einmal in ihrem langgehegten Glauben, daß sie durch Kontrolle alles bekommen können, was sie wollen, und daß sie Kontrolle ausüben *sollten*. Aber was noch wichtiger ist, während sie die Kluft zwischen einem Bedürfnis und der Befriedigung, einer Sehnsucht und der Erfüllung, einem Wunsch und der Verwirklichung schließen, spüren sie ungeheure Genugtuung. In ihrer Welt ist alles in Ordnung, und sie sind in Sicherheit, geborgen und tragen Verantwortung für ihr eigenes Leben.

Kontrolle schützt

Als sie die Abendnachrichten sah, kam Emma, die Mutter aus Kapitel 1, die bei anderen ein schlechtes Gewissen hervorruft, richtig ins Schleudern. Sie hörte die Wettervorhersage »... Wirbelsturm bewegt sich die Küste herauf ...« und fing an hin und her zu laufen. Sie wechselte die Kanäle, nur um noch weitere Wetterkarten mit bunten Wirbelsturmsymbolen zu sehen. Verzweifelt rief sie ihre Tochter Lisa an. »Meinst du nicht, daß wir die Leute von außerhalb einen Tag eher kommen lassen sollten?« fragte sie. »Wir könnten sie in Hotels unterbringen. Wir müssen *irgend etwas* unternehmen, oder der verdammte Wirbelsturm macht mir *meine* Hochzeit kaputt.«

Natürlich war es Lisas Hochzeit, nicht Emmas. Aber Emma hatte sie von dem Augenblick an, in dem Lisa und Jack ihre Verlobung bekanntgegeben hatten, zu einer Angelegenheit von höchstem Vorrang gemacht. »Sie schoß vollkommen über das Ziel hinaus und versuchte jede Einzelheit unter Kontrolle zu bringen«, erinnerte sich Lisa. »Sie machte sich ständig Sorgen. Über alles, was es unter der Sonne gibt.«

Emma machte sich Sorgen, auch ja den »richtigen« Eindruck auf die Hochzeitsgäste zu machen, von denen viele gesellschaftlich hochrangige Partner ihres Mannes waren, darunter ein Anwalt und ein einflußreicher Künstleragent. Sie ging soweit, daß sie alle Verwandten Jacks anrief, um ganz sicher zu gehen, daß sich auch alle passend kleideten, dunkler Anzug und so – womit sie viele von ihnen kränkte. Emma machte sich Sorgen um möglicherweise peinliche Verstöße gegen die Etikette. Als die Frau ihres Sohnes die Antwort auf die Einladung auf einer Textverarbeitungsanlage schrieb, statt eine handschriftliche Nachricht zu schicken, war sie überzeugt, daß ihre Schwiegertochter sie am Ende blamieren würde, und drohte, sie von der Gästeliste zu streichen – ein Vorgang, der einen Familienstreit auslöste, der Wochen anhielt.

In dem Gefühl, daß sie sich nicht darauf verlassen konnte, daß die Hochzeitsgesellschaft auch dann dort war, wo sie sein sollte, fing Emma zwei Wochen vor der Hochzeit an, Fahrtrouten zu verschicken. Aber sie veränderte sie so oft, daß die Brautjungfern und ihre Begleiter nicht mehr wußten, welche der Anweisungen, die mit »Bitte, vergessen Sie meine letzte Notiz« begannen, sie tatsächlich nicht beachten sollten.

»Mama sagte, daß sie nur eine Hochzeit plante, die in jeder Hinsicht perfekt und wunderbar sein sollte«, kommentierte Lisa. »Aber ihre Besessenheit, dafür zu sorgen, daß nichts schieflief, machte alle verrückt. Und dann das Ding mit dem Wirbelsturm. Das war wirklich bescheuert. In allen Voraussagen hieß es, daß er das Land fast dreihundert Meilen weiter östlich erreichen würde, und das am Tag *nach* der Hochzeit!«

Schutz hat seinen Preis

Emma bekam nicht viel Freude durch ihr ständiges Nörgeln, Sorgen, Erinnern und Kontrollieren. Das Wenige, das sie schaffte, wurde überschattet von der langen Spur gekränkter, wütender und frustrierter Menschen, die sie hinter sich ließ. Doch ihre lähmende Angst vor dem, was passieren könnte, wenn sie den Griff lockerte, und die Katastrophen, die ihrer Vorstellung nach hereinbrechen würden, wenn sie nicht handelte, um sie zu verhindern, zwangen sie, weiterhin Kontrolle auszuüben. »Alle sagten mir, ich sollte es leichter nehmen und mich entspannen«, sagte sie. »Das hab' ich versucht. Wirklich. Aber ich konnte nicht aufhören, an Dinge zu denken, die schiefgehen konnten. Und wenn ich solche Gedanken erst einmal im Kopf hatte, *mußte* ich einfach was unternehmen.«

Wie Emma kontrollieren viele Kontrollneurotiker *defensiv* – um etwas zu verhindern, vor dem sie Angst haben, und um sich vor den Konsequenzen zu schützen, die sie, wie sie befürchten, ertragen müssen, wenn sie die Kontrolle nicht behalten. Kontrollverhalten ist ein integraler Bestandteil ihres psychologischen Überlebenssystems. Ausgelöst von realen, eingebildeten, unmittelbaren oder vorausgeahnten Bedrohungen seines körperlichen oder emotionalen Wohlbefindens, geht im Kopf des Kontrollneurotikers ein Alarm los. Eine warnende Botschaft – »Da hast du's jetzt. Du solltest besser *schnell* was tun« – kommt auf einer Welle der Besorgnis daher. Wir alle erhalten diese Botschaft in Situationen, die uns bedrohen, und wir alle reagieren defensiv darauf. Kontrollneurotiker halten Kontrolle für die beste Verteidigung.

Unsicherheit und Selbstzweifel

Manche Menschen schalten auf Kontrolle um, wenn sie befürchten, daß sie von anderen verletzt, zurückgewiesen, verlassen, lächerlich gemacht, kritisiert, ignoriert oder enttäuscht werden. Selbst wenn sie gelassen, ruhig und selbstbewußt wirken, werden viele Kontrollneurotiker von Gefühlen der Unsicherheit und des Selbstzweifels geplagt. Wie ein Freund es ausdrückte, sind sie »Egonzentriker mit Minderwertigkeitskomplexen«, die Kontrolle ausüben, um eine geringe Selbstachtung auszugleichen.

Manche, wie Emma, befürchten, daß sie von Natur aus fehlerhaft oder mangelhaft sind, ganz allgemein nicht gut genug und mit Sicherheit nicht so kompetent, wie andere Leute zu sein scheinen. Über Sie Kontrolle auzuüben, kann ihre einzige Quelle für positive Gefühle in bezug auf die eigene Person sein. Sie können mit Ihnen in Konkurrenz treten und versuchen, Ihnen vorauszubleiben, um sich selbst zu beweisen, daß sie keine Verlierer sind. Wenn sie Sie dazu bringen, mit ihnen übereinzustimmen oder sich ihren Forderungen zu unterwerfen, kann das ihrer Furcht entgegenwirken, daß ihre Meinungen, Entscheidungen, Gefühle und Deutungen von Ereignissen dumm oder wertlos sind. Und natürlich, wenn sie die Zügel der Kontrolle nur fest genug halten, dann sind sie vielleicht sogar in der Lage, ihre vermutlich verhängnisvollen Fehler und eklatanten Unzulänglichkeiten vor Ihnen zu verbergen.

Angst vor dem Verlust der Kontrolle

Die Angst vor dem Verlust der Kontrolle kann auch eine kräftige Motivation sein. Solche Menschen haben das Gefühl, daß sie, wenn sie sich nicht selbst unter Kontrolle haben, wenn sie zulassen, daß sie sich ärgern, vielleicht anfangen zu weinen und nie wieder aufhören, so wütend werden, daß sie jemanden verletzen oder sogar umbringen, einen Zusammenbruch erleiden und in einer psychiatrischen Anstalt landen oder einfach von ihrem schlechten Gewissen, ihrer Scham oder ihrem Schmerz überwältigt werden. Also beherrschen sie mit straffem Zügel ihre eigenen Gefühle; und damit es keine Überraschungen gibt, kontrollieren sie Ihre auch gleich mit.

Schließlich können die Kontrolleure in Ihrem Leben Angst davor haben, kontrolliert zu *werden*. Wenn so eine Katastrophe eintreten sollte, wären sie vielleicht gezwungen, Dinge zu tun, die sie nicht tun wollen. Sie könnten benutzt, mißhandelt, ausgenutzt oder mit mehr Verantwortung belastet werden, als sie ertragen können. Überzeugt, daß ihre beste Verteidigung ein guter Angriff ist, versuchen sie, andere Leute zu kontrollieren, bevor die anderen sie kontrollieren können.

Auf Ängste und Furcht zu reagieren, indem man Menschen und Situationen zu kontrollieren versucht, *scheint* die Lösung zu sein. Indem sie mehr auf das achten, was um sie herum vorgeht, als auf das, was in ihnen passiert, sind Kontrollneurotiker in der Lage, ihr Gefühl der Furcht und Angst abzubauen. Sie haben ihre Probleme vielleicht nicht gelöst. Sie haben die Dinge vielleicht noch verschlimmert. Aber sie fühlen sich dennoch erleichtert und beruhigt. Dieser Eindruck, daß sie wieder auf dem Fahrersitz sitzen und außer Gefahr sind, ist sehr, sehr bestärkend – er garantiert buchstäblich, daß sie immer wieder zum Selbstschutz zu ihren Kontrolltaktiken zurückkehren.

Kontrolle paßt

Die meisten von uns werden von Zeit zu Zeit zu Kontrollneurotikern. Doch es gibt Menschen, deren Persönlichkeit für diese Rolle maßgeschneidert zu sein scheint. Mit der natürlichen Neigung, die Schau abzuziehen, und mit dem Anschein, als seien sie mit der Fähigkeit auf die Welt gekommen, genau das zu tun, sind sie Typen, die Verantwortung übernehmen und dabei das Bedürfnis zu haben scheinen, kraftvoller und öfter als der Rest von uns zu kontrollieren. Kims Freund Alan tat das mit Sicherheit.

Alan war ein klassischer leistungsorientierter Mensch, dessen Leben sich um ein intensives Bestreben drehte, die persönlichen und beruflichen Ziele zu erreichen, die er sich gesetzt hatte. Er bewegte sich ständig nach vorn, stand nie still. Es gab immer noch einen Berg zu bezwingen, und er raste durch jeden Tag in dem Versuch, den nächsten Gipfel zu erreichen. Er ging, redete, aß und dachte in einer halsbrecherischen Geschwindigkeit und tat selten nur eines zur gleichen Zeit.

Ungeduldig und unfähig, sich einfach zu entspannen und nichts zu tun, zeigte Alan wenig Toleranz für Inkompetenz, Verzögerungen oder unvorhergesehene Umstände, die seinen proppenvollen Terminkalender durcheinanderbrachten oder ihn daran hinderten, jeden einzelnen Punkt auf seiner langen »Zu-erledigen«-Liste abzuhaken. Er konnte nicht aufhören, andere Leute zu drängen, sich schneller zu bewegen, oder andere zu unterbrechen, um seine Sichtweise zum Ausdruck zu bringen.

Alan war ein Kontrollneurotiker. Jeder, der ihn kannte, hätte Ihnen das gesagt. Er warf seiner Sekretärin jedesmal vor, vollkommen unfähig zu sein, wenn sie einen Tippfehler machte. Seine Kollegen sahen zu, wie sich Konferenzen über Stunden hinzogen, während Alan und ein weiterer, ähnlich beherrschender Kollege in der Firma darauf bestanden, einen Punkt so lange zu »diskutieren«, bis einer einräumte, daß der andere recht hatte. Und Kim wurde von ihm ständig herumgeschoben, wie die lange Reihe der ähnlich schüchternen, unsicheren und irgendwie behüteten Frauen, die ihre Vorgängerinnen gewesen waren. Er hielt sich für einen Experten in allen Fragen, von dem Ausmaß des Make-up, das eine Frau tragen sollte, bis zu der Art, wie das Geschirr in der Spülmaschine gestapelt werden sollte. Er instruierte Kim gewissenhaft, wie sie diese und viele andere Dinge zu tun hatte. Bei der kleinsten Provokation verfiel er in herablassende Monologe oder wütende Schimpfkanonaden, und Kim hatte oft das Gefühl, als ob sie »über ein Minenfeld marschierte oder ohne Netz am Hochseil arbeitete«.

Dennoch war Alan nicht absichtlich boshaft. Er war einfach er selbst: ein fähiger, erfolgreicher, leistungsorientierter Mensch, der sich selbst für außerordentlich tüchtig – und daher für verpflichtet – hielt, in jeder Situation die Verantwortung zu übernehmen und alle Leute in den Genuß seines Wissens und seiner Erfahrung kommen zu lassen, ob sie nun wollten oder nicht. Für Alan ging es im Leben darum, Dinge zu vollenden, Dinge geschehen zu lassen, und Kontrolle war ein Teil des Prozesses, etwas, das ihm so natürlich wie das Atmen war. Es *paßte* ihm wie angegossen.

Kontrolle paßt auch zu:

- *Perfektionisten*, die denken: »Wenn du, ich und alles um uns herum nur so wären, wie ich es für richtig halte, dann wäre ich glücklich.« Sie üben Kontrolle aus in der Hoffnung, ihre unmöglich hohen Erwartungen zu erfüllen und jeden, auch sich selbst, daran zu hindern, Fehler zu machen;

- *zwanghaft besessenen Menschen*, deren Leben sich um das Saubermachen, Händewaschen, Zählen, Prüfen oder um andere Rituale dreht und die Kontrolle ausüben als Reaktion auf ihr überwältigendes Bedürfnis, die Ordnung zu erhalten und an der Routine festzuhalten;

- *narzißtischen Menschen*, die Leute behandeln, als wären sie Objekte, die nur dazu da sind, um sie zu erfreuen und ihren Sinn für Selbstachtung zu steigern. Sie üben Kontrolle aus, um sicherzustellen, daß das Verhalten anderer Leute ein gutes Licht auf sie wirft;
- *Abhängigen*, für die ihr »Stoff« an erster Stelle steht, also die Substanz oder die Aktivität, die sie high macht. Sie üben Kontrolle aus, damit sie ihren Stoff bekommen, ihn behalten und um sicherzustellen, daß Sie sie nicht davon abhalten, ihn zu nehmen;
- *»Typ-A«-Persönlichkeiten*, die von einer chronischen, leichten Feindseligkeit und einem Gefühl von Zeitnot getrieben werden. Sie werden bei der kleinsten Provokation wütend und neigen dazu, andere zu kontrollieren, »um verdammt dafür zu sorgen, daß sowas nie wieder passiert!«;
- *gegenseitig Abhängigen*, die verzweifelt die Abhängigen in ihrem Leben auf vielfältige Art und Weise kontrollieren müssen.

Natürlich müssen einzelne Menschen nicht in eine spezielle Kategorie passen oder sich für ein psychiatrisches Etikett qualifizieren, um für Kontrolle anfällig zu sein. Kontrollverhalten paßt vielleicht einfach ganz besonders gut zu ihrer Sicht der eigenen Person, anderer Leute, der Welt um sie herum und zu ihren Überzeugungen darüber, wie man am besten am Leben bleibt und die Dinge erledigt.

Viele Kontrolleure sehen die Welt als einen gefährlichen Ort voller feindlicher, unberechenbarer Leute, die nur für sich selbst da sind. Also sorgen sie dafür, daß sie immer auf der Hut sind, und handeln, bevor ein anderer eingreifen und sie daran hindern kann, ihren Willen zu bekommen. Für andere wiederum sind die Welt und jeder Mensch auf ihr nur zu ihrem eigenen Vorteil da. Während sie sich in den Mittelpunkt des Universums stellen, sind sie überzeugt, daß man ihnen alles geben sollte, was sie sich wünschen.

Der Kontrolleur in Ihrem Leben hat vielleicht eine geistige Vorstellung von Beziehungen, wobei er glaubt, daß jemand, der ihn liebt, auch seine Bedürfnisse befriedigen möchte. Da er sich wirklich ungeliebt fühlt, wenn seinen Anforderungen nicht entsprochen wird, gibt er sich immer mehr Mühe, Sie zu zwingen, sie zu erfüllen. Oder Ihr kontrollsüchtiger Chef, Ihre Mutter, Tochter oder Frau sieht vielleicht Beziehungen als ein fein ausgewogenes System von Soll und Haben. Diese Person kann sich verhalten, als ob Sie ihr Fügsamkeit schuldig wären, weil sie Sie eingestellt, Freundschaft mit Ihnen geschlossen, Sie geheiratet oder zur Welt gebracht hat, weil sie Ihnen in der Vergangenheit einen Gefallen getan hat oder einfach weil sie Sie nie abgewiesen hat.

Jeder strebt danach, die Haltung beizubehalten, bei der er sich am wohlsten fühlt. Wenn jemand sagt: »Ich bin immer der Starke gewesen«, dann beschreibt er vermutlich eine Rolle, die er übernommen und an die er sich in der Familie oder anderen Beziehungen gewöhnt hat. Sie können darauf wetten, daß er sich am wohlsten fühlt, wenn er Verantwortung trägt, Entscheidungen trifft oder Krisen meistert, und daß er die Selbstbestimmung der gegenseitigen Abhängigkeit oder Zusammenarbeit vorzieht, auch wenn er vielleicht das Gegenteil behauptet. Ähnlich wird sich jemand, der »immer ein Kämpfer gewesen ist«, am wohlsten fühlen, wenn er in irgendeinen Kampf oder Wettbewerb verwickelt ist; diese Person wird andere Menschen als Gegner sehen, die besiegt werden müssen oder als Hindernisse, die man vom Schlachtfeld entfernen muß. Und es wird mit Sicherheit immer Menschen in seinem Leben geben, die diese Sichtweise nicht nur unterstützen, sondern ihm auch begeistert zujubeln, wenn der Kontrolleur sich in den Kampf stürzt.

Kontrolle als Teil eines Systems

Die traurige Wahrheit lautet, daß das Verhalten eines Kontrollneurotikers nicht in einem luftleeren Raum vorkommt. Sosehr wir uns auch über die Kontrolleure in unserem Leben beklagen mögen, auf einer anderen Ebene verlassen sich viele von uns auf diese Leute, daß sie für uns durchkommen, daß sie die Arbeit auf eine Weise erledigen, die einzigartig zu ihrem kontrollierenden Stil paßt. Wie Sie sehen, »lohnt« sich Kontrollverhalten nicht nur für den Kontrollneurotiker. Es lohnt sich auch für *jene von uns, die sich auf den Kontrollneurotiker verlassen.*

Nehmen Sie den Football-Trainer am College, der seine Mannschaft mit eiserner Faust kontrolliert und buchstäblich alles tun wird, um ein Siegerteam auf den Platz zu schicken. Er behandelt seine Spieler wie Achtjährige, bricht jede Regel aus dem Lehrbuch, und nach einem verlorenen Spiel hat er schon Reporter gewaltsam aus der Umkleidekabine geworfen. Zusätzlich ist allgemein bekannt, wenn es auch nicht publik gemacht wird, daß er seine Spieler beschimpft und sie manchmal auch körperlich mißhandelt. Zu Hause ist er nicht anders – er kommandiert seine Frau herum, schreit bei Football-Spielen im Fernsehen und kugelte einmal bei einem Streit seinem Sohn die Schulter aus, als der Junge ohne Erlaubnis das Zimmer verlassen wollte.

Dieser Mann ist ein beinharter Kontrollneurotiker, und jeder weiß das. Kollegen und Studenten gleichermaßen mißbilligen seine Trainingsmethoden, gar nicht zu reden davon, daß er eindeutig den Siegen den Vorrang vor Sportlichkeit, Ehrlichkeit, Ethik, Studium oder irgend etwas anderem einräumt. Sie glauben, daß er ein schlechtes Rollenvorbild für seine Sportler abgibt, kein akzeptabler Vertreter der Schule ist (außer auf dem Football-Platz) und Werte hat, für die sich der Hunne Attila schämen würde.

Wird man diesen Mann in aller Stille von seinen Pflichten entbinden, ihm den Schlüssel für den Umkleideraum abnehmen und ihn an einen qualifizierten Therapeuten überweisen? Wahrscheinlich nicht. Die Mannschaft siegt, und am Horizont zeichnet sich der Gewinn eines Pokals ab. Wohlhabende Ehemalige des College spenden hohe Geldsummen, mit denen notwendige Erziehungsprogramme unterstützt werden, und der neue Fernsehvertrag wird beim Bau eines Chemielabors helfen. Am Samstag nachmittag drängen sich achtzigtausend Fans ins Stadion und feuern die Mannschaft mit einer Lautstärke an, die Tote aufwecken könnte – und einige von ihnen sind genau dieselben Leute, die den Trainer unter der Woche am schärfsten kritisieren.

Der Trainer sitzt in einer Falle. Er kennt nur eine Methode, seine Arbeit zu tun – indem er um sich schlägt und schimpft. Einerseits wird er dafür geschmäht, andererseits geehrt und belohnt. Wenn er aus irgendeinem Grund eine Woche lang aufhörte, ein Kontrollneurotiker zu sein, würden ihn alle für krank halten. Und wenn er ganz damit aufhörte, würde man ihn vermutlich feuern, weil die Leistung der Mannschaft nachlassen würde. Andere Trainer sind vielleicht in der Lage, ein Meisterschaftsteam auf den Platz zu schicken, ohne auf das Verhalten eines Kontrollneurotikers zurückzugreifen. Nicht so dieser Bursche, denn er weiß einfach nicht, wie.

Niemand von uns ist eine Insel. Wir sind alle ein Teil sehr komplexer sozialer Netze und Systeme. Die Art und Weise, wie wir uns verhalten, interagieren, uns produzieren, ist auch Teil dieses Systems. Nun sagen uns Systemtheoretiker, daß, wenn es in einem Bereich zu einer bedeutsamen Veränderung kommt, das gesamte System aus dem Gleichgewicht gerät. Nach dem Prinzip der Homöostase wird das System versuchen, *sich selbst wieder ins Gleichgewicht zu bringen*, das heißt, es wird entweder die ursprüngliche Veränderung rückgängig machen oder für neue Veränderungen sorgen, die das System wieder zu Gleichgewicht und Harmonie führen. Neue Veränderungen sind schwer vorzunehmen, also wird das System zuerst versuchen, die ursprüngliche Veränderung rückgängig zu machen, *selbst wenn es eine positive war.*

Mit anderen Worten, das Verhalten eines Kontrollneurotikers wird nicht nur durch seine Ängste, Bedürfnisse und Prioritäten aufrechterhalten. Auch die Bedürfnisse und Erwartungen der Leute in seiner Umgebung können eine große Wirkung haben. Genau die Leute, die die Methoden des Kontrollneurotikers am meisten mißbilligen, arbeiten vielleicht auf einer anderen Ebene so hart, wie sie können, um ihn davon abzuhalten, sich zu ändern. Dieser offensichtliche Widerspruch mag merkwürdig wirken, ist aber in Wirklichkeit sehr weit verbreitet – vor allem Familientherapeuten haben damit täglich zu tun.

Es kann beispielsweise sein, daß Lisa, sosehr sie es auch haßt, wie Emma sich um jedes kleine Hochzeitsdetail zu Tode sorgt, sich auch darauf *verläßt*, daß ihre Mutter aufpaßt, daß nichts schiefgeht. Vielleicht ist Lisa nicht dieser Meinung, sie könnte sogar gekränkt sein über so eine Idee – aber Emma ist in der Vergangenheit mit Sicherheit in dieser Funktion gegenüber ihrer Tochter aufgetreten. Und man kann darauf wetten, daß Lisa, wenn Emma sich je aus den Hochzeitsplänen heraushalten würde, diejenige wäre, die in Panik verfiele.

Kontrolle als Selbstzweck

Der fünfte Anreiz für das Verhalten eines Kontrollneurotikers ist einfach das Gefühl, im Besitz der Kontrolle zu sein, was wiederum dieses Verhalten hervorbringt. Viele Kontrolleure brauchen das. Die berauschende Woge der Macht, das ungeheuer erfreuliche Gefühl, daß sie Dinge geschehen lassen (auch wenn sie es in Wirklichkeit gar nicht tun), und die Erleichterung und die Beruhigung, die sie erfahren, weil sie einfach nur *versuchen*, Kontrolle auszuüben, sind außerordentlich angenehm. Der Gedanke, sich nicht so zu fühlen (oder schlimmer, sich kontrolliert oder ohne Kontrollmöglichkeit zu fühlen), ist äußerst erschreckend – so sehr, daß alle negativen Konsequenzen, die sich aus ihrem Kontrollverhalten ergeben, unbedeutend zu sein scheinen. In der Tat, Kontrollneurotiker sind bereit, mit Schmerz und Elend zu bezahlen, indem sie ihre langfristigen Ziele opfern, Menschen, die sie lieben, verletzen und ihren Beziehungen unsäglichen Schaden zufügen, um auch nur die *Illusion* von Kontrolle aufrechtzuerhalten.

Die Illusion von Kontrolle

Für manche Menschen scheinen direkte Ergebnisse nicht sonderlich wichtig zu sein. Die Illusion von Kontrolle ist mehr als genug, um das Hoch hervorzubringen, das für sie so zwingend ist. In der Tat, *Kontrolleure verwechseln manchmal das Gefühl, das ihr Kontrollverhalten hervorruft, mit der tatsächlichen Kontrolle.* Bei Mark war das mit Sicherheit der Fall. Obwohl fast alles, was er tat, ins Auge ging, glaubte er ernsthaft, und er wäre der erste, der Ihnen das sagen würde, daß er alles unter Kontrolle hatte. Er war nicht dumm oder eigensinnig. Er hatte nicht bewußt beschlossen, daß er lieber recht haben wollte, statt glücklich zu sein, oder daß er am Ende lieber hundert Prozent Nichts haben würde, statt einen Kompromiß zu schließen, um auf fünfzig oder fünfundsiebzig Prozent von Etwas zu kommen. Seine Kontrollgewohnheit war zur Abhängigkeit geworden, zu einer schweren Sucht, für die er sonstwohin gehen und jeden Preis zahlen würde, um sie zu befriedigen. Wenn Menschen, die Sie kennen, Kontrolle aus Selbstzweck statt als Mittel zum Zweck auszuüben scheinen, dann deutet alles darauf hin, daß auch sie Kontrollabhängige sind. Ihre Abhängigkeit macht das Verständnis für sie und den Umgang mit ihrem Verhalten schwierig – aber nicht unmöglich.

Was nützt es, wenn man weiß, warum?

Wenn Sie einmal anfangen, einige der Motive zu verstehen, die hinter dem Verhalten eines Kontrollneurotikers stecken, dann werden Sie vielleicht auch in der Lage sein, das Verhalten nicht mehr ganz so persönlich zu nehmen. Sie werden merken, daß, ganz gleich, wie es aussehen mag, Kontrollneurotiker die meiste Zeit eigentlich nicht darauf aus sind, Sie zu *kriegen*. Ihr Verhalten reflektiert in erster Linie *ihre* Bedürfnisse, *ihre* Ängste, *ihre* Erwartungen; Sie stehen nur zufällig in der Schußlinie. Manchmal mag das wie ein kleiner Trost wirken, und es gibt ihnen wirklich nicht das Recht, Sie herumzukommandieren, Ihre Gefühle zu manipulieren oder Ihre Lebensqualität auf irgendeine Weise einzuschränken. Aber wenn Sie das Verhalten eines Kontrollneurotikers eher als eine Angewohnheit oder ein Bedürfnis statt eines persönlichen Angriffs sehen, dann kann das dazu beitragen, daß Sie objektiver darauf reagieren, und es wird eine große Hilfe sein, wenn Sie versuchen, mit Kontrolltaktiken wirkungsvoller umzugehen.

Außerdem, wenn Sie erst einmal eine fundierte Vermutung über die Anreize für das Kontrollverhalten eines Menschen anstellen können, dann können Sie ihm helfen, seine Bedürfnisse zu befriedigen, seine Ängste abzubauen, seine Erwartungen zu erfüllen oder das Gefühl der Kontrolle zu haben, *ohne daß* Sie dabei Ihre eigenen Bedürfnisse opfern. Das ist das Wesentliche der harmonischen, gemeinschaftlichen Beziehungen, die aufzubauen Sie in den folgenden Kapiteln dieses Buches lernen können.

Weiteres Vorgehen

Inzwischen kehren Sie zu dem Szenario zurück, das Sie vorbereitet haben, als Sie die Übung am Ende von

Kapitel 2 gemacht haben. Lesen Sie es noch einmal durch, und beantworten Sie dann die folgenden Fragen:

1. Hinter welchen greifbaren Ergebnissen war die Person, die versucht hat, Sie zu kontrollieren, Ihrer Meinung nach her? Welche nicht greifbaren Bedürfnisse, Wünsche oder Sehnsüchte wollte sie sich vielleicht erfüllen? (Sie brauchen nicht Gedanken lesen zu können; stellen Sie einfach eine Vermutung an.)

2. Welche realen, eingebildeten, unmittelbaren oder vorausgeahnten Gefahren wollte diese Person Ihrer Meinung nach vermeiden? Wovor hat sie vielleicht Angst gehabt?

3. Wie paßte das Handeln dieses Menschen zu seiner Persönlichkeit? Welche Ideen, Überzeugungen oder Erwartungen haben vielleicht seine Einstellung zu dieser Situation oder der Entscheidung, Sie zu kontrollieren, beeinflußt?

4. Gab es andere Leute oder Bedingungen, die den Versuch dieses Menschen, Sie zu beeinflussen, vielleicht beeinflußt haben? Könnte das unterschiedliche Verhalten bei dem Kontrolleur zu weiteren Problemen geführt haben?

5. Vermuten Sie, daß die Person eher daran interessiert war, ein Gefühl der Kontrolle zu haben, und nicht so sehr an der Kontrolle über Sie oder an dem Ergebnis Ihres wechselseitigen Handelns? Was brachte Sie zu dieser Schlußfolgerung?

Denken Sie an weitere Erfahrungen aus jüngster Zeit mit kontrollierenden Leuten, und beantworten Sie dieselben Fragen. Ihre zunehmende Fähigkeit, die Anreize hinter Kontrollverhalten zu entdecken, können Sie gut gebrauchen, wenn Sie sich noch ein paar neue Kenntnisse angeeignet haben und bereit sind, auf Kontrollneurotiker auf wirksamere Art und Weise zu reagieren.

Kontrollfallen

Ob Sie nachgeben oder sich wehren, wenn Sie eine bestimmte Verhaltensweise bevorzugen und sie immer wieder anwenden, wird sie zur Gewohnheit. Sie bekommen große Schwierigkeiten, irgend etwas anderes zu tun, auch wenn das fragliche Muster für Sie vielleicht gar nicht funktioniert. An Anpassung gewöhnt, werden Sie feststellen, daß Sie es vor verschiedenen Kulissen mit Kontrollneurotikern zu tun haben. Aber natürlich kommt es zu den schlimmsten Problemen zwischen Ihnen und den kontrollierenden »wichtigen Menschen« in Ihrem Leben – Ihrer Frau, Ihren Eltern, Ihrem Kind, Chef, Liebhaber oder Freund – wenn sie Kontrollneurotiker sind.

Menschen in langandauernden Kontrollbeziehungen neigen dazu, sich dauernd wiederholende und merkwürdig austauschbare Muster von Bewegungen und Gegenbewegungen zu entwickeln, die sich stabilisieren und die nur schwer aufzubrechen oder zu verstehen sind. Bei genauer Beobachtung solcher Beziehungen erkennt man einerseits Menschen, die ganz eindeutig wollen, daß ihre Bedürfnisse erfüllt, schwere Schmerzen oder Schäden vermieden werden und daß sich ganz allgemein ihre Lebensqualität verbessert. Fragen Sie sie, und sie werden Ihnen genau das erzählen.

Andererseits werden Sie aber sehen, daß diese Menschen auf eine Weise miteinander umgehen, die, auf lange Sicht, *auf gar keinen Fall zu einem positiven Ergebnis führen kann.* Die Spiele, die sie spielen, die Dinge, die sie sagen und tun, würden jedem absolut verrückt vorkommen, der nicht selbst eine ähnliche Erfahrung hinter sich hat. Und viele (doch nicht alle) Teilnehmer werden sich nur allzu bewußt sein, wie zerstörerisch ihre Beziehungen in Wirklichkeit sind. Wenn Sie sie fragen, dann verteidigen sie sich vielleicht oder leugnen oder erklären – aber tief im Herzen wissen sie es. Außerdem *wissen* sie, daß sie sich ändern müssen. Aber irgendwie können sie sich nicht dazu bringen. Darum nennen wir diese verrückten, sich selbst fortpflanzenden Muster *Kontrollfallen.*

Kim beispielsweise, die sich selbst für ungebildet, schlicht und möglicherweise der Beziehung zu Alan für unwürdig hielt, stellte ihn auf einen Sockel und fügte sich seinen Wünschen, wann immer er versuchte, ihr Denken, Fühlen und Handeln zu beeinflussen. Sie verfiel in die Gewohnheit, ihre Macht wegzugeben, und wenn das erst einmal geschehen war, machte es außerordentliche Schwierigkeiten, sie zurückzubekommen. Daß sie immer in der Lage war, das darzustellen, wovon sie überzeugt war, lieferte einen ausgezeichneten Grund dafür, sich von Alan kontrollieren zu lassen, und Kim entwickelte ein solches Geschick darin, ihr eigenes und Alans Handeln zu rechtfertigen, daß sie sich leicht ausredete, sich selbst irgendwie behaupten zu wollen.

»Immer wieder hatte ich es einfach satt, in einer Diktatur zu leben«, erklärte Kim. »Ich hatte oft Nerven genug, um mich Alan entgegenzustellen. Aber dann, wenn ich gerade dabei war, ein Machtwort zu sprechen, tat er etwas unglaublich Liebes oder Nettes, wie meine gesamte Familie zu einem Wochenende an den

Lake Tahoe einzuladen oder Karten zu besorgen für eine Aufführung, von der er wußte, daß ich sie wirklich gern sehen wollte, oder mir zu helfen, ein Problem am Arbeitsplatz zu lösen.« Dann dachte Kim immer: »Ich kann ihm jetzt das Leben nicht schwermachen, wo er doch gerade diese tolle Sache für mich getan hat.« Und dann schluckte sie ihre Gefühle herunter und stellte ihren Protest wieder einmal zurück.

Natürlich, was Alan auch alles getan hatte, es war kein Ausgleich für die Beschimpfungen, mit denen er Kim in der Vergangenheit überschüttet hatte. Es bedeutete nicht, daß er sie in der Zukunft weniger herumstoßen würde. Aber Kims Drang, sich Alan anzupassen, war einfach zu stark. Sie hatte darüber nicht mehr Kontrolle als Alan über sein Bedürfnis, Kim zu kontrollieren. Sie benutzte seine Liebenswürdigkeit als *Grund* dafür, einen Rückzieher zu machen. Und so benahmen sich Kim und Alan weiterhin wie immer.

Alan gab Anweisungen. Kim befolgte sie. Er nahm die Rolle des Lehrers ein und fragte sie ab. Sie spielte die Rolle der guten Schülerin und sagte ihm alles, von dem sie meinte, daß er es hören wollte. Alan kritisierte fast alles, was Kim sagte oder tat. Kim fing an, sich Alans mögliche Reaktion vorzustellen, bevor sie überhaupt etwas sagte oder tat, und entsprechend richtete sie ihr Verhalten aus. Er übte Kontrolle aus. Sie paßte sich an. Und beide führten ihre Bewegungen und Gegenbewegungen so automatisch und berechenbar aus, daß man für ihre Interaktionen schon vorher ein Drehbuch hätte schreiben können.

Ob Kim tatsächlich durch Alans Kontrolltaktiken umgestimmt wurde oder einfach nur so tat, jedesmal, wenn sie in ihr zurückhaltendes, friedensbewahrendes Verhalten verfiel, bestätigte sie Alans Überzeugung, daß er ein außergewöhnlich kluger, kultivierter und mächtiger Mann war, der das Recht hatte und vielleicht sogar verpflichtet war, anderen Leuten zu sagen, was sie tun mußten. Da dies der Gedanke war, der sein Kontrollverhalten antrieb, und Kim das unwissentlich bestärkte, war Alan nur noch stärker motiviert, das zu tun, was er sowieso vorhatte.

Jedesmal, wenn er das tat, wurde Kim an ihren »Minus«-Status erinnert, wodurch *ihre* ursprüngliche Überzeugung bestätigt wurde, daß sie nicht sehr schlau, kompetent, liebenswert oder verdienstvoll war und daß sie anderen Leuten nicht widersprechen oder sie verärgern durfte, wenn sie von ihnen geliebt und akzeptiert werden wollte. Da das die Einstellung war, die ihre Programmierung aktivierte, und da Alan sie wiederholt verstärkte, war es unwahrscheinlich, daß Kim ihre Reaktionen irgendwie verändern würde.

Weil Alans dominierendes Verhalten Kims Unterwürfigkeit auslöste und ihre Unterwürfigkeit seinen Wunsch bestärkte, sie zu beherrschen, taten sie beide weiterhin das, was sie seit dem Beginn ihrer Beziehung immer getan hatten. Sie waren erstarrt, gefangen in einem Teufelskreis von Kontrollbewegungen und anpassenden Gegenbewegungen, wofür Kim inzwischen mit Migräne und Angstzuständen bezahlen mußte. Wenn sich nicht einer der beiden zu einer Veränderung entschloß oder wenn nichts Ungewöhnliches passierte, dann würde sich das Muster wahrscheinlich bis in alle Ewigkeit wiederholen. Und eine Kontrollbeziehung wie die von Kim und Alan zu verändern, ist keine einfache Aufgabe.

Wenn ein Anpasser wirklich versucht, sich zu ändern, ist es typisch, daß der Kontrolleur versucht,

diese Veränderung (direkt oder indirekt) zu unterminieren und die Situation wieder so herzustellen, wie
sie war. Wenn es dem Kontrolleur gelingt, die alten
Muster des Anpassers wieder zu aktivieren, wird er
vor Erleichterung seufzen, und das Pärchen geht in
eine neue Runde. Doch der Kontrolleur wird sich jetzt
bewußt sein, daß seine Macht schwindet, und wird
vielleicht den alten Zustand wiederherstellen, wobei
er sich noch mehr Mühe gibt, mit eiserner Hand zu
herrschen, oder noch subtilere und raffiniertere Strategien einsetzt, um seinen Partner unten zu halten.
Nachdem er kurz die Freiheit gekostet hat (was mit
Sicherheit als zweischneidiges Schwert empfunden
wurde), wird der Anpasser entsprechend reagieren.
Das Ergebnis ist oft eine noch destruktivere, unerfreu-
lichere Situation als vorher.

Lehrer/Schüler

Auf jeden Fall waren Kim und Alan in ein Muster
verfallen, das nur allzu häufig in Liebesbeziehungen
vorkommt. Weil es der Beziehung zwischen Eliza Doo-
little und Professor Higgins in Shaws Theaterstück
Pygmalion so stark ähnelt, spricht man vom »Pygma-
lionkomplex«. Manche sprechen einfach nur von der
»Lehrer/Schüler-Falle«.

Im allgemeinen verschenken allwissende Kontrolleure ihre Weisheit an schüchterne, unsichere Anpasser, die ständig versuchen, sich in die Menschen zu
verwandeln, von denen sie glauben, daß die Kontrolleure sie haben wollen. Was der Lehrer leider *wirklich*
will, ist ein ewiger Schüler, wie im Fall von Kim und
Alan. Um seine Schülerin in der Rolle zu halten, muß

er entweder *jeden ihrer Versuche, wesentliche Vorteile aus seinem Unterricht zu ziehen,* unterminieren oder seine Maßstäbe auf immer höhere Ebenen der Perfektion anheben.

Zwar können Lehrer/Schüler-Beziehungen über Jahre dauern, doch am Ende lösen sie sich fast immer auf. Wenn die Schülerin lernt, selbständig zu funktionieren, macht sie die »Reifeprüfung« und verläßt ihren Lehrer wegen einer ausgeglicheneren Beziehung. Wenn sie das nicht tut, wird der Lehrer ihrer am Ende überdrüssig, läßt sie »durch die Prüfung fallen« und geht davon, um sich eine unverbrauchte, neue Schülerin zu suchen.

Wenn Sie vielleicht nicht gerade in der Lehrer/Schüler-Falle stecken, dann kommt Ihnen eventuell eine der folgenden bekannt vor.

Betreuer/verletzter Vogel

Hier geben zuckersüß hilfreiche Kontrolleure aufdringlichen und unerwünschten Rat und Beistand weiter an sympathische, schwermütige Anpasser, die glauben, daß sie nicht für sich selbst sorgen können (oder es nicht versuchen wollen). Verletzte Vögel erlauben anderen Leuten, Verantwortung für ihr Leben zu übernehmen (und dann auch an allem schuld zu sein). Betreuer führen natürlich laufend Buch über ihre guten Taten. Sollten sie es mit ihrer Hilfsbereitschaft nicht schaffen, Kontrolle über den verletzten Vogel auszuüben, dann tauschen sie ihre Bons für schlechtes Gewissen gegen Bares ein, um weiteren Einfluß auszuüben. Wenn verletzte Vögel beginnen, sich von ihrer krankheitsbedingten Abhängigkeit zu erholen, dann klappen die Kontrolleure selbst zusammen, um die Oberhand zu behalten.

Quälgeist/Märtyrer

Hier ist es umgekehrt wie bei dem Muster Betreuer/verletzter Vogel. Jammernde, klagende, hoffnungslos unfähige Kontrolleure umgeben sich mit aufopfernden Anpassern und spielen Runde für Runde ein Spiel, das der Psychiater Eric Berne »Schlemihl/Schlamassel« nannte. Quälgeister vergessen, verlieren Sachen, vermasseln Routineaufgaben oder bombardieren Märtyrer mit »dummen« Fragen. Märtyrer möchten ihnen den Hals umdrehen, tun es aber nicht, weil sie trickreich auf den Gedanken gebracht wurden, daß die Quälgeister es nicht so gemeint haben oder nicht anders konnten. Der Quälgeist entschuldigt sich. Der Märtyrer verzeiht. Die Quälgeister vermasseln dann noch ein bißchen mehr, und die Märtyrer fangen an, die Dinge für sie zu regeln – was genau das Ergebnis ist, das der sich durchmogelnde Kontrolleur von Anfang an gewollt hat.

Wärter/Insasse

Hier finden wir mächtige, strafende Kontrolleure vor, die unbeugsame Erwartungen an die Menschen in ihrem Leben stellen. Sie bekommen Wutausbrüche, sind beleidigt, schmollen, verweigern Sex, halten Strafpredigten und fällen auf andere Weise Urteile über »Insassen«, die ihren strikten Verhaltenskodex verletzen. Gefangene klagen, daß sie, wenn es da nicht den

Wärter gäbe, alles mögliche tun könnten – Dinge, die zu tun sie in Wahrheit Angst haben oder bei denen sie denken, sie würden es nicht schaffen, wenn sie versuchten, sie zu tun. Auch wenn sie behaupten, daß es ihnen schlecht geht, tun Insassen nichts, um ihr Los zu verbessern, und sie rechtfertigen ihre Untätigkeit, indem sie darauf hinweisen, daß ihre Wärter sie dazu zwingen, in derselben Lage zu verharren. Indem sie die Insassen daran hindern, sich ihren Ängsten oder Gefühlen der Unzulänglichkeit zu stellen, tun die Wärter ihnen tatsächlich einen Gefallen, während sie dabei selbst ihre eigenen Erwartungen erfüllen.

Superheld/Undankbarer

Superhelden werden gespielt von Kontrolleuren mit übermäßig entwickeltem Verantwortungsgefühl, die glauben, daß sie unverzichtbar sind, oder fürchten, daß etwas Schreckliches passiert, wenn sie nicht aufpassen. Sie übernehmen Dutzende von anstrengenden und widersprüchlichen Verpflichtungen zum Wohle der Undankbaren – der Leute, die sie eigentlich zu kontrollieren versuchen. Dann, wenn sie die anderen Leute auf ihrer Linie halten oder dahin bringen wollen, ihren Beitrag zur Durchführung ihrer Pläne zu leisten, berufen sich Superhelden auf »Gefallen«, um die die Undankbaren sie nie gebeten hatten, wobei sie sie daran erinnern, daß sie sich »für *dein* Wohl, nicht für mein eigenes« ein Bein ausreißen.

Wenn alles andere fehlschlägt, dann brechen sie unter dem Gewicht all der Bürden, die sie auf sich genommen haben, zusammen, verursachen bei den Undankbaren ein ausreichend schlechtes Gewissen, damit sie ihnen ihren Willen lassen. Undankbare haben im allgemeinen das Gefühl, daß man von ihnen *erwartet*, dankbar zu sein, oder daß sie mehr tun *sollten*. Sie können auch der Meinung sein, daß sie ohne die Hilfe des Superhelden nicht zurechtkommen. So fallen sie immer wieder auf die Tricks des Superhelden herein.

Gewalttäter/Opfer

Dieses ist eine der bösartigsten Formen der Kontrollfallen. Dazu gehören Kontrolleure, die relativ schutzlosen Anpassern, die nichts tun können oder wollen, um sich aus der Situation herauszuziehen, körperlichen oder seelischen Schmerz zufügen. Unter anderem finden die Gewalttäter einen Sündenbock, an dem sie ihre Wut und ihre Frustration abreagieren können. Opfer bekommen auf einer bestimmten Ebene genau das, von dem sie glauben, daß sie es verdient haben, und/oder sie benutzen ihre Situation als Vorwand, um ihr eigenes Leben nicht zu überprüfen oder zu ändern. In ihrem hilflosen, unterdrückten Zustand erkennen sie keine Alternativen und glauben, daß sie nirgendwo sonst hinkönnen.

Rechtschaffenheit

Die »Rechtschaffenheitsfalle« wird aufgebaut von zwei oder mehr Leuten, die anscheinend lieber recht haben möchten, statt glücklich zu sein. So dumm das auch klingt, das ist eine Falle, in die man erstaunlich leicht tappt. Haben Sie sich selbst je dabei erwischt, daß sie mit einem Ehepartner, Elternteil oder Teenager einen Streit hatten, von dem Sie *wußten*, daß er nichts klären und sich außerdem vermutlich so weit steigern würde, daß er Ihnen den Abend verdirbt, wenn nicht Schlimmeres? Eine kleine innere Stimme schrie Sie an: »Laß das, es lohnt sich nicht!«, aber Sie machten weiter und stritten? So fühlt es sich an, wenn man sich entscheiden muß, ob man »recht haben« oder »glücklich sein« will.

Dieses Muster ergibt sich am häufigsten, wenn ein Kontrollneurotiker und ein gleichwertiger Rebell oder passiver Widerständler aufeinandertreffen. Beide wollen als Sieger hervorgehen und ihren Willen bekommen und würden dafür fast alles opfern. Das Kind mit dem Bade auszuschütten ist die zweite Natur dieser Leute. Sie werden für hundert Prozent Nichts fröhlich bis zum Tode kämpfen, statt einen Kompromiß zu schließen und dabei fünfzig oder fünfundsiebzig Prozent von Etwas zu bekommen. Ihre Beziehungen werden erschüttert durch immer wiederkehrende und eskalierende Sieg-Niederlage-Konflikte – in denen der eine das, was er haben will, auf Kosten des anderen bekommt – oder Niederlage-Niederlage-Konflikte –, bei denen jeder der beiden dafür sorgt, daß der andere nicht bekommt, worauf er aus ist, selbst wenn das bedeutet, daß er das opfern muß, was er selbst haben will.

Abschließende Gedanken

Dieses sind nur einige der zahlreichen Methoden, mit denen Leute sich in schwierigen, wenig einträglichen Kontrollmustern verfangen können. Die Liste ließe sich beliebig verlängern. Tatsächlich gibt es so viele Kontrollfallen wie es Kontrolleure und Anpasser gibt, denn jede Beziehung ist einzigartig.

Inzwischen haben Sie vielleicht einige Vorstellungen in bezug auf Ihr eigenes Kontrolle-Anpassungs-Muster. Dabei geht es vor allem darum:

- Wer in Ihrem Leben regelmäßig und wiederholt versucht, Sie zu kontrollieren.

- Wie diese Leute Sie erreichen und welche psychologischen Anreize sie motivieren, derartige Taktiken bei Ihnen anzuwenden.

- Wie Sie automatisch reagieren und es Kontrolleuren unwissentlich leichter machen, die Ergebnisse zu bekommen, die sie haben wollen, oder wie Sie sie ermutigen, sich noch mehr Mühe zu geben, um Kontrolle über Sie auszuüben.

- Wie im Laufe der Zeit diese Muster von Kontrolle, Anpassung und Gegenkontrolle zu Systemen verschmelzen, die sich aus sich selbst weiterentwikkeln und sehr, sehr schwer zu unterbrechen sind.

Das Folgende wurde bereits gesagt, kann aber eine Wiederholung vertragen. Interaktionen zwischen Kontrolleuren und Anpassern sind so komplex, daß Sie praktisch eine Zählkarte brauchen, um Kontrolleure von Kontrollierten zu unterscheiden, und einen Reiseführer, um die kontrollierenden Bewegungen und die anpassenden auseinanderhalten zu können. Während jeder das tut, was für ihn wichtig ist, leisten *beide*, Kontrolleur und Anpasser, ihren Beitrag dazu, daß die Kontrollmuster weiter funktionieren. Die Ergebnisse sind anscheinend unlösbare Konflikte, Nachlassen der Produktivität und ständige Frustration. Auf lange Sicht gewinnt eigentlich keiner.

Dennoch, weil der Anpasser der Mensch ist, der

regelmäßig und wiederholt den Kontrolltaktiken eines anderen unterworfen wird, *leidet der Anpasser im allgemeinen mehr.* Die Produktivität wird beeinträchtigt, da Streß einen hohen Tribut fordert, und die Symptome sind nicht gerade leicht. Es können sich Spannungskopfschmerzen, Rückenschmerzen, Magenverstimmungen, Schlaflosigkeit, zu reichliches Essen und Trinken oder andere Anzeichen für chronischen Streß einstellen. Nehmen Sie Beruhigungsmittel? Wie schätzen Sie Ihre Selbstachtung ein? Opfer von Kontrollfallen sind oft angeekelt von sich selbst und werfen sich vor, wie dumm, willensschwach oder unfähig sie sind, weil sie zulassen, daß sie so schlecht behandelt werden.

Es ist eine harte Tatsache bei der Kontrolldynamik, daß Kontrollneurotiker, selbst wenn sie sich mit allen aus ihrer Umgebung zerstritten haben und sich selbst kaputtmachen, im allgemeinen mehr Befriedigung aus der Kontrolle über Sie beziehen, als Sie aus Ihrer Anpassung an sie bekommen können. Außerdem, je länger sie das Spiel spielen, desto einfacher wird es für sie. Nach einiger Zeit braucht ein geschickter Kontrollneurotiker nur noch zu *signalisieren* (mit hochgezogener Augenbraue, zugeknallter Tür oder Schweigen), daß er dabei ist, Sie zu einem Schritt zu bewegen. Sie, der Anpasser, stehen auf und salutieren.

Andererseits, im Laufe der Zeit werden Sie vielleicht gezwungen, Ihr Anpassungsverhalten zu verstärken, indem Sie mehr tun, um weniger zu bekommen. Während der ersten Jahre ihrer Freundschaft beispielsweise veränderte Beverly ihr Verhalten immer, wenn Ellen Kritik übte. Doch jetzt, Kritik vorausahnend, versucht sie, Ellen vorher einzuschätzen und sich so zu benehmen, wie sie annimmt, daß es

Ellen am besten gefällt. Das erfordert mehr Energie (und Geschicklichkeit) auf Beverlys Seite und führt immer noch zu Kritik, wenn sie sich verschätzt hat.

Wenn das lange dauert, fangen Sie an, Ihren eigenen Wahrnehmungen zu mißtrauen und an Ihren Fähigkeiten zu zweifeln. Ihre Selbstachtung fängt an zu schwinden. Sie finden sich in der Rolle des Verlierers wieder, der nie das zu bekommen scheint, was er sich wünscht, oder des Opfers, das stets das bekommt, was es nicht haben will. Dennoch passen Sie sich weiter an, denn auf einer gewissen Ebene sind die positiven Ergebnisse immer noch da.

Weiteres Vorgehen

Mit Blick auf die Informationen, die Sie in diesem Kapitel bekommen haben, fragen Sie sich, welche Ergebnisse vielleicht Ihre Reaktionsmuster der Anpassung aufrechterhalten (und, umgekehrt, auch das Kontrollverhalten eines Kontrolleurs). *Was haben Sie davon, daß Sie mit den kontrollierenden Menschen in Ihrem Leben in einer derartigen Beziehung stehen?* Weichen Sie Risiken oder Verantwortung aus? Indem Sie zulassen, daß andere Leute Sie kontrollieren, ersparen Sie sich die Peinlichkeit, Fehler zu machen, oder die Mühe, Entscheidungen zu treffen? Geben Sie der kontrollierenden Person die Schuld, wenn Dinge schlechtlaufen, oder bekommen Sie »einmal ärgern gratis«, wenn die Person Sie zu stark bedrängt (oder überhaupt bedrängt)? Gewinnen Sie die Anerkennung des Kontrolleurs, erhalten die Beziehung, haben eine praktische Entschuldigung dafür, sich nicht auf Ihre eigenen Schwächen zu konzentrieren?

Schreiben Sie auf die eine Seite eines Blattes Papier alles, was Sie gewinnen, nicht verlieren oder nicht verändern müssen, wenn Sie auf Ihre typische Weise auf kontrollierende Leute reagieren. Auf die andere Seite des Blattes schreiben Sie die Konsequenzen, unter denen Sie leiden, den Preis, den Sie dafür bezahlen, daß Sie Dinge so tun, wie Sie sie immer getan haben. (Beispielsweise: Wie streßbelastet ist Ihr Leben? Welchen körperlichen Tribut mußten Sie an eine Kontrollfalle zahlen?)

Wenn Sie die Wohltaten und die Kosten, die sich aus Ihren gegenwärtigen Verhaltensmustern ergeben, aufgelistet haben, bewerten Sie sie mit einer Zahl. Nehmen Sie die Zahlen von 1 bis 10 (1 = niedrigste Bewertung, 10 = höchste Bewertung), um anzuzeigen, wieviel Befriedigung jedes Ihrer Ergebnisse liefert und wieviel Kummer jede Konsequenz verursacht. Zählen Sie die Ergebnisse auf jeder Seite zusammen, und vergleichen Sie die Gesamtsummen. Wenn die Summe bei den Kosten höher liegt als die der Wohltaten, dann könnte es an der Zeit sein, daß Sie über eine Veränderung nachdenken.

Teil II

Die Macht zurückerobern

Kapitel 5

Die Macht zurückerobern

Die Aikido-Alternative

Sie werden sich an Emma erinnern, die sich ständig Sorgen machte, daß mit der bevorstehenden Hochzeit ihrer Tochter etwas schiefgehen könnte, und die zur Kontrollneurotikerin wurde, um sicherzustellen, daß nichts passierte. Hier ist nun eines ihrer typischen Telefongespräche. In dieser Szene verlangte Emma von Lisa, sicherheitshalber für Ersatz bei der Unterhaltung zu sorgen, falls die Band, die sie gegenwärtig unter Vertrag hatten, absagte oder nicht erschien.

EMMA: ... sobald die Agentur öffnet, ruf an und verpflichte eine zusätzliche Musikgruppe zur Sicherheit. Und sieh zu, daß du eine *gute* bekommst.

LISA: Mama, ich glaube nicht, daß das nötig ist. Die Gruppe, die wir haben, wird es schon schaffen. Ich habe nachgefragt bei ...

EMMA: O Gott, jetzt geht das wieder los! Warum kannst du nicht die einfachsten Dinge tun, um die ich dich bitte? Wie kannst du nur so gefühllos sein nach all der Zeit – und um ehrlich zu sein, all dem Geld –, die ich da reingesteckt habe? Und denk an Vater. Wenn dir *sein* Glück auch nur ein kleines bißchen wichtig wäre, dann würdest du ...

LISA: (Klingt ärgerlich) Mama, Vater ist es egal! Er mag nicht einmal Musik! Er wird ...

EMMA: O Lisa, wie kannst du in diesem Ton mit mir reden nach all dem, was ich getan habe. Es ist schließlich nicht *seine* Hochzeit, für die ich die Hälfte meiner Zeit hergebe ...

Lisa hatte eine Heidenangst vor diesen Anrufen. Sie kannte ihre Mutter gut und konnte schon vorher sagen, wie das Telefongespräch laufen würde. Emma stellte stets weiter ihre Forderungen und würzte sie mit emotional ausbeuterischen Fußangeln und Auslösern. Lisa wurde dann immer wütender, bis sie schließlich explodierte oder auflegte. Später, vom schlechten Gewissen überwältigt, rief sie zurück und stimmte dann doch den Forderungen ihrer Mutter zu – wobei sie sich stets selbst haßte, weil sie so schwach war.

Aber gehen wir einmal davon aus, daß sich Lisa (nachdem sie dieses Buch gelesen hat) entschließt, etwas anderes zu versuchen. Sie weiß nicht so recht, was sie sonst machen soll, aber sie hat das »Widerstand/schlechtes Gewissen/Nachgeben«-Muster satt. Statt sich noch mehr Mühe zu geben, will sie lieber etwas anderes versuchen. Was kann sie versuchen? Welche Alternativen stehen ihr zur Verfügung?

Fünf Alternativen

Es gibt mindestens fünf allgemeine Formen der Reaktion, die Sie gegenüber einem Menschen zeigen, der Sie zu kontrollieren versucht. Zwei davon, *nachgeben und sich wehren*, wurden ziemlich ausführlich in Kapitel 4 behandelt. Die meisten Anpasser geben entweder nach oder wehren sich – oder sie benutzen, wie Lisa, eine Kombination dieser beiden Möglichkeiten. Sie machen das automatisch, oft ohne sich bewußt zu sein, daß ihnen andere Alternativen zur Verfügung stehen, und im allgemeinen sind die Konsequenzen nicht gerade angenehm.

Die anderen drei Möglichkeiten, die Sie zur Verfügung haben, sind *Abschalten, Ausgleichen* und das, was wir die *Aikido-Alternative* nennen, die Parallelen mit der gleichnamigen Sportart aufweist. Zwar konzentrieren wir den größten Teil unserer Aufmerksamkeit in diesem Kapitel auf Aikido, aber es gibt Situationen, in denen eine der vier anderen Möglichkeiten vielleicht am besten funktioniert. Es gibt Gelegenheiten, um mit Kontrollneurotikern gleichzuziehen, und solche, bei denen man möglichst vermeiden sollte, mit ihnen zu verhandeln. Es gibt Gelegenheiten, bei denen man ihren Forderungen nachgeben sollte (zumindest vorübergehend), und es gibt sogar Gelegenheiten, bei denen man sich ihnen stellen und die Sache ausfechten sollte.

Nachgeben und sich wehren

Wenn der Kontrollneurotiker seine Schritte unternimmt, können Emotionen und Spannungen hoch sein, und viele Leute sehen im Kämpfen oder Zusammenklappen das einzige, was sie tun können. Sie reagieren automatisch. Aber statt sie nicht nur Reaktionen aus dem Bauch sein zu lassen, können das Nachgeben und der Widerstand auch als bewußte, *strategische* Entscheidungen eingesetzt werden.

181

Freiwillig nachgeben

Zuzulassen kontrolliert zu werden, kann unter bestimmten Bedingungen die einzige praktische Möglichkeit sein, die Ihnen zur Verfügung steht. Bei anderen Gelegenheiten ist das Nachgeben nicht nur die »am wenigsten schlimme« Entscheidung – es ist der absolut beste Weg, dahin zu kommen, wo Sie hinwollen. Dennoch, es gibt Menschen, die nie nachgeben, wenn es in ihrer Hand liegt. Sie setzen Nachgeben mit Verlieren gleich, sie glauben, es läßt sie schwach aussehen, oder sie kämpfen einfach aus Prinzip bis zum Umfallen. Unter strategischen Gesichtspunkten ist das schlecht. Wenn die Situation Nachgeben verlangt, sitzen diese Leute fest. Wenn Sie sich in einer Situation befinden, in der das Nachgeben Ihre beste, einzige oder praktischste Wahl zu sein scheint, dann *treffen Sie diese Entscheidung.*

Versuchen Sie, sich nicht darüber zu ärgern, Wut mit sich herumzutragen oder sich Vorwürfe zu machen, weil Sie »verloren« haben. Sie haben *nicht* verloren; Sie haben sich die beste Möglichkeit ausgesucht, die Ihnen unter den Bedingungen zur Verfügung stand. Mehr zu dem Thema »Freiwillig nachgeben« finden Sie unter *Schreiben Sie es in Ihre Arbeitsplatzbeschreibung* in Kapitel 9.

Wann man in Betracht ziehen sollte, nachzugeben

● Wenn alles andere gefährlich wäre. Immer wenn die Konsequenzen aus dem *Nicht*nachgeben Ihnen, Ihrer Familie, Ihrer Karriere oder etwas anderem, das Ihnen wichtig ist, schweren Schaden zufügen könnte, müssen Sie kein schlechtes Gefühl haben, weil Sie freiwillig das Handtuch geworfen und das Kämpfen auf einen anderen Tag verschoben haben.

- Wenn Sie eine Beziehung mit Geben und Nehmen aufbauen wollen: Selbst im Umgang mit einem Kontrollneurotiker ist es vernünftig, einen Kompromiß zu schließen. Die andere Person wird am Ende vielleicht merken, daß Sie sie nicht einfach überall übertreffen wollen, und wird selbst ein bißchen flexibler.

- Wenn Nachgeben ein Teil Ihres Spielplans ist. Es ist sinnvoll, in einem relativ unbedeutenden Punkt auf eine Weise nachzugeben, die Ihre Verhandlungsmöglichkeit bei einer wichtigeren Angelegenheit in der Zukunft verbessert.

- Wenn Sie unrecht haben. Wer die Segel streicht, wenn er unrecht hat, gewinnt (im allgemeinen) Respekt und erhöht die Chancen, daß die anderen ihm glauben, wenn er recht hat.

- Wenn Sie sowieso verlieren. Suchen Sie einen Weg nachzugeben, bei dem Sie sowenig wie möglich verlieren und vielleicht sogar im Ablauf der Dinge noch etwas gewinnen können. Früh nachzugeben, mit Anstand nachzugeben oder den Rückzug einzuleiten kann von einigem strategischen Wert sein.

Es auskämpfen

So wie es hier gebraucht wird, bedeutet das Wort »kämpfen«, Gewalt mit Gewalt zu begegnen – wenn der Kontrollneurotiker schubst, schubsen Sie zurück. Wenn die andere Person ihren Standpunkt streitbar vertritt, dann reagieren Sie, indem Sie Ihren mit gleichem oder größerem Nachdruck vertreten. Wir müssen hier die Begriffe klären, weil die meisten Leute auch Sportler wie Aikidoka oder Judoka für »Kämpfer« halten. Es stimmt zwar, daß manche Kampfsportarten (beispielsweise Karate) das Schwergewicht darauf legen, Gewalt mit Gewalt zu begegnen, aber bei anderen ist das nicht der Fall. Künste wie Judo und Aikido arbeiten mit einem ganz anderen Prinzip, zu dem es gehört, die Kraft des gegnerischen Angriffs eher zu *nutzen*, statt sie zu besiegen. Der Kern dieser Sichtweise wird manchmal »Ausrichtung« genannt und später im Buch behandelt werden.

Nach meiner persönlichen Ansicht stehen im allgemeinen bessere Alternativen als das Kämpfen zur Verfügung. Aber nicht immer. Der Komiker reagiert auf Zwischenrufe aus dem Publikum, indem er sie direkt beantwortet. Ein Manager schlägt mit seinen Argumenten einen Partner, der rationale Taktiken einsetzt, um die Kontrolle zu übernehmen. Ein überarbeiteter Lehrer befiehlt dem Klassenstörenfried, sich hinzusetzen und zu arbeiten oder zwei Stunden nachzusitzen. In jedem dieser Fälle hätte es vielleicht eine sanftere, elegantere Alternative gegeben. Aber dafür wäre mehr Zeit und Mühe nötig gewesen, und vielleicht hätte sie auch nicht funktioniert. Aus praktischen Gründen war es in Ordnung zu kämpfen.

Achten Sie nur darauf, daß *Sie* den Kampf wählen – lassen Sie sich nicht vom Kampf wählen. Und passen Sie auf, daß Sie strategisch kämpfen – das heißt, kämpfen Sie auf eine Weise, die der Kontrollneurotiker später nicht gegen Sie einsetzen kann. Ein Kampf zur falschen Zeit, am falschen Ort oder mit den falschen Waffen kann katastrophal sein.

Wann man kämpfen in Betracht ziehen sollte

- Wenn Kämpfen die wirkungsvollste und leichteste Lösung ist. Es mögen sanftere, elegantere Alternativen zur Verfügung stehen, aber für sie wäre mehr Zeit und Mühe nötig gewesen, und vielleicht hätten auch sie nicht funktioniert.
- Wenn ein Kampf »nötig« zu sein scheint. Ein fairer Kampf kann die Luft reinigen und Vertrautheit fördern: Kämpfe können wirklich Leute näher zueinanderbringen. Manchmal bauen sich im Laufe der Zeit kleine Frustrationen auf, und beim Kämpfen werden sie freigesetzt. Sie schreien beide ein bißchen, stapfen herum, geben sich selbstgerecht – und dann vertragen Sie sich wieder.
- Wenn Kämpfen genau das ist, was Sie wollen, und wenn Sie bereit sind, die Konsequenzen zu tragen. Manchmal ist es einfach ein gutes Gefühl, sich zu wehren, dem anderen direkt gegenüberzustehen und die Sache ins Lot zu bringen.

Abschalten

Nirgends steht geschrieben, daß Sie sich, wenn ein Kontrolleur seine Schritte unternimmt, beteiligen müssen. Manchmal ist es am besten, aus der Situation herauszugehen – ohne auf die eine oder andere Weise etwas gegen den Kontrollvorgang zu unternehmen. Es ist nicht immer möglich, der Auseinandersetzung mit einem Kontrollneurotiker auszuweichen, aber wenn Sie die Wahl haben, dann tun Sie es. Manchmal zwingen die Umstände Sie natürlich auch zum Handeln. Bei anderen Gelegenheiten wollen Sie handeln, weil Sie glauben, daß das mögliche Ergebnis die begleitenden Risiken, Mühen und Unbequemlichkeiten wert ist. Aber wenn die Umstände es erlauben, ist das Abschalten auf die eine oder andere Weise die beste Wahl, die Sie treffen können.

Grundsätzlich gibt es drei Möglichkeiten, bei einem Kontrollneurotiker abzuschalten. Sie können *gehen*, körperlich oder psychologisch (oder den Kontrolleur zum Gehen zwingen). Sie können *ausweichen*, indem Sie einen Kontrollvorgang vorausahnen und ihm dann auf irgendeine Weise aus dem Weg gehen. Oder Sie können den Kontrollvorgang *ignorieren*, indem sie ihn erkennen und dann beschließen, nicht darauf zu reagieren.

Lisa konnte natürlich buchstäblich abschalten – indem sie den Telefonhörer auflegte. (Lisa legte tatsächlich oft auf, aber nicht, bevor sie sich Ärger eingehandelt hatte.) Oder sie konnte ihre Mutter (entschieden, aber freundlich und ohne Zorn) informieren, daß sie das Gespräch beenden würde, wenn das Thema der Ersatzunterhaltung nicht zurückgestellt würde. Sie könnte ähnlichen Anrufen am frühen Morgen ausweichen, indem sie sich einen Anrufbeantworter anschafft, mit dem sie eingehende Gespräche erst einmal prüfen konnte und der ihr die Möglichkeit gab, die Anrufe ihrer Mutter zu einem Zeitpunkt zu beantworten, zu dem sie am ehesten bereit war, sich mit

Emma auseinanderzusetzen. Sie könnte einfach ignorieren, was ihre Mutter sagte, aber ohne gleich aufzulegen. Oder sie könnte ihrer Mutter etwas vormachen, indem sie zusagte, die Ersatz-Band zu engagieren, und das dann einfach erst tun, wenn sie Lust dazu hatte. Eine ausführlichere Liste von Methoden zum Abschalten finden Sie im folgenden Kasten

Wie man bei einem Kontrollneurotiker abschaltet

- Verlassen Sie den Schauplatz. Gehen Sie weg, beenden Sie ein Telefongespräch, entschuldigen Sie sich, weil Sie in den Pausenraum gehen wollen, oder, in einem größeren Maßstab, suchen Sie sich einen neuen Arbeitsplatz oder beenden Sie eine schlechte Ehe.

- Verbringen Sie weniger Zeit mit Leuten, die Sie ärgern. Sie müssen Ihre kontrollsüchtige Mutter nicht jeden Tag anrufen, müssen mit Ihrer kontrollsüchtigen Freundin nicht immer essen gehen, wenn sie es will, oder weiter mit einem Kollegen zur Arbeit fahren, der Ihnen während der gesamten Fahrt sagt, wie Sie Ihre Arbeit machen müssen.

- Übersehen Sie Dinge, die vielleicht ärgerlich sind, Sie aber eigentlich nicht verletzen.

- Entschließen Sie sich, nicht hinter Leuten, die abschalten, herzulaufen – lassen Sie sie beleidigt sein oder schmollen, ohne sie immer wieder zu fragen, was nicht stimmt, oder Dinge zu tun, von denen Sie annehmen, daß sie sich durch sie besser fühlen.

- Ignorieren Sie Beleidigungen, sarkastische Kommentare oder andere Dinge, die darauf angelegt sind, Sie auf die Palme zu bringen.
- Danken Sie Spendern von nicht erbetenen Ratschlägen, aber ignorieren Sie deren Vorschläge, wenn sie Ihnen nicht eine Alternative anbieten, der Sie nachgehen möchten.
- Bitten Sie einen Kontrollneurotiker nicht um Erlaubnis, es sei denn, es ist absolut notwendig. Sie werden feststellen, daß es weniger Mühe macht, hinterher um Verzeihung zu bitten, als Kontrollneurotiker dazu zu bringen, Ihnen vorher zuzustimmen oder Ihre Pläne zu billigen.
- Hören Sie auf, andere Leute dazu zu bringen, Ihnen zuzustimmen, es sei denn, Sie brauchen diese Zustimmung unbedingt. Kontrollneurotiker auf Ihre Seite zu ziehen, ist nicht immer Voraussetzung dafür, daß eine Sache erledigt werden kann.

Einige dieser Vorschläge könnten Sie auf den falschen Weg bringen. Sie sind nicht alle ganz ernst gemeint, und sie sind nicht alle besonders nett. Bitte nehmen Sie zur Kenntnis: ignorieren, in die Irre führen oder den Telefonhörer auflegen, das alles sind bei Ihren Ehepartnern, Eltern oder Arbeitskollegen im allgemeinen nicht die besten Verfahrensweisen. Diese Taktiken sind bestimmt für Leute, die versuchen, Sie zu einem Handeln, Denken oder Fühlen zu zwingen oder so zu manipulieren, wie *sie es* von Ihnen erwarten. Sie versuchen, Kontrolle über Sie auszuüben, und als Alternative zum Nachgeben oder Widerstand haben Sie das unbestreitbare Recht, die Kommunikationsleitungen zu kappen, die ihnen das ermöglichen würden. Wie radikal Ihr Rückzug sein muß, hängt von den Umständen ab und davon, wie weit Sie persönlich gehen wollen.

Es kann bei manchen Formen des Abschaltens zu negativen Folgen kommen. Mehrere der hier aufgeführten Taktiken gehören mit Sicherheit in die Kategorie »letzte Rettung«. Aber sie funktionieren, und bis Sie eine bessere Alternative gefunden haben, könnten sie Ihre besten Möglichkeiten sein.

Ausgleichen

Ausgleichen bedeutet, ehrlich zu sein, dem Kontrolleur zu sagen, was Sie von ihm wollen und was nicht, was Sie von dem Ergebnis halten, das zu erreichen er versucht, wie Sie sein Verhalten finden, was Sie bereit sind zu tun und was nicht. Manchmal kann ein Ausgleicher verärgert oder frustriert klingen, aber im allgemeinen ist das Ausgleichen eine »rationale« Taktik. Das heißt, der Zweck des Ausgleichs liegt darin, dem Kontrolleur Information zukommen zu lassen, statt sein Verhalten einzuschätzen oder zu kritisieren, ihn zu bestrafen oder ihn auf irgendeine Weise zu ändern (siehe Kasten). Wenn Sie natürlich den »Ausgleich« mit dem Kontrolleur in ärgerlichem, abschätzigem Ton suchen, während Sie ihn mit unzweideutigen Worten wissen lassen, wohin er sich seine Anforderungen stecken kann, dann gleichen Sie nicht wirklich aus. Sie übermitteln vielleicht Information, aber Sie setzen sich auch zur Wehr.

Wie man mit einem Kontrollneurotiker zum Ausgleich kommt

- Bitten Sie Ihren Kontrolleur um fünf Minuten Zeit, und zeigen Sie ein oder zwei einfache Dinge auf, die Sie in Ihrer Beziehung verändern möchten. Bitten Sie ihn zu warten, bevor er antwortet.
- Lassen Sie den Kontrolleur deutlich wissen, was Sie absolut unannehmbar finden.
- Sagen Sie dem Kontrolleur, wie Sie die Art und Weise finden, in der er Sie behandelt hat.
- Sagen Sie Ihrem Kontrolleur deutlich, was Ihnen an seinem Verhalten, Ihrer Beziehung *gefällt* oder welche Veränderungen Sie sehen.
- Wenn Sie Ihrem Kontrolleur nicht persönlich gegenübertreten können, beschreiben Sie in einem kurzen Brief Ihre Gedanken und Gefühle.
- Bitten Sie Ihren Chef / Ehepartner / Freund um eine wöchentliche Sitzung von zehn Minuten, um die Luft zu reinigen. Jeder hat fünf Minuten, um seinen Unmut mitzuteilen. Antworten Sie sich nicht gegenseitig, hören Sie nur zu.
- Wenn Sie Ihrem Kontrolleur nicht gegenübertreten können, suchen Sie erst den Ausgleich mit sich selbst. Schreiben Sie auf, was Sie ärgert und was Sie gern dagegen tun würden. Bei der nächsten Begegnung mit Ihrem Kontrolleur denken Sie an diese Punkte.

Wenn Lisa beschließen würde, zu einem Ausgleich mit ihrer Mutter zu kommen, dann könnte sie in bezug auf Emmas Forderungen und Vorwürfe *ihre Position in*

einem Gespräch mit ihr zum Ausdruck bringen. Sie
könnte einige Grenzen setzen in bezug auf das, was sie,
Lisa, zu tun bereit wäre und unter welchen Bedingun-
gen. Ein Teil ihres Gesprächs könnte sich dann so
anhören.

LISA: (Auf Emmas letzten Kommentar, S. 179, ant-
wortend) Hör mal, Mama, ich will dich nicht
anschreien. Aber ich bin ein bißchen frustriert. Wo ich soviel zu tun habe, steht die
Verpflichtung einer zweiten Band nicht gerade an der Spitze meiner Prioritäten. Ich
muß an so viele Dinge denken ...

EMMA: Natürlich mußt du das, das mußt du immer.
Du bist dein ganzes Leben lang so gewesen,
hast immer nur an dich gedacht. Also, wenn
ich nicht wäre, mein Mädchen, dann würdest
du nicht einmal eine Hochzeitsfeier kriegen.

LISA: Mama, ich werde ein bißchen ärgerlich. Ich
weiß sehr zu schätzen, was du gemacht hast,
und ich finde, es ist unfair von dir, mir zu
unterstellen, daß ich das nicht tue. Ist egal,
ich muß in ein paar Minuten gehen – können
wir über etwas anderes reden?

EMMA: Ja, natürlich, mach nur weiter und wechsel
das Thema! Was meinst du, wie ich mich
fühle, wenn alle meine Freundinnen zum
Empfang kommen, und da ist keine Unterhaltung, weil es dir nicht wichtig genug war,
einen Anruf zu machen.

LISA: Ich will wirklich nicht über die Hochzeit diskutieren, Mama. Wenn du darauf bestehst,
sie zur Sprache zu bringen, verabschiede ich
mich jetzt.

Der Vorteil des Ausgleichs

Ausgleichen ist einfach, direkt und ehrlich. Wenn es funktioniert, ist es oft die wirksamste Verfahrensweise. Beide Seiten können ihre Probleme auf den Tisch legen und anfangen, sie zu lösen. Außerdem läßt sich das Ausgleichen leicht lernen. Grundsätzlich geht es darum, daß Sie kurze, einfache Sätze benutzen und sich häufig wiederholen, bis die Kontrolleure anfangen zu hören, was Sie sagen. Denken Sie auch daran, daß Sie sowohl positive Gefühle und Verhaltensweisen erwähnen, die Sie mögen, als auch negative Gefühle und Verhaltensweisen, die Ihnen nicht gefallen. Das Prinzip »kurz und einfach« paßt gut zum Ausgleichen. In vielen Kontrollsituationen ist dieses die erste Alternative, die Sie ausprobieren sollten.

Probleme mit dem Ausgleichen

Wirkungsvolles Ausgleichen ist schwierig, wenn Sie ärgerlich sind. In ihrer gegenwärtigen Gemütsverfassung hätte Lisa es buchstäblich unmöglich gefunden, das Gespräch wie in unserem Manuskript zu führen. Früher oder später würden die ständige Kritik und die Herabsetzungen an einen Nerv rühren; Lisa würde die Beherrschung verlieren, wütend werden und anfangen, entsprechend zu antworten.

Selbst wenn Sie in der Lage zum Ausgleich sind, bleibt die traurige Tatsache bestehen, daß Ehrlichkeit und direkte, unverblümte Kommunikation in der Wirklichkeit nicht immer besonders gut funktionieren. Zum einen ist es so, wenn Sie einem Kontrollneurotiker sagen, was Sie denken und fühlen, können Sie durch spätere Angriffe verwundbar sein – irgendwann nach einiger Zeit können Sie Ihre eigenen Worte zu hören bekommen. Wenn sie wollte, könnte Emma einen Teil der Information, die Lisa mit ihr »teilte«, dazu nutzen, ihre Tochter unsensibel, lieblos oder (vor allem, wenn die ursprünglich engagierte Band wirklich nicht erscheint) unglaublich naiv aussehen zu lassen.

Noch wichtiger, Ehrlichkeit ist nicht immer das Geschenk, als das es manchmal in der Ratgeber-Literatur ausgegeben wird. Manche Formen des Ausgleichens können grausam und verletzend sein. In den 60er und Anfang der 70er Jahre, als die auf Konfrontation ausgerichteten Encounter-Gruppen so beliebt waren, wurde unschuldigen Eltern, Ehepartnern und Liebhabern im Namen der »Ehrlichkeit« ungeheuer viel Schmerz zugefügt. Die Freundschaft, die totale Ehrlichkeit aushält, ist selten und eine solche Ehe sogar noch seltener. Notlügen, Höflichkeitsrituale, bewußt ausgewählte Auslassungen und ähnliche Taktiken sind absolut lebenswichtig für das Überleben der meisten Beziehungen – ob wir es zugeben wollen oder nicht.

Selbst wenn sie nicht eigentlich destruktiv ist, erlebt der Empfänger direkte Ehrlichkeit oft als ungeschickt, als ein bißchen ungezogen. Tatsache ist, daß Nordamerika eine der wenigen Regionen in der Welt ist, in der direkte, bestimmte Kommunikation hoch geschätzt wird. Die meisten Kulturen ziehen eine indirektere Form vor. Für eine traditionsbewußte Japanerin beispielsweise wäre es undenkbar, mit ihrer Mutter so umzugehen wie Lisa mit Emma in dem letzten Dialog, ganz gleich, wie die Umstände auch sein mögen. Vielleicht haben auch einige von Ihnen diesen Gesprächsausschnitt als ein bißchen abstoßend empfunden.

Ausgleichen *ist* eine nützliche Alternative; doch sie

funktioniert oft am besten, wenn sie in Kombination mit einer Form benutzt wird, bei der die andere Person sich sowohl geschätzt und verstanden als auch konfrontiert und informiert fühlt. Das bringt uns zu meiner Lieblingskombination von Taktiken, der »Aikido-Alternative«.

Die Aikido-Alternative

Stellen Sie sich vor, Sie sitzen hinter dem Lenkrad Ihres Wagens, als er auf eine eisige Fläche trifft und zu schleudern beginnt. Der Wagen dreht nach rechts, und ihre unmittelbare Reaktion ist, daß Sie das Lenkrad nach links ziehen wollen. Doch Sie bekommen das Auto tatsächlich schneller wieder unter Kontrolle, wenn Sie in die Schleuderbewegung hineinsteuern, indem Sie das Lenkrad in die Richtung einschlagen, in die der Wagen bereits rutscht. Klingt verrückt (zumindest für jene, die es nicht gewohnt sind, auf eisglatten Straßen zu fahren), aber es funktioniert. Es ist tatsächlich so, wenn Sie in die entgegengesetzte Richtung einschlagen, um dem Wagen aus dem Graben herauszuhalten, dann können Sie sich durchaus in einem sich drehenden Auto wiederfinden und am Ende genau in dem Graben, dem Sie ausweichen wollten.

Dasselbe Prinzip gilt für Ihre Konflikte und Konfrontationen mit Kontrollneurotikern. Wenn sich jemand allergrößte Mühe gibt, Sie zu kontrollieren, und Sie nicht kontrolliert werden wollen, dann ist es natürlich, sich zu wehren, indem Sie seine Attacke mit einer ähnlich starken Verteidigung beantworten. Aber wenn Sie das tun, erreichen Sie nur einen Machtkampf. Wenn der Kontrollneurotiker stärker als Sie ist oder im Angriff besser als Sie es in der Verteidigung oder im Gegenangriff sind, dann können Sie Probleme bekommen.

Natürlich steht, wie Sie inzwischen wissen, eine andere Möglichkeit zur Verfügung. Mit der Aikido-Alternative würden Sie mit dem Kontrollneurotiker auf dieselbe Weise umgehen wie mit Ihrem schleudernden Auto. Statt sofort zu versuchen, den Angriff zu beenden, bewegen Sie sich eine Zeitlang *mit* der Energie der anderen Person. Diese Technik nennt man *Ausrichtung*, und sie ist wesentlich für die Ausübung von Aikido. Man geht von der Vorstellung aus, daß Sie, wenn Sie erst einmal auf die Energie des Kontrolleurs ausgerichtet sind, vielleicht anfangen können, sie zu beeinflussen, sie möglicherweise umzulenken oder auf irgendeine Weise zu neutralisieren – so wie Sie in der Lage waren, Ihr Auto wieder unter Kontrolle zu bringen.

Aikido ist tatsächlich eine Art von angewandter Systemtheorie. Die Anhänger sehen das wesentliche Ziel darin, in sich selbst und zwischen sich selbst und ihrer Umgebung einen Zustand von Harmonie herzustellen und zu erhalten. Wenn sie angegriffen werden, versuchen sie nicht, den Angreifer zu schlagen; technisch wehren sie sich nicht einmal. Sie sehen den Angreifer eher als jemanden, der nicht *ausgeglichen* ist (Menschen, die andere Leute angreifen, sind *per definitionem* aus dem Gleichgewicht) und der daher Hilfe braucht. Sie geben einfach die benötigte Hilfe auf eine Weise, die den Angriff neutralisiert und allen Beteiligten, einschließlich des Angreifers, möglichst wenig Schaden zufügt.

(Wenn Sie ihn fragen würden, würde der Angreifer vielleicht nicht *zugeben*, daß ihm geholfen wurde. Im allgemeinen neigen Angreifer dazu, Kampfkünstler nicht als Helfer zu sehen. Aber aus der Sicht des Aikidoka hat er nicht einen Gegner geschlagen oder einen Kampf gewonnen, denn es gab keinen Kampf. Es gab nur eine Intervention, eine Umlenkung und eine Wiederherstellung der Harmonie.)

Die grundlegenden Prinzipien hinter der Ausübung von Aikido lassen sich auf alle Formen der zwischenmenschlichen Beziehungen anwenden, und für viele Bewegungen gibt es nichtkörperliche Analogien, *die eingesetzt werden können, um verbale Angriffe und andere Kontrolltaktiken zu neutralisieren.* Die Übungen zur Selbstkontrolle, die die Aikidoka einsetzen, um angesichts von Angriff und möglicher Verletzung ihre Harmonie und ihr Gleichgewicht zu erhalten, können zusätzlich von großem Nutzen sein für Menschen, die täglich Umgang mit Kontrollneurotikern haben und Gefahr laufen, dabei emotionale, psychologische oder gar körperliche Verletzungen zu erleiden.

Vier Grundfähigkeiten vom Aikido

- *Sich auf die Mitte ausrichten* ist die Fähigkeit, zu entspannen, zu atmen und körperlich und emotional im Gleichgewicht zu bleiben, ganz gleich, was sonst noch passiert.
- *Aufmerksam sein* bedeutet einfach, sorgfältig zu beobachten, was um Sie herum vorgeht – ganz gleich, was um Sie herum geschehen mag.
- *Ausrichtung* bedeutet, sich eher mit der Energie eines Gegners zu bewegen, statt sie zu bekämpfen oder ihr nachzugeben. Ungefähr analoge Kommunikationsfähigkeiten könnten Einfüh-

lungsvermögen und Aufbau enger Beziehungen sein. Eine gute Ausrichtung ist im allgemeinen notwendig, bevor Sie mit einer Umlenkung beginnen können.

● *Umlenkung* ist eine Erweiterung der Ausrichtung und bedeutet, die Angriffsenergie auf irgendeine Weise zu bewegen oder zu verändern, sie am Ende zu neutralisieren oder vielleicht sogar einen Weg zu finden, um sie positiv zu nutzen.

Aikido und Kontrollneurotiker

Im wesentlichen gehört zur Aikido-Alternative das Erkennen und Verstehen der Bedürfnisse oder Motive anderer Menschen und *ihnen zu helfen, zumindest einige dieser Bedürfnisse zu befriedigen,* so daß sie sich nicht gezwungen fühlen, Sie weiterhin zu kontrollieren oder Ihnen das Leben schwerzumachen. Janet beispielsweise kommt von der Arbeit nach Hause und ruft ihrem Mann John »Hallo!« zu. John dreht sich um und reißt ihr fast den Kopf ab. Er ist eindeutig nicht in bester Stimmung; er scheint auf die Welt im allgemeinen und auf Janet im besonderen wütend zu sein.

Wenn Janet beschließen würde, die Aikido-Alternative einzusetzen, würde sie sich fragen: »Gut, was braucht John jetzt von mir, das ihm helfen würde, eine etwas angenehmere Gesellschaft zu sein?« Janet mag eine Antwort auf diese Frage haben oder auch nicht. Wenn nicht, wird sie versuchen, es herauszufinden – sie versucht ein paar Dinge, sie fragt John möglicherweise direkt, vielleicht taucht sie eine Weile unter und beobachtet. Aber nur soweit, daß es nicht zusehr in ihre *eigenen* Bedürfnisse und Prioritäten eingreift, dann wird sie John dabei helfen, die Bedürfnisse abzubauen, die ihn zu einem solchen Ungeheuer machen.

Das mag zwar nach derselben alten, selbstaufopfernden, gefälligen Verfahrensweise klingen, die Sie in erster Linie in Schwierigkeiten gebracht hat und auf deren Einsatz vor allem Frauen programmiert sind, aber sie ist es nicht. Von Janet wird nicht erwartet, daß sie ihre wichtigsten Prioritäten verändert. Sie wird eher nach Kompromissen und siegreichen Lösungen suchen, die einige von Johns Bedürfnissen befriedigen und auch ein paar ihrer eigenen berücksichtigen.

Ganz allgemein bietet die Aikido-Alternative eine kooperative Methode an, mit dem Kontrollneurotiker zu arbeiten, die zumindest am Anfang nicht die Kooperation dieses Menschen erforderlich macht (eine wichtige Einschränkung bei vielen Ansätzen zur Konfliktlösung). Sie beginnen den Prozeß einfach damit, daß Sie jeder Nuance im Verhalten des anderen Menschen große Aufmerksamkeit schenken, wobei Sie aus den Signalen, die er vor und während seiner Kontrolle aussendet, so viele Daten wie möglich sammeln. Auch wenn Ihnen frühere Erfahrungen mit dem Kontrollneurotiker vielleicht eine vorsichtige Vorstellung davon vermitteln, wie er sich unter bestimmten Bedingungen verhalten wird, so ist bereits vorhandenes Wissen kein Ersatz für Aufmerksamkeit. Ihre Voraussage kann sich als richtig herausstellen, aber durch Beobachtung und Analyse des augenblicklichen Verhaltens des Kontrolleurs werden Sie auch darauf vorbereitet sein, mit dem umzugehen, was passiert, wenn Ihre Voraussage falsch war.

Wenn Sie bereit sind, Ihren ersten Schritt zu tun, dann wird das einer sein, bei dem Sie sich auf den

Kontrolleur ausrichten. Das tun Sie, indem Sie ausgewählten Elementen des Kommunikationsstils des anderen Menschen zustimmen, indem Sie etwa Rhythmus oder Tonfall seiner Sprache nachahmen oder den Klang seiner Stimme, indem Sie ähnliche Begriffe benutzen, seine Gefühle anerkennen, zusammenfassen, was Sie gehört haben, oder bestimmte Signale seiner Körpersprache aufgreifen. Wenn möglich, stimmen Sie wenigstens einigen Punkten, die der Kontrolleur anführt, zu.

Indem Sie sich eher nach den Mustern des anderen Menschen ausrichten, statt Ihre eigenen automatischen einzusetzen, senden Sie diese Botschaft aus: »Ich versuche zu verstehen. Ich versuche dieselbe Sprache wie du zu sprechen. Mich interessiert, was für *dich* wichtig ist.« Das schafft die Kulisse dafür, daß Sie beide eher miteinander statt gegeneinander arbeiten. Es ist außerdem ziemlich entwaffnend für Kontrollneurotiker, die nicht erwarten, daß Sie mit ihnen harmonieren und *mit* ihnen zusammengehen. Die Interaktion verläuft nicht auf die Weise, wie sie es geplant oder sich vor ihrem geistigen Auge vorgestellt hatten, und wenn ihnen das dämmert, dann werden sie eine Pause machen, um ihre Gedanken zu sammeln und ihre Strategie neu zu bewerten – wobei sie Ihnen eine Gelegenheit geben, einzuschreiten und die Interaktion wieder neu auszurichten.

Praktische Anwendung

Wenn Sie noch nicht ganz verstehen, wie die Aikido-Alternative funktioniert, dann ist das in Ordnung. Das hier war nur ein kurzer Überblick über einen komplizierten Prozeß, der Ihnen ausführlicher erklärt wird, wenn Sie die Fähigkeiten lernen, die Sie für die Anwendung brauchen. Es wird Ihnen alles klarer, während Sie weiterarbeiten. Die folgenden Beispiele, die aus den bereits erwähnten Geschichten abgeleitet sind, können Ihnen helfen, sich vorzustellen, wie die Aikido-Alternative in der Praxis funktioniert.

Lisa und Emma

Bei Einsatz der Aikido-Alternative könnte Lisa sich auf Emma ausrichten, indem sie Mitgefühl zeigt und vielleicht sagt: »Du hast tatsächlich ungeheuer viel für unsere Hochzeit getan, und Jeff und ich haben dir noch gar nicht gesagt, wie sehr wir das zu schätzen wissen.«

Zwar würde eine solche Reaktion Emma mit Sicherheit überraschen, aber sie würde vermutlich nicht dazu führen, daß sie schlagartig aufhört, sich so zu verhalten wie bisher. Wahrscheinlich würde sie sich noch eine Weile beklagen und noch ein paar von ihren Katastrophenvorstellungen von sich geben. Lisa würde ihrer Mutter weiterhin zustimmen.

»Mir ist nie klargeworden, wieviel schiefgehen könnte«, sagt sie vielleicht. Oder: »Ich wäre gar nicht in der Lage, mich selbst um all diese Einzelheiten zu kümmern.« Solche Antworten würden Emmas Bedürfnis, angehört zu werden, befriedigen, sie für ihre Mühen belohnen und ihr die Beruhigung verschaffen, daß ihre Tochter auf ihrer Seite ist.

Sind ihre Bedürfnisse befriedigt, könnte Emma anfangen, sich zu beruhigen, und Lisa, die das Ganze sorgfältig beobachtet, würde das erkennen. Sie würde anfangen, die Sache umzulenken. »Ich weiß wirklich, was du durchmachst, denn mir geht es heute ganz genauso«, könnte sie sagen. »Sobald ich jetzt aufgelegt habe, werde ich mindestens bis Mitternacht keine freie Minute mehr haben. So wie ich das sehe, werde ich dich brauchen, um das für mich zu erledigen, wenn heute wegen einer Ersatz-Band etwas unternommen werden muß. Aber wenn die Sache bis morgen oder übermorgen warten kann, will ich das gern erledigen.«

Nicht länger in Panik, könnte Emma einer dieser beiden Möglichkeiten zustimmen. Die Einzelheit würde erledigt werden – womit Emmas Bedürfnis befriedigt wird –, und Lisa würde nicht alles fallenlassen müssen, um sich darum zu kümmern. Beide hätten Vorteile – und für keine der beiden gäbe es Nachteile.

Alan und Kim

Erinnern Sie sich noch an Kims und Alans Auseinandersetzung über den Film, den sie an Kims Geburtstag sahen? Die ganze Konfrontation wäre vielleicht zu vermeiden gewesen, wenn Kim etwas von der Aikido-Alternative gewußt hätte. Sie wäre sehr aufmerksam gewesen, als Alan nach ihrer Meinung zu dem Film fragte, und sie hätte erkannt, daß sein »Hat er dir nicht gut gefallen?« eigentlich keine Frage war, sondern eine Aufforderung an sie, ihm zuzustimmen. Weil den Film zu mögen oder nicht zu mögen keine Frage auf Leben und Tod war, es ihr aber ziemlich wichtig *war*, von Alan nicht kritisiert oder unterdrückt zu werden, wäre ein Nachgeben vielleicht Kims beste Möglichkeit gewesen, und sie hätte sich entscheiden können, Alan zu erzählen, daß sie seiner Meinung war – selbst wenn das nicht stimmte.

Nachdem sie ihr Stichwort einmal verpaßt hatte, hätte Kim die Situation mit der Aikido-Alternative immer noch retten können. Indem sie dieselbe Intensität und denselben Tonfall einsetzte wie Alan, als er »Ich kann gar nicht *glauben*, daß er dir nicht gefallen hat!« sagte, hätte sie auf seine kurze Strafpredigt mit den Worten reagieren können: »Du hast *wirklich* deine Schularbeiten gemacht. Ich kann gar nicht *glauben*, wieviel du über diesen Film weißt! Erzähl mir, was du *noch* über ihn gehört hast!« Da Alan ihr das sowieso erzählen würde, hätte Kim sich mit ziemlicher Sicherheit in die Richtung bewegt, in die er ging – aber sie hätte sich nicht von ihm eingeschüchtert gefühlt. Wie Lisa könnte sie sich weiter auf Alan ausrichten, bis sein Bedürfnis, seine Intelligenz, Kultiviertheit und Überlegenheit unter Beweis zu stellen, befriedigt wäre und er wieder lockerer werden würde. Oder sie hätte ihn gleichzeitig umlenken können, indem sie ihm Fragen stellte, die die Aufmerksamkeit von ihr ablenkten (»Und wie war die Kritik in der *Times*?« oder »Hattest du dasselbe Gefühl bei den anderen Filmen, bei denen der Soundso Regie geführt hat?«). So oder so, sobald Kim merkte, daß Alan seinen Standpunkt weniger nachdrücklich vertrat, könnte sie ein letztes Kompliment in die Debatte werfen: »Wie immer versetzt du mich in Erstaunen. Es verschlägt mir absolut die Sprache, wieviel du über Filme weißt.« Und dann könnte sie das Thema wechseln.

Dann hätte Alan die Gelegenheit gehabt, sein Ego zu stärken, indem er sich über ein Thema ausließ, das er für sein Fachgebiet hielt – das war das Ergebnis, das er anstrebte –, und Kim hätte verhindert, daß Alan sie unter Druck setzte oder sie in eine Ecke drängte – das war das Ergebnis, das sie anstrebte. Zwar hätte sich Kim immer noch anhören müssen, wie Alan ausführlich über den Film redete, aber sie müßte nie die Kontrolle über ihr eigenes Fühlen, Denken und Handeln aufgeben und würde sich hinterher nicht halb so verängstigt oder beunruhigt fühlen. Der Nutzen würde eindeutig die Kosten übersteigen.

Beverly und Ellen

Wenn Beverly die Aikido-Alternative angewandt hätte, als Ellen ihre Doppelbotschaft aus netter Geste und boshaftem Kommentar übermittelte, wäre das Geschehen zwischen ihnen vielleicht so verlaufen:

Beverly erkennt die positive Seite der Botschaft an: »Was für ein schönes Geschenk. Danke, daß du mich wissen läßt, wieviel dir unsere Freundschaft bedeutet.«

Sie richtet sich dann auf die negative Seite aus, indem sie fragt: »Wie kann ich dir zeigen, daß unsere Freundschaft auch für mich wichtig ist?«

Wie Alan ist Ellen mehr als glücklich, Beverly die Information zu liefern, die sie erbeten hat. Beverly hört zu und stimmt Ellen weiterhin zu, wobei sie manchmal das, was sie hört, exakt umschreibt und manchmal Ellens Gedanken vorsichtig in eine andere Richtung lenkt.

Ellen sagt beispielsweise: »Wenn wir irgendwo zusammen hingehen, solltest du *wirklich* bei mir bleiben, anstatt herumzusausen und dich mit Leuten zu vergnügen, die ich nicht so gut kenne wie du.« Beverly antwortet: »Du *wünschst* dir, daß ich nicht soviel Zeit im Gespräch mit anderen Leuten verbringen würde, wenn wir zusammen unterwegs sind.« Ellen hat das Gefühl, daß sie Beverly etwas klargemacht hat. Beverly weiß, daß sie nicht kapituliert. Beide Frauen gewinnen.

Wenn Ellen ihre Anweisungen erteilt, faßt Beverly zusammen und eröffnet die Verhandlungen, indem sie Ellen wissen läßt, daß sie bei einigen Punkten auf Ellens Liste ein gutes Gefühl hat, aber nicht, daß andere zu schwer durchzuführen seien, vor allem unter bestimmten Umständen.

Leider klebt Ellen an der Kontrolle und fährt fort, Beverly genau zu sagen, wie sie das tun muß, was sie will. Beverly richtet sich wieder aus. »Du würdest das so machen«, sagt sie. »Ich habe immer deine Fähigkeit bewundert, ein Dutzend Dinge zur selben Zeit zu erledigen.« Ellen antwortet: »Du könntest das auch, wenn du nur wolltest . . .« Und so geht das weiter, bis Beverly sagt: »Ich muß das irgendwann demnächst einmal versuchen, aber jetzt im Augenblick schaffe ich nur diese drei Dinge. Könnten wir mal sehen, wie das läuft, und uns um die anderen Sachen später Gedanken machen?«

Ellen stimmt widerwillig zu und schmollt eine Stunde oder so. Am nächsten Morgen hat sie eine ganze Liste mit neuen Anweisungen für Beverly, und die Diskussion geht von vorn los.

Es gibt keine Garantien. Weil Ellen nie nachgab, bevor sie nicht alles bekommen hatte, was sie wollte, gab es wirklich keine wirksame Methode, um den Konflikt zu lösen. Doch statt automatisch zu kapitulieren, behielt Beverly die Kontrolle über ihre eigenen Reaktionen, wobei sie weder versuchte, Ellen schon im voraus einen Gefallen zu tun, noch hinterher mit sich selbst schimpfte. Und sie war immer noch besser dran als vorher.

Abschließende Gedanken

In den drei folgenden Kapiteln werden Sie praktische Methoden erkunden, wie sie die Aikido-Alternative lernen und anwenden. Denken Sie daran, das ist nicht die einzige Möglichkeit – und manchmal ist sie nicht einmal die beste –, um mit kontrollierenden Leuten umzugehen. Aber wenn Sie sie ausprobieren, denke ich, daß Sie in ihr eine nützliche Alternative erkennen. Wenn die Vorschläge nicht funktionieren, können Sie etwas anderes ausprobieren oder zu Ihren alten Methoden zurückkehren.

Aber geben Sie nicht zu schnell auf. Kontrolleure agieren aus Gewohnheit; ihr Verhalten ist Teil eines lange bestehenden Musters, und ein- oder zweimal eine neue Reaktion einzusetzen, beendet es nicht. Die kontrollierenden Menschen in Ihrem Leben werden nicht zu Schmusekätzchen, nur weil Sie auf sie anders reagieren als in der Vergangenheit. Sie lassen sich nicht so einfach einen Dämpfer verpassen, und es ist höchst wahrscheinlich, daß sie auf eine andere Frequenz umschalten und eine Taktik gegen eine andere austauschen.

Der autoritäre Tyrann kann anfangen, sich wie ein schmollendes Kind zu verhalten, und der zarte Manipulator kann sich in einen wutschnaubenden Angreifer verwandeln. Manche Kontrolleure werden selbst in winzigen Schritten zur Zusammenarbeit Versuche sehen, sie zu beherrschen, und werden ihr gesamtes

Waffenarsenal abfeuern. Seien Sie auf Widerstand vorbereitet.

Fassen Sie sich auch ein Herz. Wenn Sie nur oft genug dafür sorgen, daß ihr Kontrollverhalten unwirksam ist, werden die meisten Kontrollneurotiker am Ende zurückweichen. Und selbst wenn sie es nicht tun, sind Sie immer noch in der Lage, auf eine Weise zu reagieren, die für Sie nützlich ist. Sie werden zumindest einige Ihrer Bedürfnisse befriedigen, und Sie werden nicht länger die Kontrolle über Ihr Denken, Fühlen oder Handeln verlieren.

Kapitel 6

Sich konzentrieren

Wege zur persönlichen Macht

»Mit kleinen wehenden Fahnen und winzigem Schmettern aus winzigen Trompeten sind wir dem Feind entgegengetreten – und wir haben es geschafft.«

Walt Kelly, *Pogo*

Dieses Kapitel wird Ihnen helfen, »dem Feind, der Sie selbst sind« entgegenzutreten und ihn zu besiegen. Kontrollneurotiker würden es längst nicht so einfach haben, uns verrückt zu machen, wenn wir ihnen nicht dabei helfen würden. Nicht, daß wir uns unbedingt *vornehmen*, ihnen zu helfen, das nicht. Aber die Ansammlung von Ängsten, Zweifeln, aufgestautem Ärger, unsinnigen Verhaltensweisen, Konflikten, Problemen mit der Selbstachtung und unbefriedigten Bedürfnissen, die wir jeden Tag mit uns herumschleppen *und gegen die wir nichts unternehmen*, macht uns zum leichten Ziel. Manchmal braucht der Kontrolleur nicht einmal sehr sorgfältig zu zielen.

Kehren wir zu unserer Freundin Lisa zurück. Im letzten Kapitel haben Sie gesehen, wie sie sich während eines Telefongesprächs mit Emma verhielt. Hier ein Blick auf die inneren Reaktionen, die ihr Verhalten begleiteten.

Als Lisa die Stimme ihrer Mutter hörte, fingen ihre Schultermuskeln an, sich zu verspannen. Emmas Tonfall und ihre Art signalisierten deutlich, daß sie gleich Forderungen stellen würde. Lisa biß die Zähne zusammen, ihre Atmung wurde schneller und flacher, Adrenalin wurde in den Körper gepumpt. Alles, was sie denken konnte, war dieses: »Ich hasse das, sie hat nicht das Recht, mich so zu behandeln.« Aber gleichzeitig flüsterte eine andere kleine Stimme: »Aber sie ist deine Mutter . . .«

Lisa glaubte, daß die beste Methode im Umgang mit Emma darin bestand, eine ruhige, vernünftige Erwachsene zu bleiben. Aber das war leichter gesagt als getan. Die Stimme und die Art der Mutter machten, daß Lisa sich klein und unzulänglich fühlte, wie ein schwaches, hilfloses Kind. Sie verabscheute es, sich so zu fühlen.

Lisa fühlte sich durch den Klang von Emmas Stimme in die Falle gelockt. Sie nahm jede Nuance, jeden Tonfall, jede Veränderung des Tons mit aller Schärfe wahr – doch gleichzeitig konnte sie kaum die Worte verstehen, die Emma sprach. Sie schien sich nicht mehr konzentrieren zu können, und ihr fiel nicht mehr ein, was sie sagen wollte. Sie fühlte sich ein bißchen benommen und fand es schwierig, sich zu konzentrieren. Hilflose Wut überkam sie, und die ließ ihren gerade gefaßten Entschluß, beim nächsten Anruf von Emma die Kontrolle zu behalten, schnell ins Wanken geraten.

Schließlich brach der Damm: Lisa ließ eine wilde Schimpfkanonade los und knallte den Hörer auf. Aber kaum lag der Hörer auf der Gabel, wuchsen die Schuldgefühle, die Selbstvorwürfe und die Zweifel (»Vielleicht schaffe ich es wirklich nicht allein; ich hätte sie nicht so behandeln sollen.«). Die nächste halbe Stunde war schrecklich für sie, dann nahm sie den Hörer auf und fing an zu wählen.

Kampf oder Flucht

Lisa erlebte eine komplizierte Variante dessen, was die Physiologen seit langem die »Kampf-oder-Flucht«-Reaktion nennen. Kampf oder Flucht ist eine automatische Überlebensreaktion – wenn der Körper Gefahr spürt, bereitet er sich selbständig in verschiedener Weise auf intensive Aktivität und das Bedürfnis nach zusätzlicher Energie vor. Adrenalin wird ins Blut gepumpt, Blut (und damit Sauerstoff und Nährstoffe) wird von den Drüsen weg in die Muskeln dirigiert, die Atmung wird schneller, die Drüsensekretion nimmt ab (was zu einem trockenen Mund und anderen häufig vorkommenden Anzeichen von Angst führt), und der Mensch spürt ein Ansteigen der nervösen Spannung.

Es ist leicht einzusehen, warum unsere primitiven Vorfahren eine Kampf-oder-Flucht-Reaktion brauchten. Die Welt war damals ein gefährlicher Ort, und wenn Gefahr drohte, hatte Ooga, die Höhlenfrau, nicht die Zeit (oder Gehirnzellen), um sich hinzusetzen und darüber nachzudenken, was zu tun war. Wenn ein Höhlenbär oder ein Flugsaurier auftauchte, mußte Ooga sich *sofort* bewegen!

Naja, die Welt ist immer noch ein gefährlicher Ort, aber heutzutage sehen viele Gefahren anders aus und erfordern andere Reaktionen. Wenn ein schlechter Geldmarkt die neue Firma bedroht oder wenn das Telefon klingelt und Emma dran ist, dann sind entspanntes Verhalten und kühles, strategisches Denken erforderlich.

Was jedoch bedauerlicherweise einsetzt, ist Kampf oder Flucht, begleitet von (jetzt, da wir über die Gehirnzellen verfügen) Katastrophenvorstellungen, negativen Selbstgesprächen, irrationalen Überzeugungen, geringer Selbsteinschätzung und anderen Teilen von vorprogrammiertem psychologischem Treibgut, das nur dazu dient, alles noch schlimmer zu machen. Die nervöse Energie, die uns beim Kampf gegen den Flugsaurier geholfen hätte, hat jetzt kein Ziel mehr und bekommt einen Kurzschluß. Das Problem liegt darin, daß unser Körper immer noch an Flugsaurier glaubt, aber die Flugsaurier sind alle verschwunden. Nur Emma ist noch da, und der Umgang mit Emma erfordert neue Reaktionen.

Innere Harmonie

Es ist nicht nur so, daß unsere antiquierten Mechanismen und Strategien zum Überleben mit den Herausforderungen des modernen Lebens nicht fertig werden. Sie halten uns auch davon ab, effektivere Methoden zu lernen und zu nutzen. Der Aikido-Meister kann anmutig und fast unbeteiligt aussehen, wenn er sich bei einem Angriff ausrichtet und ihn dann umlenkt. Aber es war nicht einfach für ihn, dahin zu kommen. Ernsthafte Aikido-Schüler verbringen mehrere Stunden in der Woche mit der Meditation und den Visualisierungsübungen, die es ihnen möglich machen, einen Zustand innerer Harmonie zu erhalten, ganz gleich, was um sie herum vorgehen mag.

Das gilt auch für Lisa. Ganz gleich, wie viele Kommunikationskurse sie besucht, ganz gleich, wie viele Ratgeberbücher sie liest, Lisas Fähigkeit, mit ihrer Mutter umzugehen, wird sich nicht ändern, bis sie einen Weg findet, um ihre automatische Programmierung zu modifizieren.

Aber wenn sie lernt, bei einem von Emmas Anrufen *auf die Mitte konzentriert* (entspannt, aufmerksam und emotional ausgeglichen) zu bleiben, wird sich das Spiel dramatisch verändern. Lisa wird nicht nur weniger leiden, sie wird auch die Fähigkeit zurückgewinnen, Emma gegenüber die zwischenmenschlichen Fähigkeiten und das Selbstvertrauen einzusetzen, die dazu beigetragen haben, daß sie eine erfolgreiche und angesehene Geschäftsfrau wurde. Während sie vielleicht immer noch nicht in der Lage ist, Emmas Bedürfnisse so zufriedenzustellen, daß es auch für sie gut ist, ist sie aber zumindest in der Lage, ihren besten Schuß abzufeuern.

Begreifen Sie
Ihre automatischen Reaktionen

Der erste Schritt beim Lernen, wie man mit automatischen Reaktionen umgeht, besteht darin, daß man genau herausfindet, wie sie überhaupt aussehen. Zuerst werden wir einen eher systematischen Blick auf die Art und Weise werfen, in der Lisa auf die Anrufe ihrer Mutter reagierte. Dann bekommen Sie Gelegenheit, einige Ihrer eigenen Reaktionen auf die Kontrollneurotiker in Ihrem Leben zu erforschen.

Reaktionskategorien

Automatische Reaktionen können mit unzähligen Methoden aufgebrochen werden. Wir werden fünf Kategorien benutzen: *Verhaltensweisen, Gefühle, Empfindungen, bildliche Vorstellung und Gedanken*, die weitgehend den fünf persönlichen »Modalitäten« entsprechen, die Dr. Arnold A. Lazarus von der Rutgers University benutzt. Dr. Lazarus entwickelte eine sehr wirkungsvolle und flexible Methode in der klinischen Behandlung, die er »multimodale Therapie« nennt. Seine Gedanken und Lehren haben einen großen Einfluß auf mich gehabt, und viele davon finden in diesem Buch ihren Niederschlag.

Verhaltensweisen

Zu den problematischen Verhaltensweisen, die durch Kontrollneurotiker ausgelöst werden, gehören Erröten, Stottern, stockender Atem, Weinen, Unfähigkeit den Blickkontakt zu halten, Abwehr, automatisches Entschuldigen, körperliche Spannung usw.

Wenn Lisa die Stimme ihrer Mutter hörte, spannten sich die Muskeln im Brustkorb und in den Schultern an. Ihr Atem stockte, wurde dann schnell und flach. Sie biß die Zähne zusammen. Später während des Gesprächs schrie sie ihre Mutter an und legte auf.

Gefühle

Lisa war während des Telefongesprächs wütend und ängstlich. Später hatte sie ein schlechtes Gewissen und schämte sich, weil sie Emma angeschrien und selbst *wieder einmal* die Kontrolle verloren hatte. Sie berichtete auch, daß sie sich »klein und schwach wie ein hilfloses Kind« fühlte.

Empfindungen

Lisa berichtete, daß sie überempfindlich gegenüber Emmas Tonfall war, aber unfähig, alle Worte Emmas wahrzunehmen. Sie fühlte, daß sie rot wurde und irgendwie »unterbrochen« war. Im allgemeinen, so be-

richtete Lisa, fühlte sie sich einfach ein bißchen »un-
wirklich« bei diesen Gesprächen – als ob ihr Körper
die Bewegungen machte und sie nur danebenstand.

Bildliche Vorstellung
Lisa berichtete nicht viel über bildliche Vorstellungen,
doch bei vielen Studenten ist das anders. Ein Mann,
der sich vor Zurückweisung durch Autoritätspersonen fürchtete, rief spontan den Chef einer kleinen
Firma an, um einen neuen Service vorzustellen. Er
beschrieb das so: »Ich hörte die Stimme und ertappte
mich plötzlich dabei, wie ich einen strengen, grauhaa-
rigen Geschäftsmann vor mir sehe, der mich verächt-
lich anblickt und sich dann abwendet . . . Mein Magen
krampfte sich noch mehr zusammen, und ich fühlte
mich wie ein unfähiges Kind.«

Gedanken
Diese Kategorie enthält Selbstgespräche, Wertvorstel-
lungen, »Man sollte eigentlich« usw. Allgemeine Probleme mit der Selbsteinschätzung gehören hier genauso hin wie Fragen im Zusammenhang mit inneren
Konflikten. Lisas Selbstgespräche enthielten Sätze
wie »Ich hasse das!« und »Aber sie ist doch meine
Mutter!«. Zusätzlich glaubte Lisa, daß sie eigentlich in
der Lage sein sollte, ruhig mit Emmas Anforderungen
umzugehen, und sie kritisierte sich selbst, weil sie das
nicht konnte.

Bewerten Sie Ihre Reaktionen

Jetzt sind Sie an der Reihe. Es gibt zwei Methoden, mit
deren Hilfe Sie sich klarwerden können, wie Sie

unter Druck reagieren. Bei der einen brauchen Sie nicht mehr als Bleistift und Papier. Achten Sie bei Ihrem nächsten schwierigen Zusammentreffen genau auf Ihre Reaktionen. Beschreiben Sie sie hinterher in den Begriffen von Lazarus' fünf Modalitäten (so wie Lisas Reaktionen beschrieben wurden). Wenn Sie jemanden haben, der sich gern beteiligen möchte, bitten Sie ihn, Sie zu interviewen. Dieser Mensch kann Ihnen vielleicht helfen, sich an Teile der Erfahrung zu erinnern, an die Sie sich allein vielleicht nicht erinnern würden.

Manchmal ist es nützlich, ein stärker gegliedertes Hilfsmittel zur Verfügung zu haben. Der Konfrontationsfragebogen ist so ein Mittel.

Konfrontationsfragebogen

Denken Sie an eine Gelegenheit in der jüngeren Vergangenheit, bei der Sie es mit einer kontrollierenden Peson zu tun hatten und bei der Sie es nicht so gut gemacht haben, wie Sie es sich gewünscht hätten.

Schließen Sie für einen Moment die Augen und erinnern Sie sich so gut wie möglich an die Situation. Stellen Sie sich das Gesicht der Person vor, erinnern Sie sich an den Klang ihrer Stimme. Rufen Sie sich ins Gedächtnis zurück, was die Person gesagt, wie sie sich verhalten hat. Erinnern Sie sich daran, wie Sie sich gefühlt haben, als Sie sich mit dem Versuch dieser Person, Sie zu kontrollieren, befaßten. Wie haben Sie reagiert?

Der folgende Fragebogen wird Ihnen dabei helfen, das zu bewerten, was vielleicht schiefgelaufen ist und was Sie tun können, damit die Dinge beim nächsten Mal besser laufen. Beantworten Sie jeden Punkt mit Blick auf die Interaktion, an die Sie gerade gedacht haben. Bitte, bewerten Sie jeden Punkt – wenn Sie bei einer bestimmten Frage nicht mehr wissen, wie Sie sich gefühlt oder wie Sie gehandelt haben, schätzen Sie so gut wie möglich.

Teil A: **Vor der Interaktion***	**Stimmt nicht**		**Stimmt in etwa**		**Stimmt genau**
1. Ich machte mir Sorgen darüber, wie ich auftreten würde.	1	2	3	4	5
2. Ich machte mir Sorgen darüber, was der Kontrolleur wohl zu mir sagen würde.	1	2	3	4	5
3. Ich fühlte mich angespannt und beunruhigt.	1	2	3	4	5
4. Ich stellte mir vor, der Kontrolleur schüchtert mich ein, greift mich an oder lehnt mich ab.	1	2	3	4	5
5. Ich versuchte, nicht daran zu denken.	1	2	3	4	5

* Wenn Sie vorher nicht wußten, daß diese Begegnung auf Sie zukam, schätzen Sie auf der Grundlage vergangener Erfahrungen so gut wie möglich ab, was Sie gedacht und gefühlt hätten, wenn Sie es gewußt hätten.

Teil A:	**Stimmt**	**Stimmt**	**Stimmt**
Vor der	**nicht**	**in etwa**	**genau**
Interaktion			

6. Ich war ziemlich si- 1 2 3 4 5
   cher, daß ich nicht
   sehr gut abschneiden
   würde.

7. Ich fühlte mich ver- 1 2 3 4 5
   wirrt, leicht benom-
   men oder konnte
   mich nicht konzen-
   trieren.

8. Ich stellte mir vor, zu 1 2 3 4 5
   versagen oder mich
   lächerlich zu ma-
   chen.

9. Ich bemerkte, daß 1 2 3 4 5
   meine Atmung fla-
   cher und schneller
   als normal war.

10. Ich war wütend auf 1 2 3 4 5
    den Kontrolleur.

Teil B:	**Stimmt**	**Stimmt**	**Stimmt**
Während der	**nicht**	**in etwa**	**genau**
Interaktion			

11. Ich hatte ein Brett 1 2 3 4 5
    vorm Kopf.

12. Ich reagierte ohne 1 2 3 4 5
    nachzudenken.

13. Ich war wütend. 1 2 3 4 5

14. Ich erinnerte mich an 1 2 3 4 5
    das letzte Mal, als ich

Teil B: Während der Interaktion	Stimmt nicht		Stimmt in etwa		Stimmt genau

mit dieser (oder einer ähnlichen) Person zu tun hatte.

15. Ich dachte, er/sie hat wahrscheinlich recht und ich unrecht.	1	2	3	4	5
16. Ich hatte Angst.	1	2	3	4	5
17. Ich war unsicher.	1	2	3	4	5
18. Ich wußte nicht, was ich sagen sollte.	1	2	3	4	5
19. Ich stellte mir vor, daß andere Leute zusahen, wie ich versagte oder mich lächerlich machte.	1	2	3	4	5
20. Ich erwischte mich dabei, wie ich Dinge sagte, von denen ich wußte, daß sie mir hinterher leidtun würden.	1	2	3	4	5
21. Einige Körperteile (Schultern, Bauch, Nacken usw.) verspannten sich.	1	2	3	4	5
22. Ich hatte Angst, meine Stimme würde zittern oder versagen.	1	2	3	4	5
23. Ich sah mich im Verhältnis zum Kontrol-	1	2	3	4	5

Teil B: Während der Interaktion	Stimmt nicht		Stimmt in etwa		Stimmt genau
24. Ich verlor die Beherrschung oder hatte Angst, das zu tun.	1	2	3	4	5
25. Ich weinte oder hatte Angst, es zu tun.	1	2	3	4	5
26. Ich stellte mir vor, daß ich etwas Dummes oder Unpassendes tat.	1	2	3	4	5
27. Ich war nicht bestimmt oder sicher genug.	1	2	3	4	5
28. Ich habe nicht so gewirkt, als ob ich schnell genug denke.	1	2	3	4	5
29. Manchmal hielt ich die Luft an.	1	2	3	4	5
30. Ich spürte, daß ich rot wurde oder ein Kribbeln fühlte (oder ein ähnliches Gefühl).	1	2	3	4	5

Teil C: Nach der Interaktion	Stimmt nicht		Stimmt in etwa		Stimmt genau
31. Ich schämte mich für mein Auftreten.	1	2	3	4	5
32. Ich konnte das Gesicht des Kontrolleurs nicht vergessen.	1	2	3	4	5

| Teil C: | Stimmt | | Stimmt | | Stimmt |
| Nach der | nicht | | in etwa | | genau |
Interaktion					
33. Ich fühlte mich losge-	1	2	3	4	5
löst von dem Erleb-					
nis, als ob es gar nicht					
passiert wäre.					
34. Ich war noch minde-	1	2	3	4	5
stens fünfzehn Minu-					
ten lang aufgeregt.					
35. Ich habe mir diese In-	1	2	3	4	5
teraktion immer wie-					
der durch den Kopf					
gehen lassen.					
36. Ich konnte mich nicht	1	2	3	4	5
entspannen.					
37. Ich wollte Kontakt zu	1	2	3	4	5
dem Kontrolleur auf-					
nehmen und mich					
entschuldigen.					
38. Mir fielen Dinge ein,	1	2	3	4	5
von denen ich mir					
wünschte, ich hätte					
sie während der In-					
teraktion gesagt.					
39. Mir war nicht mehr	1	2	3	4	5
viel von dem Ge-					
spräch im Gedächt-					
nis.					
40. Ich war mir sicher,	1	2	3	4	5
daß ich schlechte Ar-					
beit geleistet hatte.					

Dieser Fragebogen kann auf verschiedene Weise bewertet werden. Die Gesamtsumme zeigt an, wie *blockiert* Sie sich in bezug auf dieses Zusammentreffen *allgemein* fühlten. Die Situationsergebnisse (Gesamtsumme bei vorher, während und nach) weisen Sie darauf hin, *wann Ihre größten Probleme auftreten. Wie schon bei den anderen Fragebögen kann eine Durchschnitts*bewertung von über »3« anzeigen, daß Sie noch einige Arbeit zu leisten haben. Und die Werte bei bestimmten Punkten spiegeln spezifische Reaktionen oder Barrieren wider, die Sie dann vielleicht verändern müßten. Am besten nutzen Sie den Fragebogen, wenn Sie sich auf die einzelnen Punkte konzentrieren. Seien Sie besonders aufmerksam bei denen, wo Sie mit »4« oder »5« gewertet haben. Wie sie genutzt werden können, erfahren Sie im nächsten Abschnitt.

Umprogrammierung von automatischen Reaktionen

Es stehen zahlreiche Übungen zur Verfügung, mit deren Hilfe Sie die automatischen Reaktionen abbauen können, die sich auf Ihrem Fragebogen als schwerwiegende Probleme herausstellten. Dieses Buch kann sie nicht alle darstellen. Statt dessen folgt eine ausführliche Beschreibung, wie Lisa vorging, um Reaktionen auf die fordernden Anrufe ihrer Mutter zu erkennen und anzupacken. Ebenso wird jede ihrer speziellen Übungen kurz beschrieben. Die Geschichte von Lisa wird Ihnen zeigen, wie ein *modulares* Vorgehen bei der Umprogrammierung (siehe Kasten) systematisch angewendet werden kann. Zusätzlich bekommen Sie ein paar Vorstellungen, wie Sie sich ein ähnliches Programm aufbauen können, mit dessen Hilfe Sie mit Ihren eigenen automatischen Reaktionen fertig werden.

Modulare Umprogrammierung

Zerlegen Sie das, was Sie lernen müssen, in kleine, überschaubare Schritte (oder »Module«). Üben Sie ausführlich jeden einzelnen Schritt. Dann verbinden Sie sie zu der Veränderungsstrategie. Die umfassendere Strategie wird dann als Ganzes geübt. (Ein Beispiel für ein Arbeitsblatt zur Umprogrammierung finden Sie auf Seite 224.)

Die folgende Analogie hilft Ihnen vielleicht zu verstehen, wie die *modulare Umprogrammierung* funktioniert. Stellen Sie sich vor, Ihre automatischen Reaktionen seien ein riesiges, verheddertes Netz, das Sie davon abhält, Ihr Ziel zu erreichen. Manche Menschen rennen in das Netz und versuchen sich durchzukämpfen. Andere halten Abstand vom Netz und suchen sich andere Ziele, die leichter zu erreichen sind. Wieder andere sitzen herum und regen sich darüber auf, wie unfair es ist, daß ein Netz im Weg ist.

Die Umprogrammiererin geht einfach zum Netz und studiert es eine Zeitlang. Dann nimmt sie ihre Nagelschere und *schneidet einen einzigen Faden durch.* Natürlich passiert nicht viel. Sie schneidet einen zweiten Faden durch, dann einen dritten. Es scheint immer noch nichts zu passieren, aber tatsächlich wird die Struktur des gesamten Netzes immer schwächer. Schließich schneidet sie noch einen Faden durch, und ein Teil des Netzes fällt herunter. Noch ein paar Fäden, und ein weiterer Teil fällt; bald kann sie einfach auf ihr Ziel zumarschieren, durch das Loch hindurch, das sie in das Netz geschnitten hat.

Bei der modularen Umprogammierung ist jede Übung darauf angelegt, einen »Faden« durchzuschneiden. Warten Sie nicht auf sofortige, dramatische Veränderungen in Ihrer Fähigkeit, mit Kontrollneurotikern umzugehen. Machen Sie Ihre Hausaufgaben, und lassen Sie das Netz schwächer werden. Wenn Sie dranbleiben, sind die Endergebnisse das Warten wert.

Lisas Geschichte

Einige Monate nach der Hochzeit nahm Lisa an einem Seminar über den Umgang mit schwierigen Menschen teil, um zu sehen, ob sie ihre Beziehung zu Emma ein für allemal klären konnte. Die Lage hatte sich nach der Hochzeit etwas beruhigt, aber es gab immer noch Probleme. Außerdem dachten Lisa und Jeff jetzt daran, ein Kind zu bekommen. Sie brauchte nicht viel Phantasie, um sich vorzustellen, wieviel Theater Emma um die Schwangerschaft ihrer Tochter machen würde – und dann um die Geburt von *Emmas Enkelkind*. Lisa wollte vorbereitet sein.

Lisas allgemeines Ziel

Die Beschreibung ihrer Ergebnisse, die sie durch ihr Training erreichen wollte, zusammenfassend, sagte Lisa: »Ich vermute, es läuft auf drei Dinge hinaus. Erstens will ich in der Lage sein, ruhig zu bleiben, wenn Mama anruft, will nicht auf die Palme gehen, ganz gleich, wie nervös sie wird oder was sie zu mir sagt. Zweitens will ich zu ihren lächerlichen Forderungen nein sagen können, ohne daß ich mich verteidigen muß und dann ein schlechtes Gewissen bekomme. Und drittens möchte ich alles tun, was ich kann, um Mama dahin zu bringen, daß sie ein bißchen zurücksteckt, ein Gespür für meine Bedürfnisse und Ängste entwickelt, wie sie es bei ihren eigenen hat.« Beachten Sie, daß es zu Lisas Zielen gehört, *ihre eigenen* Verhaltensweisen und Reaktionen mehr verändern (»Ich möchte . . .) als Emmas (»Mama soll . . .).

Lisas Arbeitsblatt zur Umprogrammierung

Ausgehend von ihren schriftlich festgehaltenen Beschreibungen und Fragebogenergebnissen erstellte Lisa mit ihrer Freundin und hilfreichen Trainingspartnerin eine Liste mit abzubauenden Reaktionen. Diese schrieben sie in die erste Spalte von Lisas Arbeitsblatt zur Umprogrammierung (siehe Kasten). Spalte 2, eine Liste von Techniken für jede einzelne Reaktion, füllte sich im Laufe des Seminars.

Lisas Arbeitsblatt zur Umprogrammierung

Abzubauende Reaktionen	Technik
• Körperliche Anspannung	Übung zum Spannungsabbau
• Schnelle, flache Atmung beim Sprechen mit Emma	Bauchatmung
• Hält die Luft an, wenn sie angegriffen wird	Rollenspiel gegen Streß. Atmen bei der Auseinandersetzung mit verbalem Angriff
• Gefühle von Benommenheit, ins Schwimmen geraten, Gesprächsunterbrechung	Eichen-Visualisierung
• Schwaches, kraftloses Gefühl	Visualisierung eines Ortes der Macht
• Gefühl, während des Gesprächs von Emma überwältigt zu werden	Visualisierung von Kraftquellen
• Selbstzweifel, Probleme mit der Selbstachtung	Bestätigungen
• Umgang mit Emmas Ärger	Rollenspiel gegen Streß – mit der entsprechenden Intensität

● Umgang mit Emmas Spielchen mit dem schlechten Gewissen	Rollenspiel gegen Streß – Geradebiegen von emotionalen Haken
● Allgemeine Reaktionen auf Emmas Anruf und Forderungen	Kombinierte Strategie (Visualisierung, Rollenspiel)

Die Übungen, die Lisa machte, stammen aus verschiedenen Quellen. Einige sind *Energiestrom*übungen, abgeleitet von Techniken, die Aikidoka einsetzen, damit sie, wenn sie angegriffen werden, konzentriert und »geerdet« bleiben. Andere werden in Seminaren für Management-Training oder in Kursen zur Persönlichkeitsentwicklung eingesetzt. Begleiten wir Lisa, während sie einige dieser Übungen zur Umprogrammierung durcharbeitet.

Übung zum Spannungsabbau

Auf einem bequemen Stuhl sitzend, spannte und lockerte Lisa abwechselnd die Muskeln im gesamten Körper. Sie atmete tief ein, atmete ein bißchen Luft wieder aus und spannte dann jede größere Muskelgruppe: Arme, Beine, Hals, Gesicht, Bauch usw. Sie spannte auch Brustkorb und Zwerchfell, indem sie die Luft in der Lunge zusammenpreßte. Dabei konzentrierte sie ihre gesamte Aufmerksamkeit auf die Empfindungen, die die Spannungen begleiteten.

Sie hielt die Spannung nur für zwei Sekunden. Dann gab sie sich stumm die Anweisung »Entspannen« und lockerte alle Muskeln. Ihr Körper sackte auf dem Stuhl zusammen, und der Atem entwich mit einem Zischen. Als sie locker ließ, konzentrierte sie sich auf die Veränderungen der Empfindungen, die sich mit der Entspannung einstellten, und auf das, was genau sie *tat*, als sie sich lockerte. Etwa zehn Sekunden lang ließ sie ihren Körper sich noch weiter entspannen, dann gab sie stumm die Anweisung »Anspannen« und löste eine weitere Anspannen-Entspannen-Runde aus. Vier oder fünf Runden, und Lisa war fertig mit der Sitzung. Im Idealfall machte Lisa in den ersten Wochen drei oder vier dieser Sitzungen täglich.

Kommentar

Diese Übung wird Lisa helfen, sich noch vollständiger zu entspannen. Außerdem kann sie sie immer einsetzen, wenn sie sich angespannt fühlt, aber vor allem vor und/oder während der Telefonate mit ihrer Mutter.

Wenn Sie diese Übung machen, vergessen Sie nicht die Anweisungen »Anspannen« und »Entspannen« zur richtigen Zeit zu geben. Am Ende werden diese Worte von ganz allein zu einem bestimmten Maß an Spannung oder Entspannung führen, etwa so wie die Pawlowschen lernten, beim Klang einer Glocke Speichel zu produzieren. Durch diese Art der Programmierung werden die Worte zu *Auslösern*; wie Sie sehen werden, können Auslöser sehr gute Trainingshilfen sein.

Bauchatmung

Lisa saß oder stand mit den Händen auf dem Unterleib. Zu Beginn der Übung atmete sie so viel Luft aus, wie sie konnte, und dann atmete sie ein, wobei sie ihre Bauchmuskeln benutzte, um die Luft hereinzuholen. Wenn sie einatmete, sorgten die Muskeln für eine Art von Wellenwirkung: Sie dehnte erst ihren Unterleib aus, dann den Bauch, schließlich den Brustkorb. Sie atmete in umgekehrter Reihenfolge aus, erst aus dem Brustkorb, dann aus dem Bauch, schließlich aus dem Unterleib.

Bei einer gängigen Variante, die der Atemmeditation ähnelt, würde Lisa in Gedanken ihre Atemzüge zählen, wobei sie bei 1 beginnt und bis 10 zählt und die Zahl beim Ausatmen nennt. Wenn sie abgelenkt würde und nicht mehr richtig weiterzählen könnte, würde sie einfach die Ablenkung zur Kenntnis nehmen, die Aufmerksamkeit wieder auf die Atmung richten und wieder bei 1 beginnen.

Kommentar

Hierbei handelt es sich um eine sehr einfache Übung – bitte, nehmen Sie das nicht als Vorwand, ihren Wert zu unterschätzen. *Bauchatmung* gilt bei den meisten Fachleuten als »gesundes« Atmen. Die Luft dringt tiefer in die Lunge ein, was eine wirkungsvolle Art des Atmens und zugleich gut für die Lunge ist. Schnelles, flaches Atmen steht oft im Zusammenhang mit Ängsten, und es ist vom physiologischen Standpunkt aus gesehen weit weniger wirksam.

Aber welche Form des Atmens Sie auch wählen, *denken Sie ans Atmen!* Viele Leute halten bei Streß die Luft an. Das ist aus vielerlei Gründen nicht gut: Ihre Energie läßt nach; Sie können nicht mehr so gut denken; und neben anderen Dingen wird das Maß an körperlicher Spannung steigen.

Eichen-Visualisierung

Lisa saß auf dem Stuhl, auf dem sie normalerweise saß, wenn sie mit Emma telefonierte. Sie legte das Band mit den Anleitungen für die Eichen-Visualisierung in den Recorder, drückte auf den Knopf »Play« und schloß die Augen (siehe Kasten). Im Verlauf der Übung versuchte Lisa, auf möglichst vielen sinnlichen Kanälen »die Erfahrung herbeizuführen«, ein Baum zu sein. Das bedeutet, sie stellte sich vor, daß sie die Brise, die in ihren Zweigen seufzte, die Brandung am weit entfernten Strand *hören* konnte. Sie versuchte, sich vorzustellen, wie es sich *anfühlen* würde, eine Eiche zu sein, wobei sie sich auf die Gefühle von Festigkeit und Ruhe, unerschütterlicher Stärke konzentrierte. Sie stellte sich vor, daß ihre Wurzeln tief in den Boden reichten, die Nährstoffe und die Energie aufsogen, wie ein Kind Fruchtsaft mit einem Strohhalm trinkt. Sie erinnerte sich an den *Geruch* und den *Geschmack* einer kühlen Seebrise.

Eichen-Visualisierungs-Anleitungen

Nehmen Sie diese Anleitungen auf Band auf, dann benutzen Sie es als Hilfe, bis Sie die Übung so gut kennen, daß Sie sie allein durchführen können.

Sitzen oder stehen Sie ruhig da, die Augen geschlossen, das Gewicht ausgeglichen, die Füße in Schulterbreite gespreizt. Atmen Sie gleichmäßig, vielleicht ein bißchen tiefer und langsamer als normal. (*Kurze Pause*) Stellen Sie sich vor, daß Sie eine große, altehrwürdige Eiche sind, die Hunderte von Jahren alt ist, auf einem grasbewachsenen Felsvorsprung steht und über das Meer schaut. Die Luft ist warm, der Himmel blau; kleine, weiße Wolken segeln ruhig dahin. Es weht eine angenehme Brise, da ist das Geräusch der Wellen in der Ferne; irgenwo ruft ein Vogel. Ihre Wurzeln sind tief in der Erde vergraben und strecken sich meterweit in alle Richtungen aus. Sie sind tief verbunden mit dem Planeten, so fest, daß nicht einmal ein Bulldozer Sie umwerfen könnte. Sie können sich vorstellen, fast spüren, wie kraftvolle, positive Energie aus der Erde strömt, durch Ihre Wurzeln, Ihren Stamm, Ihre Krone. Sie können sich vorstellen, wie Ihre Wurzeln in die Erde hineinreichen, Hunderte von ihnen, jede einzelne fest nach der Erde greifend und doch gehalten von der Erde, vollständig ernährt und geschützt, auf heitere Weise kraftvoll und unbeweglich. *(Kurze Pause)*

Gleichzeitig wächst und wächst Ihr Stamm hoch hinauf in den blauen Himmel, entwickelt dabei immer neue Äste, jedesmal zu immer dünneren, feineren Zweigen, mit neuen Schößlingen und Blättern. Der Wind weht durch Ihre Äste, die schlanken oberen Zweige bewegen sich sanft, die Blätter spüren die leisesten Nuancen der Brise. Sollte ein Unwetter den Wind wütend peitschen, würden Ihre Zweige sich biegen und schwingen, sich elastisch mit dem wütenden Sturm bewegen, immer noch sensibel, immer noch auf jeden feinen Unterschied, auf jede winzige Veränderung im Wind reagierend. Doch Ihre Wurzeln sind so tief, so fest, daß kein Unwetter Sie je von Ihrem Felsvorsprung über dem Meer vertreiben könnte. Fest, kraftvoll, heiter, dennoch sensibel, biegsam und vollkommen bewußt, greifen Ihre Zweige und Blätter aus diesem festen, nahrhaften Boden heraus ständig nach mehr, winken zum Meer, zum Himmel ... und zum Unwetter ..., um Ihnen das zu schicken, was sie wollen ... (*10–15 Sekunden Pause*).

Während Sie dieses Bild verblassen lassen, werden Sie sich Ihrer Arme, Ihrer Beine bewußt ... des Raums um Sie herum ... dennoch können Sie das Gefühl, die Heiterkeit, die Kraft der Eiche mitnehmen. Was Sie sehen oder hören, mag Ihre Zweige vielleicht in Schwingungen versetzen, aber Ihre Wurzeln werden Sie festhalten. Sie können einfach beobachten, *wie auch immer* die Erfahrung sein mag. Sie können zuhören, zusehen, sich erinnern, aber stets so ruhig und heiter wie die altehrwürdige Eiche, verwurzelt, in Frieden... *(Nehmen Sie 30 Sekunden Stille auf das Band auf, gefolgt von einem Klicken, einem Ton oder einer kurzen Ansage, daß die Übung beendet ist.)*

Vor allem *visualisierte* Lisa, daß sie mit der Welt um sie herum verbunden und in sie integriert war. Sie stellte sich vor, wie Energie aus dem Boden durch ihren Stamm und ihre Äste floß und dann durch ihre Blätter ausströmte. Sie stellte sich vor, wie Energie von Sonne und Wind in ihre Blätter strömte und dann durch ihre Wurzeln nach unten und in den Boden floß. Sie stellte sich vor, Emma gegenüberzustehen, aber nicht ihr allein, sondern mehr als einen kleinen Teil eines unglaublich machtvollen Energiesystems, vor dem Emmas belanglose Forderungen und Gegenbeschuldigungen vollkommen unbedeutend waren. Als die Anleitungen vom Band beendet waren, beendete Lisa die Visualisierung langsam, und nachdem sie sich bestätigt hatte, daß sie diese Bilder und Gefühle mit in die Wirklichkeit nehmen konnte, öffnete sie die Augen.

Kommentar

Lisa schuf eine visuelle Metapher, die ihr helfen sollte, Zugang zu persönlichen Ressourcen zu finden, die bereits in ihr existierten. Im Laufe der Jahre wurden zahlreiche Forschungen zum Einsatz der Metaphorik angestellt, und die Ergebnisse weisen durchweg darauf hin, daß sie Sinn und Kraft besitzen. Leider ist das Tagträumen in westlichen Kulturen irgendwie mit negativen Assoziationen verbunden. In Wahrheit können richtig aufgebaute und konzentrierte Tagträume ein wichtiges Handwerkszeug für Menschen sein, die ihre alte Programmierung überwinden und sich neue Reaktionen auf alte Probleme erarbeiten wollen. Stellen Sie sicher, daß Sie ein paar gute Tagträume in Ihrer Werkzeugtasche haben. Wenn die Methapher mit der Eiche nicht Ihre Sache zu sein scheint, dann benutzen Sie Bilder, die Ihnen besser gefallen.

Entwicklung eines »Ortes der Macht«

Lisa suchte in ihrem Leben eine Gelegenheit und einen Ort aus, wo sie sich selbstbewußt und mächtig fühlte. Das stellte sich als einfach heraus. Lisa war eine erfolgreiche Designerin; sie war stolz und selbstbewußt wegen ihrer Fähigkeiten sowohl als Geschäftsfrau als auch als Künstlerin. Wenn sie in ihrem Büro in Manhattan war, brachte Lisa mit Leichtigkeit die Art von Sicherheit und Kraft auf, die sie offenbar für den Umgang mit ihrer Mutter finden mußte.

Sie schloß die Augen und stellte sich vor, in ihrem Büro zu sein, am Schreibtisch zu sitzen und kurz vor dem Abschluß eines wichtigen Geschäfts zu stehen. Sie spürte das edle Leder ihres Sessels, die Stabilität ihres Mahagonischreibtisches, die professionelle, effiziente und *erwachsene* Atmosphäre des Büros. Vor allem rief sie sich in Erinnerung, wie sie sich selbst in ihrer geschäftlichen Rolle fühlte: selbstbewußt, verantwortlich und in der Lage, mit allem fertig zu werden, was auf sie zukommen konnte.

Dann erinnerte sie sich an Gelegenheiten, bei denen sie erfolgreich mit schwierigen Kunden verhandelt hatte. Lisa konnte besonders gut ihren Meckereien und Vorwürfen zuhören, ohne irgend etwas sehr persönlich zu nehmen. Sie konnte Verständnis für die Bedenken aufbringen und die begründeten von denen unterscheiden, die nur die Sorgen oder die Unentschlossenheit der Kunden widerspiegelten. Sie vermittelte ihren Kunden im allgemeinen das Gefühl, daß sie sich aufrichtig Gedanken um das Projekt machte und ihre Bedenken ernst nehmen würde. *Im Beruf* war Lisa gut im Umgang mit schwierigen Menschen.

Als sie ein klares und vollständiges Bild ihres Büros und der Art, wie sie sich dort fühlte und funktionierte, hatte, *führte Lisa den Daumen und die ersten beiden Finger ihrer rechten Hand zusammen und drückte sie zwei oder drei Sekunden fest.* Mit dem Bild vor ihrem geistigen Auge wiederholte sie diesen Vorgang vier- oder fünfmal. Dann verabschiedete sie sich langsam von ihrem Büro, ihrem *Ort der Macht*, und öffnete die Augen.

Kommentar

Natürlich möchte Lisa gern so auf ihre Mutter reagieren und mit ihr umgehen, wie sie es mit ihren schwierigen Kunden tut. Sie kann das jetzt nicht, weil die Bedürfnisse, Erinnerungen, Erwartungen, Einstellungen und das Bild von sich selbst, die sie mit den Kunden in Verbindung bringt, ganz anders sind als die im Zusammenhang mit Emma.

Der letzte Teil der Übung, bei dem Lisa Daumen und Finger zusammenfügt, soll ihr eine zusätzliche Möglichkeit geben, Zugang zu ihrem Ort der Macht zu finden, wenn sie das braucht. Sie sorgt für einen *Auslöser*, den sie dann mit dem richtigen Bild in Verbindung bringt. Wie bei dem Wort »Entspannen« wird sie am Ende feststellen, daß die Berührung von Daumen und Fingern ihr dabei hilft, die damit verbundenen Gefühle und Bilder zurückzurufen – auszulösen. Das wird sehr nützlich für sie sein, wenn sie ihren Ort der Macht *in einer Situation, in der sie sich nicht sehr stark fühlt*, betreten muß, beispielsweise, wenn sie mit Emma telefoniert.

Manche Menschen haben nie diesen Grad des Selbstbewußtseins erlebt, das Lisa im allgemeinen in ihrem Büro hat. Aber jeder kann sich an eine Gelegenheit und einen Ort erinnern, wo er sich *relativ* mächtig und selbstbewußt fühlte. Bei Ihnen könnte es der Schlafsaal im Internat sein, die Bühne eines Laienspieltheaters oder der Gipfel eines Berges, nachdem Sie einen ganzen Nachmittag mit anstrengender Kletterei hinter sich haben. Manchmal hilft es, diese Idee mit einem Freund (oder einer Freundin) zu besprechen. Er (sie) kann Ihnen vielleicht helfen, sich an eine Situation zu erinnern, die Sie zu Ihrem eigenen Ort der Macht ausbauen können.

Wenn Sie trotz angestrengter Suche keine Gelegenheit und keinen Ort finden können, wo Sie sich mächtig genug fühlten, um mit Ihrer gegenwärtigen Lage fertig zu werden, machen Sie sich keine Sorgen. Suchen Sie die beste aus, die Sie entdecken können. Die folgende Übung zum Aufbau einer Kraftquelle wird von Nutzen für Sie sein.

Visualisierung von Kraftquellen

Lisa und Tracy gingen eine Liste mit positiven Gefühlen, Gedanken, Bildern, Überzeugungen und Erfahrungen durch, von denen sie meinten, daß sie bei einem Gespräch mit Emma von Nutzen sein konnten. Lisa las die Liste noch einmal durch und wählte drei aus, auf die sie sich konzentrieren wollte und die sie mit Sicherheit irgendwann in der Vergangenheit erlebt hatte. Die drei Punkte, die Lisa auswählte, waren »Hochenergie«, »mich in bezug auf mich selbst gut fühlen« und »Mut«.

Lisa suchte dann nach Gelegenheiten, bei denen Sie solche Erfahrungen gemacht hatte und bestimmte ein Schlüsselelement in jeder Situation. »Mut« war einfach; vor kurzem hatte sie den Film *Gandhi* gesehen, und sie wählte eine Szene aus, in der sie einen unglaublichen Mut erkannt hatte. Für »mich in bezug auf mich selbst gut fühlen« fiel ihr das Lob ein, das sie von einem zufriedenen Kunden bekommen hatte. Sie hatte auch das Gefühl gehabt, ein tolles Stück Arbeit abgeliefert zu haben, und das Lob gab ihr das Gefühl, kreativ und erfolgreich zu sein (und recht zu haben). Für »Hochenergie« wählte sie einen Satz aus einer Beethoven-Symphonie aus – Tracy sagte, sie könne sehen, wie Lisa zum Leben erwachte, selbst als sie nur daran dachte.

Lisa schloß die Augen und spielte in Gedanken Beethoven (später wiederholte sie diese Übung mit der Schallplatte). Als sie den Energiestrom spürte, preßte sie Daumen und Finger zusammen, *dabei verband sie ihre Quelle für Hochenergie mit demselben Auslöser, den sie für ihren Ort der Macht benutzt hatte.* Lisa wiederholte das zwei- oder dreimal. Dann *installierte* sie nacheinander auf dieselbe Weise ihre beiden anderen Quellen. In den nächsten Wochen wiederholte sie die Übung, wann immer sie die Gelegenheit dazu hatte, wodurch sie die Verbindung zwischen ihrem Ort der Macht, den neuen Kraftquellen und ihrem Auslöser verstärkte.

Kommentar

Diese Übung wird auch *Kraftquellen sammeln* genannt, denn das genau tun Sie. Sie benutzen Ihren Ort der Macht oder ein anderes festes Bild als Basis und assoziieren damit so viele andere positive Erfahrungen, wie Sie Ihrer Meinung nach vielleicht benötigen. Wenn Sie schließlich diese positiven Ressourcen gegen die negativen Reaktionen, die Ihr Kontrollneurotiker auslösen kann, einsetzen, werden Sie alle Unterstützung brauchen, die Sie bekommen können.

Benutzen Sie jede Kraftquelle in jeder Form, die bei Ihnen funktioniert. Wenn Sie ein Mensch sind, der nicht deutlich visualisieren kann oder der auf Bilder nicht emotional reagiert, versuchen Sie es mit verbalen Bestätigungen, Musik, einem inspirierenden Kunstwerk, Ausdruckstanz oder irgend etwas, das Ihnen hilft, sich mächtiger, selbstbewußter und heiterer zu fühlen. Was immer Sie wählen, durchleben Sie es so intensiv wie möglich, und assoziieren Sie diese Erfahrung mit dem Auslöser, damit Sie sich nächstes Mal leichter daran erinnern, wenn die Zeiten hart werden.

Verbale Gegenschritte

Lisa machte eine Liste mit speziellen Feststellungen von Emma am Telefon, die zu hören sie ärgerlich fand oder auf die sie nur schwer antworten konnte. Sie achtete darauf, den genauen Wortlaut aufzuschreiben, den sie von Emma erwartete, und sie notierte den Tonfall, in dem die Feststellung getroffen werden würde. Dann schrieb Lisa für jede Feststellung eine oder zwei Möglichkeiten auf, wie sie, den Umständen entsprechend, gern reagieren würde (siehe Kasten).

Lisas Gegenschritte

Feststellung	Reaktion
● Wie, glaubst du, *fühle* ich mich, nachdem meine eigene Tochter mir nicht einmal erzählt, daß sie schwanger ist?	(Entsprechende Intensität) Ich denke, daß du dich ziemlich schlecht fühlst, du wolltest es ja wirklich als erste wissen!
● (Dieselbe Feststellung)	(Entsprechende Intensität) Mama, ich weiß nicht, wie du dich fühlst. Sag es mir doch, bitte.

● Du bist eine unsensible junge Dame, weißt du das?	(Sanft) Vielleicht bin ich manchmal unsensibel.
● *Gelb?* Wie konntest du Gelb für das Zimmer meines Enkels nehmen?	(*Ohne* Sarkasmus oder Humor) Klingt, als wärest du ziemlich sicher, daß wir einen Sohn bekommen?
● (Dieselbe Feststellung)	Wir mögen Gelb. Welche Farbe hättest du vorgezogen?

(Auf Lisas tatsächlicher Liste standen etwa 20 Punkte.)

Tracy und Lisa saßen sich in etwa fünfundsiebzig Zentimeter Abstand gegenüber. Lisa atmete tief ein, machte eine Runde Anspannung-Entspannung und sagte dann: »Also los.« In neutralem Tonfall machte Tracy die erste Feststellung von Lisas Liste, und Lisa reagierte darauf wie geplant. Die Frauen übten dieselbe Feststellung / Reaktion, bis Lisa es genau richtig machte und ohne nachzudenken reagieren konnte.

Dann brachte Tracy zusätzlich emotionale Intensität in ihre Feststellung: Sie gab sich ärgerlich, verletzt, sarkastisch oder einfach fordernd, je nachdem, was die spezielle Feststellung verlangte. Wieder reagierte Lisa mit dem Gegenschritt, den sie geübt hatte, dieses Mal entsprechend Tracys Intensität (nicht entsprechend ihrer Emotion! – siehe Seite 276), und sie konterte gleichzeitig mit Worten. Sie übten weiter, bis Lisa mit Leichtigkeit und Geschicklichkeit antworten konnte, ohne daß sie emotional auf »Emmas« Verhalten reagierte.

Wenn sie mit einer Feststellung fertig waren, gingen sie zur nächsten über. Bei einer fortgeschritteneren Version dieser Übung könnte Lisa trainieren, auf eine Kombination von anspruchsvollen oder kritischen Feststellungen zu reagieren, genau wie fortgeschrittene Aikidoka es üben, mit Kombinationen aus Tritten und Schlägen fertig zu werden oder sich mit mehreren Angreifern gleichzeitig zu beschäftigen.

Kommentar

Der Psychologe Donald Meichenbaum prägte den Begriff »Streß-Inokulations-Training«, um Übungen zu beschreiben, die den Menschen helfen, unter Druck wirkungsvoller zu handeln. Zwar unterscheidet sich die Übung mit den *Gegenschritten* leicht von den Übungen, die Dr. Meichenbaum beschreibt, aber das Ziel ist dasselbe. Lisa wird geschult, auf die Drucktaktiken ihrer Mutter mit *effektiven Gegenschritten* zu reagieren statt mit den unwirksamen Kampf-oder-Flucht-Reaktionen, die sie jetzt noch einsetzt. Es wird ihr vielleicht nie *gefallen*, wie Emma sie behandelt – bis zu einem gewissen Maß wird sie immer verletzt oder enttäuscht sein. Aber sie kann mit Sicherheit lernen, effektiver zu reagieren.

Die Übung mit den Gegenschritten zielt *nicht* darauf ab, eine vollständige Kommunikationsstrategie zu vermitteln, und die Reaktionen, die Lisa ausgewählt hat, sollen Emma gegenüber *nicht* wortwörtlich angewendet werden. Zwar sind die hier vorgestellten, ausgewählten Reaktionen von Nutzen, aber manchmal werden Muster geübt, die vollkommen unangemessen wären, wenn man sie allein oder aus dem Zusammenhang gerissen anwenden würde.

Dies ist ein Beispiel, das wir eine »Tonleiterübung

am Klavier« nennen. So wie Schüler stundenlang am Klavier Tonleitern üben, damit sie am Ende gute Pianisten werden, so übte Lisa verbale »Tonleitern am Klavier«, damit sie am Ende vielleicht effektiver mit ihrer Mutter umgehen kann. Aber Lisa wird im allgemeinen keinen reinen Gegenschritt gegen Emma einsetzen (höchstens als letzten Ausweg), genau wie ein Schüler bei einem Klavierkonzert keine Tonleitern spielen würde. Alle Fähigkeiten, die Lisa lernt, werden in eine umfassende Kommunikationsphilosophie integriert, die den Schwerpunkt auf Ausrichtung und Zusammenarbeit legt. Manchmal ist es nicht bequem, systematisch Rollenspiele zu machen mit der Sammlung von manipulativen, schmerzhaften Vorgehensweisen, die die Kontrolleure in Ihrem Leben gegen Sie einsetzen. Tun Sie es trotzdem. Denken Sie, Sie seien im *Dojo* (Übungsraum), wo Sie lernen, Tritte, Schläge und andere Kampfbewegungen abzuwehren.

Alles zusammenfügen

Das Gute an der aus Einzelelementen zusammengesetzten Umprogrammierung ist, daß die Übungen, die Sie lernen, Ihnen nicht einfach eine Möglichkeit geben, individuelle Fertigkeiten zu üben; sie können zu komplexen und sehr wirkungsvollen Trainingsstrategien kombiniert werden. Außerdem können die einzelnen Übungen gemischt und angepaßt werden, und die sich ergebenden Strategien lassen sich nach Maß auf die Bedürfnisse von individuellen Schülern zuschneiden.

Umgang mit einem Anruf
von Emma

Der folgende Vorgang kann in drei Formen stattfinden: in der Phantasie, im Rollenspiel oder im »wirklichen Leben« (mit einem echten Anruf). Im Idealfall werden alle drei Formen benutzt. Hier ist eine kurze Beschreibung einer Variante, die Lisa mit ihrer Trainerin übte.

Lisa und Tracy saßen sich gegenüber; auf einem Tisch in der Nähe stand ein alter, nicht angeschlossener Telefonapparat. Auf Tracys Zeichen hin begann die Übung.

Lisa machte fünf oder sechs Runden von *Anspannung-Entspannung*, um sich so gut wie möglich zu entspannen. Als sie die beendet hatte, sagte Tracy: »Klingeling.« Sie und Lisa hatten vorher verabredet, daß Lisa das »Telefon« fünfmal klingeln lassen würde, bevor sie abnahm; Lisa nahm sich vor, das auch zu Hause zu tun.

Lisa holte tief Luft, atmete aus und ging zur Bauchatmung über; gleichzeitig spielte sie sich ihre Eichen-Visualisierung so deutlich wie möglich ein. Sie hatte genug geübt, so daß ihr diese entspannenden Übungen ziemlich schnell gelangen.

Während sie die Atmung und die Visualisierung fortsetzte, nahm Lisa beim fünften Klingeln den Hörer auf, legte ihn ans Ohr und sagte: »Hallo.« In ihrer schönsten Emma-Stimme (die sie inzwischen voll drauf hatte) beschwerte sich Tracy laut: »Lisa, wo *warst* du? Warum hat es so lange gedauert, bis du aufgenommen hast? Bist du verletzt?« Tracy war gut in ihrer Rolle, und Lisa spürte tief im Bauch ein bißchen das alte Zwicken. Eine ärgerliche oder entschuldigende Antwort kam ihr in den Kopf, und sie spürte, wie sich ihre Schultern anspannten. Dann erinnerte sie sich an ihren Ort der Macht und stellte sich sofort bildlich vor, in ihrem Büro zu sein – Ledersessel, großer Schreibtisch . . .

Dabei führte Lisa Daumen und die ersten beiden Finger ihrer rechten Hand zusammen und versuchte bewußt, sich an ihre anderen Kraftquellen zu erinnern. Die Stunden, in denen sie die Ressourcen mit Hilfe des Auslösers mit dem Ort der Macht assoziiert hatte, machten sich bezahlt. In ihren Kopf strömte der Klang von Beethoven, das Gefühl, für eine gut erledigte Arbeit gelobt zu werden und eine Nahaufnahme von Gandhi, der glückselig und heiter aussah. Sie spürte, wie sich ihre Schultern entspannten, wie Luft in sie hineinkam und bis nach unten strömte; und sie hörte ihre Stimme, entspannt und angenehm sagen: »He, Mama.«

»Was heißt hier, ›he‹?« schnitt Tracy ihr das Wort ab, und die Übung ging weiter. Aber das Ziel stand nie zur Diskussion. Lisas natürliche Neigung, sich anzuspannen und sich zu verteidigen, was schnell in Ärger und Gegenangriff umschlug und dann in schlechtes Gewissen, Entschuldigung und Zustimmung, hatte keine Chance, zum Tragen zu kommen. Lisa praktizierte ihre Gegenschritte, indem sie sich darauf konzentrierte, »Emmas« Intensität zu entsprechen, ohne dabei ärgerlich zu klingen. Sie vergaß während des Gesprächs das Atmen nicht. Die meisten bildlichen Vorstellungen wurden schwächer, waren nicht notwendig (blieben aber abrufbereit, wenn nötig); doch Beethoven blieb die ganze Zeit bei ihr.

Als »Emma« nach ein paar Minuten sagte: »Und ich vermute, daß du mich auch nicht zur Taufe einladen wirst«, antwortete Lisa: »Ich werde dich einladen, wenn du gern kommen möchtest. Laß es mich wissen. Ich muß jetzt weg. Ich hab' dich lieb, Mama. Ich ruf' dich morgen an.« Und sie legte auf.

Die ganze Sache dauerte knapp fünf Minuten. Lisa und Tracy übten noch zweimal in Form des Rollenspiels; dann forderte Tracy ihre Partnerin auf, noch eine letzte bildliche Vorstellung durchzuführen.

Lisa schloß die Augen, und so deutlich, wie sie konnte, visualisierte sie ein Telefongespräch mit Emma. Tracy sagte: »Hör, wie sie eine Forderung stellt!« Und Lisa tat das. Nach fünf oder sechs Sekunden sagte Tracy: »Gut, mach die Augen auf. Wie war es?« Lisa berichtete, daß sie in der Lage war, das Telefongespräch ohne Ängste zu visualisieren. Sie beendeten die Sitzung.

Kommentar

Übungen wie diese klingen immer allzu unkompliziert, wenn sie in Büchern beschrieben werden. Aber seien Sie Lisa gegenüber gerecht – sie hat gearbeitet, um so weit zu kommen. Zwei Monate lang hat sie viele Stunden geopfert, strengte sich an, mehrere neue Fähigkeiten zu erlernen und erlebte dabei von Zeit zu Zeit beträchtliches Unbehagen. Da ich das wußte, war ich erfreut, aber nicht überrascht, als ich sah, daß es bei ihr funktionierte.

Oft stellt sich die Veränderung viel, viel schneller ein als hier. Irgendwie entsteht eine Verbindung zu einem tieferen, unbewußten Mechanismus, und der Schüler erlebt eine sehr rasche Veränderung. Bei anderen Gelegenheiten muß er sich abquälen.

Schüler sind anfangs manchmal skeptisch, in welchem Maß es zu einer »Übertragung von Ausbildung«

kommt. (»Gut, ich schaffe es in Gedanken. Aber kann ich alles mit nach Hause nehmen und es bei Fred anwenden, ohne daß ich es vergesse?«) Die Auswirkungen der aus Einzelelementen zusammengesetzten Umprogrammierung lassen sich im allgemeinen außerordentlich gut auf Situationen in der Wirklichkeit übertragen.

Andere Methoden

Durch Übung und Ausdauer beim Erlernen einer speziellen Strategie des Umprogrammierens durchbrach Lisa erfolgreich die Zyklen von Kontrolle und Anpassung, in denen sie und ihre Mutter gefangen waren. Doch was bei Lisa funktioniert, ist für Sie vielleicht nicht das Richtige. Um es noch einmal zu sagen, es ist wichtig, daß man jeden Plan zur Veränderung auf den Menschen zuschneidet, der sich verändern will. Hier noch ein paar zusätzliche Vorschläge, die Sie ausprobieren können.

Beginnen Sie einen Feldzug
für mehr Wohlbefinden

Verbringen Sie mehr Zeit mit fröhlichen Menschen, die nicht kontrollieren. Pflegen Sie neue Freunde, auf die diese Beschreibung zutrifft, oder schließen Sie sich einer Selbsthilfegruppe an. Lernen Sie neue Fähigkeiten. Fangen Sie ein vollkommen neues Projekt an. Machen Sie eine Diät. Fangen Sie mit Sport an, und bleiben Sie dabei. Übernehmen Sie soziale Aufgaben.

Suchen Sie sich etwas, *irgend* etwas, bei dem Sie ein besseres Gefühl in bezug auf die eigene Person haben, bei dem Sie sich fähiger und oder verantwortlicher für Ihr eigenes Leben fühlen, und dann bleiben Sie dabei. Selbst wenn die Aktivität, die Sie sich ausgesucht haben, vielleicht nicht einmal im entferntesten mit der Situation etwas zu tun hat, die Ihre Probleme verursacht, so werden das sich einstellende Selbstvertrauen und die Selbständigkeit automatisch dazu beitragen, Ihre Verletzbarkeit durch kontrollierende Menschen abzubauen.

Formulieren Sie
unproduktive Standpunkte neu

Wegen der eigenen vorgefaßten Meinungen schüren viele von uns die von den Kontrollneurotikern entzündeten Feuer oder haben zumindest Schwierigkeiten, sie zu löschen. Zum Glück sind Gedanken nur Gedanken – sie sind nicht in Stein gemeißelt. Sie können Ihre geistigen Bilder verändern, sie durch Gedanken und Einstellungen ersetzen, die Sie in die Lage versetzen, sich sicher, geborgen und als Herr Ihres eigenen Lebens zu fühlen, Sie aber nicht so teuer zu stehen kommen. Sie können die Wirklichkeit neu formulieren – nicht verändern, das nicht –, indem Sie die Art und Weise, sie zu sehen, verändern, indem Sie Ihren Standpunkt ändern, um so die emotionale Belastung zahlreicher Situationen abzubauen, und indem Sie in der Folge davon Ihre persönliche Macht steigern.

Manchmal können Sie auch einem Kontrollneurotiker einen neuen Rahmen geben. Versuchen Sie, sich

Leute, die Sie einschüchtern, in einer anderen Umgebung vorzustellen oder wie sie etwas anderes tun. Stellen Sie sich vor, wie der schroffe Manager ein Baby wickelt oder wie diese immer perfekt gekleidete Freundin bei Regen einen Reifen wechselt. Wenn Sie es mit Kontrolleuren zu tun haben, die Sie auf einen Sockel gestellt haben, gehen Sie eine Liste mit Dingen durch, die Sie vermutlich besser können als sie – organisieren, Brot backen, sich entspannen, Abkürzungen bei Autofahrten finden oder den Wechsel der Jahreszeiten schön finden.

Nehmen Sie es nicht persönlich

Kontrolleure wenden ihre Taktiken *tatsächlich* gegen Sie an, sie wühlen *in der Tat* Emotionen auf und schaffen Bedingungen, die Sie ärgern und Ihnen einen Strich durch die Rechnung machen. Aber es bringt Sie nicht weiter, wenn Sie die Situation so betrachten. Statt die kontrollierenden Menschen in Ihrem Leben als manipulative, machthungrige schlechte Kerle anzusehen, die wild entschlossen sind, Sie ins Elend zu führen, versuchen Sie sie als Roboter mit Fehlern im Programm zu sehen.

Sie handeln aus Gewohnheit, wobei sie verzweifelt – und meistens erfolglos – versuchen, ihre Emotionen zu beherrschen, Ausgleich für ihre Unsicherheiten zu schaffen und sich sicher, bequem und beherrschend zu fühlen. In der Tat, ihr Verhalten hat vielleicht mit Ihnen persönlich gar nichts zu tun. *Also, üben Sie, andere Erklärungen für ihr Handeln zu finden.* Vielleicht hatte sie Streit mit ihrem Freund; vielleicht hat er einen schlechten Tag; oder vielleicht versucht sie, Punkte bei ihrem Chef gutzumachen.

Betrachten Sie Probleme als Gelegenheiten

Sie können auch üben, *Probleme als Gelegenheiten zu sehen*. Konflikte, Chaos, Sackgassen und dergleichen werden weniger bedrohlich, wenn Sie lernen, sie als eine Chance wahrzunehmen, mehr über sich selbst zu erfahren, neue Fähigkeiten anzuwenden oder zu beweisen, daß Sie es schaffen ohne kaputtzugehen. Wenn beispielsweise Ihre überkritische Ehefrau das nächste Mal auf Sie losgeht, knurren Sie nicht: »O Gott, jetzt kommt das wieder!« Holen Sie statt dessen tief Luft, und sagen Sie sich: »Gut, jetzt habe ich eine Gelegenheit, ein paar von den Dingen, die ich aus dem Buch gelernt habe, in die Tat umzusetzen!«

Beherrschen Sie Ihre Emotionen

Die meisten von uns werden bei bevorstehenden Kontakten mit Kontrollneurotikern so besorgt oder aufgeregt, daß wir ihnen unbewußt direkt in die Hände spielen. Sie können sich bei Treffen mit solchen kontrollierenden Menschen so unbehaglich fühlen, daß Sie sie schnellstens hinter sich bringen, wobei Sie alles sagen und tun, was Ihnen einfällt, um die Situation so schnell wie möglich zu beenden und um Ärger, schlechtes Gewissen, Wut, Verwirrung, Angst loszuwerden. Doch was wir tun *müssen*, um wirksamer mit Kontrollneurotikern umzugehen, ist, beunruhigende Emotionen zu *tolerieren* – sie zu spüren, ohne sich ihnen zu unterwerfen, sich ihrer bewußt zu sein, dabei aber die Kontrolle über das Handeln zu behalten.

Visualisierung

Unsere Verzweiflung bei Begegnungen mit Kontrollneurotikern ist nicht nur eine Reaktion auf die Situation selbst, sondern auch eine Folge unserer schlimmsten Vorstellungen. Wir sehen uns, wie man uns feuert und wir dann, ohne Geld und obdachlos, von unserer Familie verstoßen werden, das Sorgerecht für unsere Kinder verlieren und für einen Skandal sorgen, der uns für den Rest unseres Leben verfolgen wird. In einer Variante von Lisas Gebrauch von kreativen Visualisierungen zum Umgang mit Emma können Sie Ihre angsterregenden Voraussagen dazu benutzen, um sich auf erträgliche negative Ergebnisse vorzubereiten, wodurch Sie Ihre Toleranzgrenze gegenüber Unsicherheit, Konflikt und psychologische Leiden erhöhen.

Wenn Sie nächstes Mal wissen, daß eine streßbelastete Situation auf Sie zukommt, oder wenn Sie planen, eine neue Technik im Umgang mit einem Kontrollneurotiker auszuprobieren, visualisieren Sie das bevorstehende Ereignis, als ob Sie eine Videokassette betrachteten. Machen Sie Ihre Visualisierung so detailliert wie möglich, und sobald Sie spüren, daß Ihre Ängste sich steigern, halten Sie das Band an. Identifizieren Sie das Hindernis, auf das Sie gestoßen sind: Ihre Mutter hat sie »mit diesem ganz bestimmten Blick« angesehen; Ihr Freund brüllte: »Ich brauch' hier nicht herumzuhängen und mir diese Beschimpfungen anzuhören.« Konzentrieren Sie sich auf das, was Sie fühlen, denken, an das Sie sich erinnern, aber vor allem auf das, was Sie *voraussagen*. Lassen Sie das Band wieder laufen, holen Sie tief Luft, und setzen Sie das Zusammentreffen fort bis zu einem negativen Ergebnis. Befassen Sie sich mit Ihren schlimmsten Ahnungen, dann hören Sie auf und wechseln Sie das Band. Spielen Sie die Szene noch einmal, wobei Sie sich bildlich vorstellen, wie Sie das umprogrammierte Verhalten einsetzen und wie es *funktioniert.* Üben Sie die Visualisierung und das Erstellen von Ausweichplänen, bis Sie vor Ihrem geistigen Auge beides, die negative und die positive Situation, durchgestanden haben. Das Wissen, daß Sie tatsächlich mit beiden Konsequenzen fertig werden und sie überleben können, macht es Ihnen leichter, Risiken einzugehen, und festigt das wirkliche Potential eines positiven Ergebnisses.

Bestätigungen

Bestätigungen, die Sie sich bewußt in den Kopf setzen, machen Mut und erinnern Sie an Ihre Stärken, Ziele und positiven Eigenschaften. Stellen Sie eine Liste mit zwei Dutzend Bestätigungen auf, indem Sie Sätze ergänzen, die mit »Ich kann . . .«, »Ich verdiene . . .«, »Ich bin stolz auf . . .« beginnen, oder indem Sie kurze, optimistische, anregende Passagen aus Büchern, Gedichten oder Liedern abschreiben.

Lesen Sie sie langsam laut vor, hören Sie Ihren Worten zu und lassen Sie sie sacken. Dann lesen Sie sie mindestens einmal täglich und immer dann, wenn eine Person oder eine Sache auf Sie zukommt, die normalerweise Angst auslöst oder Ihre Programmierung aktiviert. Diese Wiederholung ist ein Muß. Sie haben es mit negativen Gedanken und Gefühlen zu tun, die sich über Jahre hinweg entwickelt haben, daher ist viel Übung notwendig, damit sich diese neuen, realistischeren, die eigene Person stärkenden Ideen festigen.

Hier ein warnendes Wort. Bestätigungen sind nützliche Werkzeuge, aber damit sie richtig funktionieren, sollten sie mit anderen Trainingshilfen kombiniert werden. Bestätigungen zu benutzen, um ungelöste Konflikte und automatische Reaktionen zu *überdek-ken*, ist ein bißchen so, als würde man einen rostigen Zaun streichen, ohne den Rost vorher zu entfernen. Der Zaun mag eine Zeitlang besser aussehen, aber die Veränderung hält nicht vor.

Einfache Akzeptanz

Zwar können Sie Ihre Emotionen häufig als strategische Mittel einsetzen, aber manchmal ist es besser, mit ihnen dazusitzen und ihnen ihren Lauf zu lassen. Sagen Sie sich, daß es in Ordnung ist, sich verärgert oder zurückgesetzt oder verängstigt zu fühlen – das ist nicht gerade vorzuziehen, aber akzeptabel. Gefühle haben einen Anfang, eine Mitte und ein Ende, und ganz gleich, wie unbequem oder beunruhigend sie sein mögen, am Ende *werden* sie verschwinden.

Erkennen Sie Ihre Grenzen

Machen Sie sich mit Ihren unüberwindlichen Grenzen vertraut. Nehmen Sie sich Zeit, um herauszufinden, was Sie bei einem Menschen oder einer Situation *mindestens* akzeptieren können, damit Sie zu einem Ergebnis kommen und Ihre Integrität bewahren. Das sollte mehr sein, als Sie jetzt bekommen, aber weniger als ein verrückter, übertriebener Traum. Klarheit auf diesem Gebiet liefert Ihnen eine solide Grundlage, auf der Sie während der Interaktion mit dem Kontrolleur stehen können. Zu wissen, was Ihnen wirklich wichtig ist, ermöglicht es Ihnen, das auch zu tun, was notwendig ist, um Konflikte konstruktiv zu lösen.

Weiteres Vorgehen

1. Nach Beendigung der Kapitel 7–9 greifen Sie noch einmal zum Fragebogen. Nehmen Sie die Ergebnisse, um ein Arbeitsblatt für eine Neuprogrammierung auszuarbeiten.
2. Nehmen Sie das Arbeitsblatt, und entwickeln Sie damit ein Programm wie Lisas, das Ihnen helfen wird, einige der automatischen Reaktionen gegenüber einer kontrollierenden Person in Ihrem Leben abzubauen.

Kapitel 7

Beobachtung und Ausrichtung

Den Tiger in die Richtung reiten,
in die er geht

Ein Bewußtsein von sich selbst zu entwickeln, ist ein ständiger, nie endender Prozeß. Zwar brauchen Sie nicht ununterbrochen Nabelbeschau zu betreiben und soviel Zeit mit der Analyse der eigenen Person zu verbringen, daß Sie nie dazu kommen, etwas zu leisten, aber ich bin der festen Überzeugung, daß Sie nie zuviel über sich selbst, Ihre grundlegende Programmierung und Ihre typischen Reaktionen auf schwierige Situationen wissen können. Wenn Sie aufmerksam und sich Ihrer selbst bewußt sind, können Sie unsinnige Gedanken und Verhaltensmuster erkennen, bevor sie Ihnen im Weg stehen und Sie wieder direkt in eine Kontrollfalle führen.

Während es Ihnen besser gelingt, Ihre inneren Ressourcen anzuzapfen und beunruhigende Emotionen zu ertragen, werden Sie mit geringerer Wahrscheinlichkeit auf Autopilot umschalten, wenn Sie es mit Kontrollneurotikern zu tun haben. Je mehr Sie üben zu atmen, sich zu konzentrieren, sich selbst in streßreichen Situationen zu visualisieren usw., desto ruhiger werden Sie. Am Ende werden Sie in der Lage sein, während der gesamten Interaktionen mit Kontrolleuren konzentriert zu bleiben, wobei Sie die verschiedenen Fallen und Fallstricke, durch die Sie einst eingefangen wurden, umgehen. Mit wachsendem Selbstbewußtsein werden Sie bereit sein, Chancen zu ergreifen, neue Alternativen auszuprobieren und nach kreativen, freundlichen, unumstrittenen Lösungen für Kontrollprobleme zu suchen.

Dieses Kapitel beschreibt eine solche Möglichkeit: die Aikido-Alternative, die in Kapitel 5 vorgestellt wurde. Zwar wird sie nicht die Konflikte aus Ihrem Leben beseitigen oder Kontrollneurotiker an dem Versuch hindern, Sie zu kontrollieren, aber die Aikido-Methode wird Ihnen helfen, Ihre Bedürfnisse zu befriedigen, ohne daß Sie anderen Leuten ein Ding verpassen oder selbst eins übergebraten bekommen.

Sie schaffen diese Leistung, indem sie *aufmerksam sind und Informationen sammeln, diese Information dazu benutzen, um sich auf den Kontrolleur auszurichten und eine Beziehung zu ihm herzustellen, und dann die Interaktion sanft in die Richtung steuern, die Sie bevorzugen würden.* Auch wenn die Aikido-Methode hier beschrieben wird, als sei sie ein Schritt-für-Schritt-Programm, ist sie in Wahrheit kreisförmig und ziemlich fließend. Denken Sie daran, daß Sie bei einer gerade stattfindenden Interaktion *immer* aufmerksam sind, Informationen sammeln und sich ausrichten. Und auch wenn dieses Kapitel Ausrichtung lehrt und das nächste Neuorientierung, werden Sie sich im Leben zwischen diesen Phasen hin- und herbewegen und sie oft gleichzeitig einsetzen.

Beobachtung

Wenn Sie die Aikido-Alternative einsetzen, beginnen Sie in einer konzentrierten, neutralen Position, wobei

Sie nichts tun, außer daß Sie aufmerksam sind und Daten sammeln. Statt zu versuchen, etwas passieren zu lassen oder zu verhindern, daß etwas passiert, versuchen Sie herauszufinden, was *tatsächlich* geschieht – bringen Sie soviel wie möglich in Erfahrung über die Position, die Bedürfnisse, Methoden und Standpunkte des Kontrolleurs. Seien Sie so unvoreingenommen und objektiv wie möglich, wobei Sie Worte und Taten, die Sie normalerweise ärgern, einfach an sich abgleiten lassen.

Um zu vermeiden, daß die Herumkommandiererei oder das manipulative Verhalten der anderen Person Sie unbeweglich machen, wenden Sie die Techniken zur Konzentration und zu Stärkung an, wie sie im letzten Kapitel beschrieben wurden, als Alternative (oder zusätzlich) finden es manche Leute hilfreich, sich vorzustellen, sie seien Computer, in die etwas eingegeben wird, das später weitergegeben werden soll. Andere treten in Gedanken einen Schritt zurück und betrachten die Situation, als sei ein anderer Mensch an ihr beteiligt.

Dies ist ein guter Zeitpunkt, eine Variante der Atemübung zu machen, die Sie im letzten Kapitel gelernt haben. Während Sie sorgfältig auf die Worte und Taten des Kontrolleurs achten, seien Sie sich auch Ihrer Atmung bewußt. Halten Sie sie entspannt und gleichmäßig. Atmen Sie ein bißchen tiefer und langsamer als normalerweise. Dann lenken Sie jede Anspannung oder Emotion, die Sie spüren, in die Atmung um und setzen Sie sie beim Ausatmen frei. Atmen Sie den Ärger und den Streß aus, bleiben Sie entspannt, und beobachten Sie weiter. Ihre Atmung wirkt ein bißchen wie das Ventil an einem Dampftopf, und sie ist buchstäblich ein Abzug für emotionale Reaktionen, die sich sonst vielleicht aufstauen würden und Ihnen in den Weg geraten könnten.

Konzentrieren Sie sich auf das verbale und nonverbale Verhalten des Kontrolleurs. Schalten Sie Geräusche von außen und störende Gedanken ab. Ignorieren Sie alle Vorgänge, die für die gegenwärtige Situation ohne Bedeutung sind. Hören Sie aufmerksam auf das, was die andere Person sagt, auch wenn es Ihnen nicht gefällt, wie sie es sagt, oder wenn Sie überzeugt sind, daß sie sich vollkommen irrt. Verfolgen Sie das Gespräch in Gedanken, wobei Sie es im weiteren Verlauf im Kopf zusammenfassen und die Punkte ankreuzen, die Sie später ansprechen wollen. In jedem beliebigen Augenblick sollten Sie in der Lage sein, die letzten ein oder zwei Sätze des Kontrolleurs parat zu haben, und Sie sollten in der Lage sein, wichtige Bestandteile seines nonverbalen Verhaltens zu beschreiben.

Manchmal hilft es, stumme Selbstgespräche zu führen, vor allem, wenn die Technik, die Sie anzuwenden versuchen, neu für Sie ist. Der innere Dialog könnte in etwa so lauten:

»Er sagte ›Wie Sie genau wissen . . .‹, da ich das aber zum ersten Mal höre, versucht er vielleicht nur, mich davon abzuhalten, ihm Fragen zu stellen. Er sagt, daß ich anfangen soll, hier mehr Verantwortung zu übernehmen. Ich muß herausfinden, was er damit meint. Jetzt führt er seinen Standpunkt aus, indem er sich vorbeugt und den Zeigefinger auf mich richtet. Er lehnt sich wieder zurück, faltet die Hände, wartet auf eine Reaktion.«

Hier sind ein paar Dinge, auf die Sie bei einer Interaktion mit einem Kontrollneurotiker achten könnten.

Bedürfnisse, Motive, Ergebnisse

In Kapitel 4 erfuhren wir, daß fast jedem Kontrollverhalten unbefriedigte Bedürfnisse zugrundeliegen. (Manchmal haben diese Bedürfnisse nicht viel mit dem zu tun, was der Kontrolleur anzustreben scheint. Ihr Ehepartner beispielsweise kann wegen einer unerledigten Hausarbeit an Ihnen herumnörgeln, weil er oder sie einsam ist und sich Aufmerksamkeit wünscht.) Wenn Sie die Aikido-Methode benutzen, liegt Ihr Ziel darin, dem Kontrolleur zu helfen, *wenigstens einige seiner Bedürfnisse auf eine Weise zu befriedigen, die Sie nicht davon abhält, einige Ihrer eigenen zu erfüllen.* Versuchen Sie herauszufinden, welche Bedürfnisse, Ängste oder Erwartungen die treibende Kraft hinter dem Kontrollverhalten der anderen Person sein könnten.

Die einzige, wichtigste Frage, die Sie sich stellen können, wenn Sie herauszufinden versuchen, wie Sie mit einem Kontrolleur umgehen sollen, lautet: *»Was braucht dieser Mensch von mir, das sein Bedürfnis oder seinen Wunsch, mich zu kontrollieren, reduziert?«* Sehr viele Bedürfnisse können dem Kontrollverhalten zugrundeliegen; mit vielen davon können oder wollen Sie sich nicht befassen. Aber es mag einige geben, die Sie befriedigen können, ohne Ihre eigene Lebensqualität einzuschränken.

Hat beispielsweise die Person, die sich auf einen Dritten bezieht (*Ich* habe keine Probleme mit dem Vertrag, aber Bill unterschreibt ihn nur, wenn Sie diese Klausel ändern), davor Angst, verantwortlich gemacht zu werden oder als schlechter Kerl zu gelten? Fehlt es dieser Person an Selbstbewußtsein, so daß sie denkt, Sie würden den Einwand nicht ernst nehmen, wenn er von ihr käme? Vielleicht versucht sie, eine direkte Konfrontation zu vermeiden. Sorgfältige Beobachtung wird zeigen, welcher dieser Gründe wahrscheinlich das Motiv ist.

Wenn Ihr Chef Sie überprüft oder Ihr Vater »Staatsanwalt« spielt und versucht, eine wasserdichte Anklage gegen Sie aufzubauen, wirkt er dann unruhig oder wütend, unsicher oder unglaublich selbstbewußt, daran interessiert, ein greifbares Ergebnis zu erreichen oder sein Image aufzubauen? Will Ihre Schwiegermutter, die sich einmischt, Ihre zehnjährige wütende Tochter, Ihre belehrende Nachbarin oder übertrieben hilfsbereite Freundin

- recht haben?
- Ärger oder irgendeine andere Emotion ausdrücken?
- Sie dazu bringen, daß Sie mit ihrem Standpunkt übereinstimmen oder anerkennen, wie wichtig sie ist?
- Peinlichkeit, Erniedrigung oder Verlust des Gesichts vermeiden?
- sich geehrt, anerkannt oder verstanden fühlen?
- sicherstellen, daß keine unvorhergesehenen Ereignisse sie bremsen oder sich ihr in den Weg stellen?
- ein wenig Aufmerksamkeit erregen?
- Sie (oder den Chef, das Personal, die Eltern oder Kinder) beeindrucken?

Auch wenn Sie nie ganz genau wissen, was einen anderen Menschen antreibt, so können Sie doch, wenn Sie aufmerksam sind, einen ziemlich genauen Eindruck davon bekommen, welche Ergebnisse andere Leute zu erreichen versuchen, indem sie Sie kontrollieren. Dann können Sie beginnen, über Methoden nachzudenken, mit denen Sie dem anderen entweder helfen, jene Ergebnisse zu erreichen oder *das Bedürfnis nach ihnen zu reduzieren*, ohne daß Sie dabei Ihre eigenen Bedürfnisse und Ziele opfern.

Spezifische Kontrolltaktiken

Sie müssen in der Lage sein, das Verhalten des Kontrolleurs nach den Anleitungen aus Kapitel 2 zu beschreiben und dabei die entsprechenden Begriffe der spezifischen Wirkung auf Sie zu verwenden. Fühlen Sie sich überwältigt? Unterminiert? Kurzgeschlossen? Gehört zur Kontrollstrategie des anderen Menschen die Übernahme? Einschüchterung? Täuschung? Abschalten? Seien Sie bereit, sich mit speziellen Kombinationen zu befassen, da geschickte Kontrolleure sie selten einzeln einsetzen.

Hier ein Wort der Warnung. Wenn Sie es mit einem Kontrolleur zu tun haben, den Sie gut kennen, können Sie leicht davon ausgehen, daß er dieselbe Taktik oder denselben Stil wie beim letzten Mal einsetzt. In der Tat, Wissen von früher kann außerordentlich nützlich sein – die Leute neigen wirklich dazu, durchweg gleich zu handeln, zumindest in ähnlichen Situationen. Aber schlafen Sie nicht ein! Nur ungeschickte Kontrollneurotiker setzen immer dieselbe Methode ein. Die geschickten werden sie bei Ihnen mischen. In der Minute, in der Sie denken, Sie hätten sie festgenagelt, kommen sie aus einer anderen Richtung auf Sie zu und haben Sie gerädert und geviertteilt, bevor Sie überhaupt merken, daß anders gespielt wird. Ganz gleich, wie überzeugt Sie sind, daß Sie über den Kontrolleur Bescheid wissen, es gibt keinen Ersatz dafür, sein tatsächliches Reden und Handeln hier und jetzt zu beobachten.

Wahl des Zeitpunkts

Beachten Sie die Wahl des Zeitpunkts für bestimmte Bemerkungen. Eröffnet der Kontrolleur das Feuer oder bringt er komplizierte, emotional belastete Themen zur Sprache, wenn Sie beschäftigt sind, gerade aus der Tür gehen wollen oder über etwas anderes reden? Sind Sie in einen Hinterhalt geraten? Das waren Sie, wenn Sie auf einer Party mit einer kleinen Gruppe von zufälligen Bekannten redeten und eine gute Freundin sagte: »Du mußt ihnen davon erzählen, wie du ...« und dann darauf bestand, daß Sie eine peinliche Begebenheit noch einmal erzählten, die Ihre Freundin für sich behalten sollte. Das sind Sie, wenn Ihr Chef sich während einer Konferenz an Sie wandte und sagte: »Ich lasse Sie erklären, warum Sie meine Idee unterstützen.« Der Kontrolleur erwischte Sie, als Sie nicht auf der Hut waren, und brachte Sie in die Klemme, wobei es für Sie buchstäblich unmöglich wurde, etwas anderes zu tun als das, was er wollte.

Emotionale Haken

Lernen Sie zu erkennen, was der Kontrollneurotiker indirekt sagt: die Implikationen, die Voraussetzungen und die verzerrten Darstellungen, die in der *Struktur* bestimmter Botschaftsformen weitergetragen werden. Sie sind am verletzbarsten durch diese nervtötenden kleinen Dinger, wenn Sie nicht merken, daß sie gegen Sie eingesetzt werden. Geschickte Kontrolleure können sie in unglaublich subtile und komplexe Muster einweben – oft merken Sie erst, daß Sie (wieder einmal) manipuliert wurden, nachdem Sie ihrer Schwiegertochter zugesagt haben, den Babysitter zu spielen, und Ihre Kopfschmerzen wieder da sind. Wenn Sie andererseits diese Muster rechtzeitig erkennen, können die meisten von ihnen ziemlich leicht entschärft werden. Hier einige Beispiele.

Wenn er sagt: »Wenn du mich wirklich lieben würdest (Wenn Ihnen Ihre Arbeit wirklich wichtig wäre), würdest du meine Hemden bügeln (würden Ihnen Überstunden nichts ausmachen)«, dann unterstellt er, daß das Nichtbügeln seiner Hemden beweist, daß Sie ihn nicht lieben, oder die Abneigung gegen Überstunden beweist, daß Sie illoyal sind oder Ihnen Ihre Arbeit gleichgültig ist. Er will, daß Sie ihm beweisen, daß das, was er unterstellt, nicht stimmt – indem Sie es so machen, wie er es will.

Wenn sie sagt: »Du nimmst ja nicht einmal Rücksicht auf deine Kinder (oder meine Gefühle oder den Ruf der Abteilung)«, dann unterstellt sie, daß Sie es nicht tun, es aber eigentlich tun sollten. Sie will, daß Sie in bezug auf eine bestimmte Situation ein schlechtes Gewissen bekommen oder sich ganz allgemein schämen. Das gilt auch für Leute, die sagen: »Selbst *du* solltest in der Lage sein, das zu erledigen (oder es inzwischen herausgefunden haben).« Sie unterstellen, daß bei Ihnen etwas nicht stimmt; und daß Sie nicht tun oder herausfinden, was sie von Ihnen erwarten, ist ein weiterer Beweis für Ihre Unfähigkeit. Sie bedrängen Sie, sich mehr Mühe zu geben, damit Sie ihren Erwartungen entsprechen.

Schließlich sagen bestimmte kontrollierende Menschen in Ihrem Leben vielleicht: »*Manche* Frauen (oder Ehemänner, Abteilungsleiter) wären dir böse (würden dir nie verzeihen, würden dich verlassen, würden dich feuern), weil du das getan hast.« Es ist eine ganze Reihe von unausgesprochenen Botschaften in dieser Feststellung enthalten. Die Sprecher implizieren, daß Sie es verpatzt haben und daß jeder andere Sie dafür zugrunde richten würde. Aber weil sie überlegene, äußerst tolerante Menschen sind, werden sie Ihr unverzeihliches Verhalten übersehen. Sie erwarten von Ihnen, daß Sie sich wie das niedrigste Lebewesen, das man sich vorstellen kann, fühlen und ihnen auf irgendeine Weise ihre Gunst vergelten.

Eine ausführlichere (aber keineswegs vollständige) Liste von sprachlichen Kontrollmustern steht im folgenden Kasten. Überprüfen Sie, ob Sie die Implikation oder Voraussetzung erkennen, die in jedem einzelnen steckt. Wenn Sie zusätzliche Informationen zu diesem faszinierenden Thema suchen, lesen Sie eins von Suzette Haden Elgins Büchern über verbale Selbstverteidigung oder Eric Bernes älteres, aber keineswegs überholtes Buch *Spiele der Erwachsenen*. Beide werden am Ende des Abschnitts kurz diskutiert.

Zwölf häufige emotionale Haken

1. Ohne mich würden Sie immer noch im Schreib-Pool sitzen.

2. Oh, natürlich hast du an unseren Hochzeitstag gedacht. Wieso kommst du dann zu spät zum Abendessen?

3. Ich bin sicher, wenn du richtig darüber nachdenkst, wirst du mir zustimmen.

4. An welchem Abend können Sie länger arbeiten, Mittwoch oder Donnerstag?

5. Ich hätte wissen sollen, daß du eine Beule in unser neues Auto fährst. Es ist meine Schuld, daß ich dich ans Steuer gelassen habe.

6. Du solltest wirklich nicht zulassen, daß der Chef deine Gutmütigkeit ausnutzt.

7. Ich will keine Kritik üben, aber daß du das gesagt hast, ließ dich ziemlich dumm aussehen.

8. Du willst doch nicht wirklich *das* Kleid zur Party anziehen – oder?

9. Du mußt immer das letzte Wort haben!

10. Wenn du nicht wärst, hätte ich das Studium beendet.

11. Mir persönlich macht es keine Probleme, wenn du die Kinder mitbringst, aber ich glaube, es wird einige der anderen Gäste stören.

12. Geh schon. Warum sollte es mir etwas ausmachen, heute abend *wieder* allein zu Hause zu bleiben?

Nonverbale Signale

Zusätzlich zu dem, was gesagt oder impliziert wird, achten Sie darauf, wie Botschaften übermittelt werden und welches Verhalten sie begleitet. Die Forschung hat gezeigt, daß bis zu siebzig Prozent der Information, die wir erhalten, uns nonverbal vermittelt wird. Also schalten Sie alle Kanäle ein, und nehmen Sie die Daten auf, die Ihnen durch Körpersprache, Gesichtsausdruck, Augenkontakt und körperliche Anzeichen von Emotionen, etwa gerötetes Gesicht oder schnelle Atmung, zugespielt werden. Machen Sie sich in Gedanken Notizen über den Tonfall, die Sprechweise und die Intensität der anderen Person. Stottert sie, wiederholt sie sich, klopft sie auf den Busch? Sind da lange Pausen zwischen den Gedanken, oder ist da eine eilige, gehetzte Art in ihrer Sprechweise? Geht das Gespräch plötzlich in eine andere Richtung? Wenn Sie sprechen, zappelt der Kontrolleur herum, vermeidet er Blickkontakt, seufzt er oder macht er seinen Mangel an Interesse, seine Skepsis oder Unaufmerksamkeit auf andere Weise ziemlich deutlich erkennbar?

Doppelbotschaften und Widersprüche

Wenn verbale und nonverbale Botschaften sich widersprechen und Sie keinen handfesten Beweis haben, welche Botschaft die wahre Meinung des Kontrolleurs vermittelt, dann sind Signale, die über den nonverbalen Kanal eingehen, im allgemeinen zuverlässiger. Dennoch, alle Botschaften und vor allem nonverbale Signale sollten mit Vorsicht gedeutet werden. Sie bedeuten nicht immer und bei allen Leuten dasselbe. Ihre Mutter kann die Stirn runzeln, weil sie böse auf Sie ist oder Magenbeschwerden hat. Wenn Ihr Mann die Arme über der Brust verschränkt, dann kann das bedeuten, daß er nicht aufnahmebereit ist für Ihre Gedanken. Es kann aber auch bedeuten, daß seine Arme müde sind oder daß er Ihnen bewußt zuhört. Folglich können Sie spezifische Stichwörter der Körpersprache nur in Verbindung mit anderen Informationen deuten.

Wenn Sie mit jemandem nicht oft genug zu tun hatten, um Muster in seinem Verhalten zu erkennen, ziehen Sie nicht vorschnell Schlüsse. Sammeln Sie mehr Daten, und testen Sie die Information, die Sie aufnehmen, vor dem Hintergrund dessen, von dem Sie bereits wissen, daß es zutrifft. Und während Sie das tun, achten Sie darauf, daß Ihr geistiger Filter die Signale, die Sie erhalten, nicht verzerrt.

Ihre eigenen Ansichten und Voraussetzungen

Während der gesamten Interaktionen mit kontrollierenden Menschen hüten Sie sich vor jeglicher Neigung Ihrerseits, den emotionalen Einsatz zu erhöhen oder eine andere Person als Kontrollneurotiker zu etikettieren, nur weil Ihnen nicht gefällt, was passiert, oder weil Sie bereits eine Meinung oder eine Position in der Frage bezogen haben. Die Worte, die Sie hören, und die nonverbalen Hinweise, die Sie beobachten, können bedeuten, daß der andere Mensch Sie zu kontrollieren versucht – oder auch nicht. Also machen Sie in Abständen eine Pause, und fragen Sie sich: »Wessen Problem ist das?« Genauer:

● »Gehe ich davon aus, daß Einstellungen, Gefühle, Kommunikationsform und Vorlieben dieses Menschen die gleichen wie meine sind oder sein sollten?« Die Menschen sind verschieden, und es ist wichtig, die Unterschiede in Betracht zu ziehen.

Wenn sie von einem anderen kommen, können bestimmte Worte und Taten eine vollkommen andere Bedeutung haben, als wenn sie von Ihnen kämen.

- »Nehme ich Ablehnung, Kritik, Ärger oder einen Ausflug ins schlechte Gewissen vorweg, und suche ich Anzeichen, damit ich beweisen kann, daß meine Voraussage sich bewahrheitet?« Diese »bestätigende Ansicht« (eine natürliche Neigung, den Daten Aufmerksamkeit zu schenken, die unseren eigenen Standpunkt bestätigen, während man Information ignoriert, die ihn vielleicht nicht bestärkt) kann aus Maulwurfshügeln Berge machen und dem Verhalten von anderen Menschen eine Bedeutung zuschreiben, die sie niemals vermitteln wollten.

- »Habe ich diese Interaktion zu einer verbissenen Situation aufgebauscht?« Wenn Sie denken, daß Ihr Arbeitsplatz, Ihre Ehe, Ihre Gesundheit oder Ihre gesamte Zukunft auf der Kippe stehen, geht Ihre Objektivität den Bach runter. Sie wird ersetzt durch Verzweiflung, Angst oder eine eigensinnige Entschlossenheit, den Händen des Kontrollneurotikers die Zügel der Kontrolle zu entwinden.

- »Fühlte ich mich besonders verletzbar, bevor es zu dieser Interaktion kam?« Ihr physischer oder emotionaler Zustand kann Sie gegenüber bestimmten Bemerkungen sensibler und für bestimmte Kontrolltaktiken empfänglicher machen.

Selbst die extremsten Kontrollneurotiker werden nicht den Versuch machen, Sie ständig zu kontrollieren. Oft können sie freundlich, fügsam, nett oder verständnisvoll sein, wenn nicht auf dem Terminkalender des Tages steht, etwas von Ihnen zu bekommen. Wenn kein unmittelbarer Konflikt zwischen ihren Bedürfnissen und Ihren eigenen besteht und wenn nichts von dem, was Sie vorbringen wollen, sie aufregen wird, dann genießen Sie den Augenblick auf jeden Fall. Aber gehen Sie nie davon aus, sie könnten auf irgendeine Weise den Fehler in ihrem Verhalten erkennen und würden Sie von nun an mit Ehre und Respekt behandeln. Bleiben Sie wachsam. Viele Kontrollneurotiker verfügen über haarfeine Auslöser, und die Dinge könnten sich jeden Augenblick verändern. Sie sagen vielleicht etwas Falsches und werden von einem Kontrollvorgang getroffen, den Sie überhaupt nicht kommen sahen. In dem Fall befinden Sie sich vermutlich auf der Empfängerseite in einem Manöver, das Sie einfach noch nicht erkannt haben. Oder der Kontrolleur bringt Sie vielleicht geschickt in eine Position für ein Spiel, das er für später geplant hat.

Tips zum Sammeln von Daten

1. Achten Sie genauso auf Gefühle wie auf Tatsachen.
2. Seien Sie sich auch Ihrer Gefühle bewußt. Aber lassen Sie nicht zu, daß sie Sie beherrschen. Stellen Sie sich vor, wie Sie diese Gefühle in einen imaginären Kasten legen. Sagen Sie sich, daß Sie so bald wie möglich zu ihnen zurückkehren werden.
3. Machen Sie sich Notizen, wenn das möglich und angebracht ist.
4. Ziehen Sie keine schnellen Schlüsse. Während Sie eingehende Daten verfolgen, denken Sie immer daran, was sie bedeuten *könnten*, weniger an das, was sie bedeuten *müssen*.

5. Vergessen Sie nicht, daß Sie schneller denken können, als die andere Person sprechen kann. Sie werden dann nicht von einem Sturm eintreffender Information überwältigt.

6. Seien Sie beteiligt. Nicken Sie. Halten Sie Blickkontakt. Stellen Sie Fragen. Geben Sie in Abständen die Botschaften, die Sie empfangen, an den Sprechenden zurück.

7. Wenn Sie empfangen, empfangen Sie einfach. Versuchen Sie nicht, Ihre Antwort zu planen, während die andere Person Informationen an Sie übermittelt.

8. Denken Sie daran zu atmen und ruhig, konzentriert und geerdet zu bleiben. *Nehmen Sie es nicht persönlich.* Ganz gleich, was der Kontrollneurotiker sagt oder tut, es handelt sich schlicht um Daten, Informationen über den Kontrollneurotiker, die später für Sie nützlich sein können.

Üben, üben, üben

Sie müssen nicht warten, bis ein Seminar stattfindet oder ein Kontrollneurotiker vorbeikommt, um Ihr Beobachtungsgeschick zu trainieren. Tatsächlich kann das Lernen im Klassenzimmer zwar durchaus nützlich sein, doch die Atmosphäre ist oft so künstlich, daß die Fähigkeiten, die Sie üben, sich nicht sonderlich gut auf die Wirklichkeit übertragen lassen. Andererseits können Sie sehr schnell in Schwierigkeiten geraten, wenn Sie neue Fähigkeiten an richtigen Kontrollneurotikern üben. Oft ist es besser, in realen Situationen mit *geringem Risiko* zu üben, bevor man sie da einzusetzen versucht, wo eine Menge auf dem Spiel steht. Zum Glück können Sie das Beobachten überall üben.

Erinnern Sie sich selbst stets daran, Kellnerinnen, Verkäufer und Kollegen zu beobachten. Können Sie sagen, ob sie am Anfang oder am Ende ihrer Schicht sind? Wirken sie müde, aufgedreht, ausgebrannt, voller Begeisterung? Finden Sie fünf verbale oder nonverbale Hinweise heraus, die Ihnen den Eindruck vermitteln. Stellen Sie ihnen eine unerwartete Frage – nichts Aufdringliches oder Beleidigendes, nur etwas Einfaches, fragen Sie beispielsweise nach dem Namen, wie ihnen ihre Arbeit gefällt oder woher ihre Ohrringe stammen. Versuchen Sie, fünf wohlbegründete Vermutungen über sie anzustellen, die auf ihrer Art der Reaktion basieren.

Lassen Sie sich von einem Freund zwei Erlebnisse erzählen, das eine vollkommen wahr, das andere komplett erfunden. Versuchen Sie herauszufinden, welches welches ist. Worauf bauten Sie Ihre Entscheidung auf?

Sehen Sie sich zusammen mit einigen Freunden oder Verwandten im Fernsehen eine Unterhaltungsserie, eine Komödie oder eine Talkshow an. Wählen Sie sich einen Typ (oder einen Talkshow-Gast) aus, den Sie alle beobachten. Vergleichen Sie hinterher die Notizen, die Sie gemacht haben, als Sie Ihre Person beobachteten und ihr zuhörten. Beachten Sie die Unterschiede in der Wahrnehmung. Wählen Sie eine andere Person aus, und wiederholen Sie den Vorgang, aber dieses Mal drehen Sie den Ton ab.

Zwölf häufige emotionale Haken – Kommentare

Einige der semantischen Muster, die Kontrolleure einsetzen, um Sie an den Haken zu bekommen, sind komplex und können auf verschiedene Weise aufgefaßt werden. Hier ist *eine* mögliche Deutung für jede einzelne Aussage.

1. Ein Trick mit der *Dankesschuld*. »Ich habe dir einen großen Gefallen getan, deshalb bist du mir dafür etwas schuldig.« Dieses Muster übt Kontrolle aus, indem es ein schlechtes Gewissen oder falsches Verantwortungsgefühl auslöst. (Zwar ist es gut, sich für Gefallen zu revanchieren, aber Sie *schulden* dem Kontrolleur nichts, es sei denn, Sie hätten dem Austausch vorher zugestimmt.)

2. Sarkasmus, gefolgt von eingebauter Kritik und dem, was man eine *kausale Implikation* nennt. »Ich glaube, du lügst, wenn du sagst, du hättest an unseren Hochzeitstag gedacht, sonst wärst du rechtzeitig zum Abendessen gekommen. Ich werde dich mit einer Fangfrage festnageln.«

3. *Vorausgesetzte Zustimmung*, verbunden mit der Androhung von Kritik. »Ich habe offensichtlich recht, und es wäre dumm von dir, nicht zuzustimmen. Und du bist doch nicht dumm ... oder?«

4. *Erzwungene Entscheidung.* »Es ist gar keine Frage, daß Sie länger arbeiten werden – es geht nur darum, den Abend festzulegen.«

5. *Doppelte eingebaute Kritik.* Bei dieser Variante spricht die kontrollierende Person über sich

selbst, während es klar ist, daß sie in Wirklichkeit Sie meint. »Ich hätte es wissen müssen« bedeutet *Sie* hätten es wissen müssen«; »Es ist *meine* Schuld« heißt »Es ist *Ihre* Schuld.«

6. Einer *Behauptung* (»Der Chef nutzt dich aus«) folgt ein *Urteil* (»Du machst einen Fehler, wenn du das zuläßt«).

7. *Zurückweisende Erklärungen* wie diese übermitteln oft die wahre Bedeutung der Aussage (»Ich will *wirklich* kritisch sein – ich will einfach nur nicht, daß du mich darum bittest«).

8. *Eingebaute Kritik.* Fragen werden oft auf diese Weise eingesetzt. Die dahinterliegende Bedeutung ist »Ich mag das Kleid nicht« oder »Du solltest wissen, daß das Kleid nicht auf diese Party paßt«.

9. Wörter wie »immer« und »nie« sind *kategorische Imperative.* Genauer (und weniger belastet): »Du scheinst oft unbedingt das letzte Wort haben zu wollen, und ich bin frustriert.«

10. *Schuldzuweisung.* »Hätte ich doch nur das Studium beendet (oder »Es gefällt mir nicht, was aus meinem Leben geworden ist«), und ich will nicht die Verantwortung für die Entscheidung übernehmen, daher werde ich sie dir zuschieben.«

11. *Verweis auf Dritte,* in diesem Fall, um den Schwarzen Peter weiterzugeben. »Ich möchte nicht, daß du deine Kinder mitbringst, aber ich will dir das nicht extra sagen müssen.«

12. *Leugnen* und *Doppelbotschaft,* mit der Absicht, ein schlechtes Gewissen auszulösen. Die Worte des Kontrolleurs sagen das eine, sein Tonfall und seine Körpersprache etwas vollkommen

anderes. »Es ärgert mich, daß du sooft weggehst. Ich möchte, daß du zu Hause bleibst, aber ich glaube nicht, daß ich darum bitten muß.« Oder: »Ich glaube nicht, daß es gut wäre, wenn ich darum bitten würde.«

Warnung: Hierbei handelt es sich nur um Interpretationen, und *sie treffen nicht auf jeden Fall zu!* Manche Leute reden einfach so daher. In dem Fall wäre es Ihre Aufgabe, die Aussage in Gedanken eher zu *entschlüsseln* (siehe Kapitel 8, Fortgeschrittene Taktiken), anstatt sie zu klären oder zu verändern.

Ausrichtung

Manche von Ihnen haben nie irgendwelche Schwierigkeiten gehabt herauszufinden, worauf die kontrollierenden Menschen in Ihrem Leben aus sind. Es geht darum, was Sie mit dieser Information anfangen, die die Probleme verursacht. Sie benutzen sie, sich selbst dazu zu überreden, den Kontrollneurotikern nachzugeben und Ihre Interaktion so schnell wie möglich hinter sich zu bringen. Oder Sie setzen sie gegen die Kontrollneurotiker ein, indem Sie deren Worte und Taten zu Waffen machen und Gegenangriffe starten.

Bei der Aikido-Alternative müssen Sie jedoch auf die Gelegenheit verzichten, ein Märtyrer zu sein, der sich für andere aufopfert, oder ein Held, der in der Hitze des Gefechts sein Leben hergibt. Statt dessen benutzen Sie die Variante der »sekundären Kontrolltaktiken« (siehe Kasten), um die Anfänge von Harmonie und einer Beziehung zwischen Ihnen und den Kontrolleuren herzustellen. Wie eine Tänzerin auf dem Parkett des Ballsaals lassen Sie sich von ihnen führen. Sie kommen auf dieselbe Wellenlänge, sprechen dieselbe Sprache, benutzen dieselben Metaphern, fühlen mit ihnen. Mit anderen Worten, Sie richten sich aus.

Sekundäre Kontrolltaktiken

Menschen, die diese sogenannten »sekundären Kontrolltaktiken« einsetzen, versuchen, ihre Lebensqualität zu steigern, indem sie sich an die Menschen und Situationen um sich herum anpassen (anstatt den Versuch zu machen, diese Menschen und Situationen dahin zu bringen, daß sie sich ändern). Zu den sekundären Kontrolltaktiken gehört es nachzugeben, sich einzufühlen, das Beste aus einer schlimmen Situation zu machen, ein Problem als eine Chance neu zu sehen (anstatt zu versuchen, das Problem verschwinden zu lassen) usw. Hier scheint es starke kulturelle Unterschiede zu geben: Menschen aus dem Westen neigen dazu, direkte, bestimmte, primäre Kontrolltaktiken zu bevorzugen, während Bewohner Japans und anderer asiatischer Kulturen sehr viel größeren Wert auf Sekundärkontrolle legen.

Die Ausrichtung selbst ist eine sekundäre Kontrolltaktik (tatsächlich ein Bündel von vielen Taktiken), Aikido ist es jedoch nicht. Der Aikido-Meister richtet sich aus im Rahmen einer größeren Anstrengung, die letzten Endes zur Primärkontrolle führt, er richtet sich aus, um umzulenken oder zu führen. Doch eine eingebaute Einstellung gegen Sekundärkontrolle macht es für manche Menschen immer noch schwierig, Aikido-Künste zu lernen und anzuwenden.

Eine Alternative, kein Edikt

Ausrichtung bedeutet, zuzulassen, ja sogar zu fördern, daß das Kontrollverhalten vorübergehend fortgesetzt wird. Dazu sind Sie vielleicht einfach nicht bereit. Es ist Ihr unbestreitbares Recht, sich mit unangemessenem oder beleidigendem Verhalten *nicht* abzufinden, ganz gleich, wie richtig es strategisch wäre, das doch zu tun. Seien Sie bereit, dieses Recht auszuüben!

Wenn Sie nicht gewillt oder in der Lage sind, noch eine weitere Sekunde mit Geschrei, Drohungen, Kritik, Schmollen oder ähnlichem zu ertragen, dann *tun Sie es nicht.* Beenden Sie die Interaktion unverzüglich, indem Sie weggehen oder die eine oder andere Taktik des Abschaltens benutzen, wie sie in Kapitel 5 beschrieben werden. Oder sagen Sie dem Kontrolleur, daß Sie eine dieser Maßnahmen ergreifen werden, wenn er sein Verhalten nicht einstellt. Auch die Grenzen setzenden Taktiken, die im nächsten Kapitel beschrieben werden, können nützlich sein.

Wenn Sie beschließen, daß Sie es noch eine Weile länger ertragen *können,* was immer der Kontrollneurotiker tut (oder daß die Umstände so sind, daß Sie ihn nicht aufhalten könnten, selbst wenn Sie wollten), dann mag es an der Zeit sein, daß Sie lernen, sich auszurichten. Der zweite Teil dieses Kapitels be-

schreibt Varianten der drei grundlegenden und nützlichsten Ausrichtungstaktiken – *Entsprechung, Klärung
und strategisches Nachgeben.*

Entsprechung

Zu dieser Technik gehört es, mit dem Kontrolleur zu
harmonisieren, seine Position oder seine Form der
Kommunikation widerzuspiegeln und vorübergehend
die »Richtigkeit« seines Standpunkts zu akzeptieren.
Manchmal nennt man das, »die Sprache des anderen
Menschen sprechen zu lernen«. Wenn Sie zum Beispiel einen Besuch im Ausland machen, werden
Sie schneller akzeptiert und man vertraut Ihnen auch
schneller, wenn Sie mit den Bewohnern in ihrer Mut-
tersprache reden können. Genau dasselbe Prinzip
gilt, wenn die fraglichen »Sprachen« aus nonverbalen
Signalen, kulturellen Idiomen und Unterschieden im
persönlichen Stil bestehen.

Entsprechen Sie Sprachmustern

Sie können dieses verbal tun, indem Sie den Rhythmus und den Tonfall der Sprache des Kontrolleurs
aufnehmen. Steigern Sie Ihr Tempo bei jemandem,
der schnell spricht, und werden Sie langsamer bei
jemandem, der schleppend spricht oder jeden Satz in
die Länge zieht, wobei die Betonung auf denselben
Wörtern liegt. Versuchen Sie, denselben Jargon, dieselben Redewendungen, dieselbe Ausdrucksweise
und in manchen Fällen dieselben Wörter zu benutzen
wie die kontrollierende Person (wenn sie beispielsweise Limonade mit Kohlensäure »Brause« nennt,
dann nennen Sie sie auch Brause). Wenn die Sprache

des Kontrolleurs relativ jargonfrei ist, dann sollte Ihre es auch sein.

Entsprechen Sie dem Kommunikationsstil

Seien Sie direkt bei jemandem, der Ihnen gegenüber direkt ist; seien Sie ein bißchen distanzierter bei Leuten, die einen indirekten Stil einsetzen. Wenn Sie jemandem, der Logik als Kontrolltaktik benutzt, Gründe nennen, versuchen Sie, sie an den Fingern abzuzählen. Wenn der andere Mensch das, was er sieht, als Tatsache betrachtet, dann reden Sie auch von Tatsachen (sagen Sie lieber »Ich denke« oder »Ich verstehe« statt »Ich habe das Gefühl« oder »Ich glaube«). Wenn die andere Person emotional ist, spiegeln Sie ihre Gefühle wider, und bringen Sie eigene Gefühle ein. Nehmen Sie Rücksicht auf kulturelle Unterschiede. Für manche Amerikaner gibt es nichts Sanfteres als den Klang einer zugeknallten Tür, während jemand aus Japan von einem schlichten, bestimmten »Nein« beleidigt werden könnte.

Entsprechen Sie physischen Bewegungen und der Körpersprache

Vielleicht möchten Sie die Bewegungen oder die Körpersprache des Kontrolleurs spiegeln. (Achten Sie darauf, das subtil genug zu tun, damit der Kontrolleur nicht erkennt, was Sie tun.) Statt einen Schritt von jemandem zurückzutreten, der sich gerade aggressiv auf Sie zubewegt hat (wozu die meisten von uns neigen), bleiben Sie stehen oder gehen Sie auf die Person zu. (Achten Sie darauf, daß Ihre Bewegung nicht aggressiv wirkt, wenn Sie diese Methode einsetzen – wählen Sie eine offene Körperhaltung und ein freundliches Lächeln.)

Wenn andererseits ein eher indirekter Kontrolleur versucht, eine Distanz zwischen Ihnen entstehen zu lassen, dann geben Sie ihm, wenn die Situation es erlaubt, sogar noch mehr Raum. Beispielsweise besteht die beste Methode der Ausrichtung bei jemandem, der schmollt oder schlechte Laune hat darin, ihn ein paar Tage (oder Jahre!) in Ruhe zu lassen. Wenn Sie mit ihm *kommunizieren müssen*, machen Sie das so schnell und mit sowenig Aufwand wie möglich. Einem Schmollenden »hinterherzulaufen« (indem man viel Energie darauf verwendet, ihn aufzuheitern oder dazu zu überreden, nicht mehr zu schmollen), ist nicht nur Zeitverschwendung für Sie, sondern es wird das Schmollmuster auch noch verstärken.

Entsprechen Sie der Intensität

Der Intensität zu entsprechen, kann besonders wirksam sein. Man spricht manchmal davon, »genauso präsent« wie der Kontrolleur zu sein. Setzen Sie eine entschiedene Körperhaltung ein, eine energische Stimme, nachdrückliche Bewegungen und viel Blickkontakt, wenn Sie es mit jemandem zu tun haben, der sich stark gibt. (Sie können auch die Lautstärke steigern, wenn Ihnen das gelingt, ohne daß Sie verärgert klingen. Seien Sie sehr vorsichtig bei dieser Taktik: Ganz gleich, wie Sie klingen, viele Leute verbinden eine erhobene Stimme mit starken Emotionen. Siehe Kasten.)

Sprechen Sie sanfter und leicht passiv mit »hilflosen« oder scheinbar desinteressierten Kontrolleuren. Sie machen einen feinfühligeren Umgang erforderlich. Und wie im vorigen Beispiel sagen Sie sowenig wie möglich zu jemandem, der sich zurückzieht, keinen Piep mehr sagt oder auf andere Weise abschaltet. Im allgemeinen reden wir viel zuviel mit Leuten, die entschlossen sind, Gespräche mit uns zu vermeiden.

Entsprechung in der Intensität kontra Entsprechung in der Emotion

Der Intensität zu entsprechen bedeutet *nicht*, auch der Emotion zu entsprechen. Sie müssen sich nicht traurig geben, wenn Sie es mit einem traurigen Kontrolleur zu tun haben, und ich schlage vor, daß Sie bei Ärger des anderen nicht auch Ärger zeigen, es sei denn, Sie wollen Streit anfangen. Eine Entsprechung in der Intensität läßt den Kontrolleur wissen, daß Sie bereit sind, sich hineinzuhängen, ganz gleich, was passiert, und daß Sie stark und interessiert genug sind, um das zu tun. Das steigert die Chancen, daß Sie beide am Ende zusammenarbeiten. Doch so zu tun, als sei man verärgert oder traurig, um irgendein falsches Mitgefühl zu zeigen, ist eine schlechte Idee und hat nichts zu tun mit einer Entsprechung in der Intensität.

Klärung

Diese Ausrichtungstechnik bringt verheimlichte Programme ans Tageslicht und ist besonders nützlich im Umgang mit Kontrolleuren, die emotionale Ausbeutung und andere indirekte Taktiken einsetzen, etwa Doppelbotschaften, Implikationen, breite Verallgemeinerungen, globale Anschuldigungen und unbestimmte

Anforderungen. Sie können den Kontrolleur beispielsweise bitten, Ihnen genaue Beispiele von Verhaltensweisen zu geben, die er kritisiert:

CHEF: Ihre Einstellung stinkt.

ANGESTELLTER: Was genau habe ich gesagt oder getan, das Sie zu der Überzeugung brachte, daß ich Probleme mit der Einstellung habe?

Sie können um genauere Anweisungen bitten ...

EHEFRAU: Ich bin nicht dein Dienstmädchen. Wann wirst du anfangen, hier auch einen Teil der Verantwortung zu übernehmen?

EHEMANN: Was genau kann ich tun, um Verantwortung mit zu übernehmen?

... oder versuchen zu überprüfen, ob Sie verstanden haben, was die andere Person gesagt hat.

ELLEN: Wenn dir unsere Freundschaft wirklich wichtig wäre, würdest du nicht von Tisch zu Tisch hüpfen, wenn wir zusammen ausgehen.

BEVERLY: Glaubst du tatsächlich, daß mir unsere Freundschaft nicht wichtig ist?

Sie können sogar um etwas bitten, von dem Sie befürchten, daß Sie es auch bekommen werden, können als erster ein heikles Thema anschneiden oder aussprechen, was die andere Person Ihrer Vermutung nach denkt. Sie können beispielsweise befürchten, daß Ihre Vorgesetzte, die schnell auf Ihr Büro zugeht,

Sie gleich zusammenstauchen wird, weil Sie einen Termin verpaßt haben. Stehen Sie auf, gehen Sie zu ihr, bevor sie Ihr Büro erreicht hat, und sagen Sie: »Haben Sie eine Minute Zeit? Ich muß mit Ihnen über den verspäteten Bericht sprechen.« Sie werden vielleicht dennoch zusammengestaucht, aber Sie werden mit ziemlicher Sicherheit in einer stärkeren Position sein, als wenn Sie auf die Vorgesetzte gewartet hätten. Sie werden ein verantwortungsbewußteres Bild abgegeben haben, und Sie werden sich auf ihr Bedürfnis ausgerichtet haben, sich mit dem verpaßten Termin zu befassen. (Lassen Sie sich jedoch warnen: Diese Taktik funktioniert bei dem ersten verpaßten Termin viel besser als beim zehnten!)

Klärungsstrategien verführen Kontrolleure dazu, ihre Karten auf den Tisch zu legen und Ihnen zusätzliche Informationen zu liefern, die sich später als nützlich herausstellen können. Zusätzlich haben die Kontrolleure das Gefühl, daß man ihnen zuhört – Sie richten sich auf deren Bedürfnis, ernstgenommen zu werden, aus. Schließlich, angesichts Ihrer offensichtlichen Kooperation geht ihnen vielleicht schneller der Dampf aus, als das geschehen wäre, wenn Sie sich ihrer Kontrolle widersetzt hätten.

Die meisten Klärungstaktiken funktionieren am besten in Kombination mit der Entsprechung. Das bedeutet: Entsprechen Sie der Intensität und dem Stil der anderen Person, wenn Sie um Klärung bitten. Wenn Sie mit flacher, neutraler Stimme fragen oder sprechen, wird die andere Person sich schnell »einer Technik unterworfen« fühlen. Und sie wird Ihnen das sehr schnell vorwerfen. Wenn Sie irgendwann die verärgerte Antwort: »Wenden Sie diese verdammte Technik nicht bei mir an!« hören, dann bedeutet das vermutlich, daß Sie verbale Ausrichtungsmethoden angewandt, aber nicht der Intensität des Kontrolleurs entsprochen oder sich wirkungsvoll auf andere nonverbale Kanäle ausgerichtet haben.

Schließlich und äußerst wichtig – klären Sie *niemals* in einem sarkastischen oder verärgerten Tonfall. Selbst subtile Unterschiede in der Tonqualität können die Botschaften, die durch Ihre Worte übermittelt werden, dramatisch verändern. Die Frage »Glaubst du tatsächlich, daß mir unsere Freundschaft nicht wichtig ist?« bekommt eine Bedeutung, wenn sie auf interessierte, besorgte Weise gestellt wird, und eine ganz andere, wenn sie sarkastisch ausgesprochen wird. Im zweiten Fall handelt es sich mit Sicherheit *nicht* um Ausrichtung. Im allgemeinen vermitteln solche Fragen Ungläubigkeit und werden als Angriff aufgefaßt.

Strategisches Nachgeben

Dieses ist die vielleicht schwierigste der drei Ausrichtungstaktiken, die hier vorgestellt werden. Einen kurzfristigen Verlust gegen die Aussicht auf einen langfristigen Gewinn einzutauschen, ist für die meisten von uns ein fremder, vielleicht sogar beleidigender Gedanke. Wir würden eher kämpfen als nachgeben und geben uns nur ungern in einer Schlacht geschlagen, selbst wenn uns das helfen könnte, den Krieg zu gewinnen. Statt dessen verlieren wir.

Aikido-Meister wissen es besser. Wenn sie beispielsweise merken, daß sie gleich niedergeworfen werden, passen sie sich an. Sie *entscheiden sich, sich niederwerfen zu lassen*, und das auf eine Weise, die ihnen nicht nur am wenigsten schadet, sondern die sie auch in der besten Position läßt, um den Kampf wiederaufzunehmen und den Gegner wieder zu fordern. Natürlich würden sie es vorziehen, nicht niedergeworfen zu werden. Aber nachdem sie keine Wahl mehr haben, tun sie das Zweitbeste: Sie nutzen den vorübergehenden Rückschlag und machen ihn zu einem Vorteil auf lange Sicht. Auch Sie können das tun.

Leben, um an einem anderen Tag zu kämpfen

Zum ersten Schritt gehört es, zu erkennen – und bereit zu sein, es zuzugeben –, daß eine Interaktion den Punkt der fallenden Profitraten erreicht hat. Machen Sie eine ehrliche Kosten-Nutzen-Analyse. Wird die Fortsetzung des Kampfes Sie mehr Zeit, Schwierigkeiten oder Verschlimmerung kosten, als er es wert ist? In dem Fall ziehen Sie eine Alternative in Betracht.

Drew beispielsweise erkannte, daß, ganz gleich, wie tapfer er sich der Kontrolle seines Schwiegervaters widersetzte, Carl sich weiterhin einmischen und unerwünschte Ratschläge geben würde. Was noch mehr zählte, seine Kämpfe störten Familienzusammenkünfte, machten seiner Frau Sorgen und ließen ihn genauso stur wirken wie Carl. Es war eine Verschwendung von Zeit und Energie, jedesmal einen Aufstand zu machen, wenn Carl sich einmischte. Außerdem waren manche seiner Ratschläge nützlich. So beschloß Drew, mit sehr viel Ambivalenz, die Kunst des strategischen Nachgebens zu lernen.

Es mag viele Gelegenheiten geben, bei denen auch Sie zu der Feststellung kommen: Widerstand funktioniert nicht und/oder ist den Aufwand nicht wert. Sie erkennen vielleicht, daß der andere Mensch im Vor-

teil oder besser geeignet ist, in einer speziellen Situation, in der Sie sich befinden, das Sagen zu haben.
Lassen Sie ihn! Gehen Sie mit ihm. Geben Sie ihm
gegenüber zu, daß er recht haben könnte (siehe Kapitel 8). Betonen Sie die Bereiche, in denen Sie zustimmen. Entscheiden Sie sich bewußt nachzugeben –
weil das *für den Augenblick* ganz in Ihrem Interesse ist.
Seien Sie geduldig. Unter Einsatz sekundärer Kontrolltaktiken arbeiten Sie auf den Zeitpunkt hin, zu
dem Sie in einer besseren Position sein werden, um
die Sache umzulenken oder die Führung zu übernehmen.

Nehmen Sie, was Sie bekommen

Versuchen Sie einem rationalen Ausbeuter, der Sie
mit logischen Erklärungen bombardiert, *noch mehr*
Gründe zu entlocken. Sie könnten jemanden, der Ihnen unerwünschte Ratschläge erteilt, um zusätzliche
Vorschläge bitten. Wenn ein übertrieben hilfreicher
Kontrolleur Ihre Akten neu ordnet, Ihren Wäsche-
schrank saubermacht oder die Reiseroute für Ihre
Ferien plant, warum nicht noch mehr Hilfe anfordern?
Nur sorgen Sie dieses Mal dafür, daß es eine Hilfe
wird, die Sie gebrauchen können. »Wenn Sie schon
dabei sind, könnten Sie ein Inhaltsverzeichnis machen, damit wir alle wissen, wo die Dinge abgelegt
sind?« könnten Sie Ihren Aktenorganisator bitten.
»Weißt du, ich könnte auch bei den Küchenschränken
Hilfe gebrauchen«, könnten Sie zu dem Wäsche-
schrankputzer sagen. Sie könnten sogar locker hin-
zufügen: »Putzt du auch Fenster?« (Wenn Sie das
ausprobieren, dürfen Sie *nicht* sarkastisch klingen.
Tragen Sie die zusätzlichen Bitten mit Ernsthaftigkeit
vor, so als ob Sie kein Wässerchen trüben könnten.

Und wenn die andere Person »ja« sagt, seien Sie bereit, das Fensterleder hervorzuholen.) Es geht darum, sich dem Kontrollverhalten *nicht* zu widersetzen, sonst würde der Kontrolleur unausweichlich die Hindernisse erhöhen und noch stärker versuchen zu kommandieren.

Umgang mit emotionalen Reaktionen

Machen Sie erstens nicht den häufig vorkommenden Denkfehler, daß der emotionale Ausbruch beendet werden muß. Ihre unmittelbare Neigung geht vielleicht dahin, einer wütenden Person zu sagen, daß sie sich beruhigen soll, oder zu erklären: »Hör jetzt auf. Wir wollen vernünftig darüber reden.« Tun Sie es nicht, es sei denn, es ist der letzte Ausweg. (Wie fühlen *Sie* sich, wenn jemand zu Ihnen sagt: »Hör jetzt auf. Wir wollen vernünftig darüber reden«?) Wenn man versucht, einen Gefühlsausbruch abzublocken oder den Kontrolleur ins Unrecht zu setzen, weil er so fühlt, besteht die Aussicht, daß er nur noch wütender wird.

Sie sind fast immer besser dran, wenn Sie den Wütenden ertragen und irgend etwas sagen wie: »Offenbar ärgert dich das wirklich. Was genau ist schiefgegangen?« Denken Sie daran, dieselbe Intensität (aber nicht den Ärger) aufzubringen, so daß der Kontrolleur weiß, daß Sie ihn nicht nur beschwichtigen, sondern wirklich ehrlich betroffen sind. Wenn Sie, indem Sie sich weiterhin auf das Problem konzentrieren, der Person stillschweigend die Erlaubnis geben, ihren Ärger herauszulassen, wird sie sich am Ende vielleicht beruhigen und besser in der Lage sein, den dahintersteckenden Grund zu attackieren (und nicht Sie).

Wenn jemand weint, schmollt oder seine Unzufriedenheit nonverbal vermittelt, neigen Sie vielleicht gleichermaßen dazu, auf »in Ordnung bringen« umzuschalten, damit Sie sich nicht unbehaglich fühlen. Während Sie auf der einen Ebene ernsthaft helfen und auf der anderen den Druck lindern wollen, den der Schmerz des anderen Menschen auf Sie ausübt, versuchen Sie schnell, einen Deckel auf seine Gefühle zu legen, mit Entschuldigungen das unter Kontrolle zu bringen, was er bei Ihnen ablädt, indem Sie ihm sagen, nicht solche Gefühle zu haben, den Schauplatz verlassen oder versuchen, die Dinge zu verbessern.

Versuchen Sie statt dessen, dem Weinenden ein Taschentuch zu geben, wobei Sie ihn nonverbal wissen lassen, daß es in Ordnung ist zu weinen. Dann warten Sie ruhig, bis er sich gesammelt hat. Bei der schmollenden oder Sie anschweigenden Person machen Sie einen einzigen Versuch, sie dazu zu bringen, daß sie Ihnen erzählt, was ihr Sorgen macht. Dann ziehen Sie sich zurück. Warten Sie still. Gehen Sie weg. Beschäftigen Sie sich mit anderen Aufgaben, bis Sie Anzeichen wahrnehmen, daß die andere Person sich erholt hat.

Handwerkszeug

Hier sind vier grundlegende Kommunikationsfähigkeiten, die nützlich sind, wenn man sich auf einen Kontrollneurotiker ausrichtet:

Umschreibung

Zur Umschreibung gehört, daß Sie die Position oder Botschaft des anderen Menschen mit Ihren eigenen Worten zusammenfassen. Das ist die wirksamste verbale Methode, um zu überprüfen, daß Sie das verstanden haben, was Ihnen übermittelt wurde, wobei Sie andere Leute wissen lassen, daß Sie bei ihnen sind, und sie ermutigen, sich weiter in die Richtung zu bewegen, in die sie bereits gehen.

Es gibt viele Varianten, von denen einige ziemlich kompliziert sind. Zum Zweck der Ausrichtung lernen Sie die Form der *Zusammenfassung* als erstes – sie ist direkt, und die andere Person wird Ihnen wahrscheinlich nicht vorwerfen, eine Kommunikationstechnik anzuwenden. Beginnen Sie mit Worten wie: »Ich möchte sicher sein, daß ich folgen kann . . .« oder einfach: »Mit anderen Worten . . .«

Kollege:	Sie haben wirklich Mist gebaut bei dem Handel mit Johnson. Sie haben zuviel von ihnen verlangt! Sie werden ungeheuren Ärger bekommen, wenn Mister Howard wieder da ist. Werden Sie das je begreifen?
Angestellter:	Lassen Sie mich überprüfen, ob ich Sie verstanden habe. Was Sie angeht, so sind Sie der Meinung, daß wir Johnson verloren haben, weil mein Preis zu hoch war. Und Sie sind ziemlich sicher, daß der Chef das genauso sieht.

Eine weitere Form, die oft bei kürzeren Aussagen (und zur Abwechslung) benutzt wird, beginnt mit Worten wie »Das klingt nach . . .« oder einfach »Also denkst / fühlst / glaubst (uw.) du . . .« Diese Form kann vorwurfsvoll klingen, also achten Sie darauf, daß Sie sie freundlich und interessiert vortragen.

Mark: Wenn du deine Pläne nicht änderst und mit mir in die Karibik kommst, dann weiß ich, daß du nicht die Frau für mich bist.

Julie: Das klingt so, als ob du in unseren Urlaubsplänen das Problem siehst, das über die Fortsetzung oder das Scheitern unserer Beziehung entscheidet.

Auch Fragen können zur Zusammenfassung benutzt werden, selbst wenn der Kontrolleur sich manchmal ein bißchen »interviewt« oder ins Rampenlicht gestellt fühlt. Schließlich werden fortgeschrittene Formen der Umschreibung zur Klärung indirekter Botschaften benutzt (siehe Beispiel auf Seite 276) oder als Reaktion auf bestimmte emotionale Haken.

Bestätigung

Dazu gehört alles, was Sie sagen oder tun, um den Sprechenden wissen zu lassen, daß Sie zuhören. Zur nonverbalen Bestätigung gehören Nicken, Beibehaltung des Blickkontakts oder ein gelegentliches »Aha«.

Zur echten Bestätigung gehört nicht automatisch Zustimmung, auch wenn Sie natürlich gleichzeitig bestätigen und zustimmen können. Umschreibung bestätigt automatisch (aus offensichtlichen Gründen), und manchmal nimmt die Bestätigung die Form einer sehr kurzen Umschreibung an. Manche Leute finden es nützlich, gelegentlich Echo des Sprechenden zu sein, wobei bestimmte Wörter oder Formulierungen genauso wiederholt werden, wie sie gesagt wurden.

Ehefrau: Ich weiß, es ist dir vollkommen gleichgültig, aber mein Tag war einfach entsetzlich.

Mann: (ihren Tonfall annehmend) Entsetzlich?

Zusätzlich können Sie einzelne Punkte der Übereinstimmung bestätigen – »Du hast recht, ich war in letzter Zeit schrecklich beschäftigt« oder »Sie sagen es. Ich habe nach Ihrem Anruf neulich nicht zurückgerufen.« Eine qualifizierte Zustimmung zu geben – »Damit könnten Sie recht haben« oder »Ich sehe, wie Sie sich dabei fühlen könnten« –, kann auch eine wirkungsvolle Strategie der Ausrichtung sein (siehe Kapitel 8, Seite 299)

Genauigkeitsfragen

Diese helfen Ihnen, zusätzliche Informationen zu bekommen und Interesse an dem Standpunkt der anderen Person mitzuteilen. »Was genau meinen Sie mit ›sich keine Zeit nehmen, um die Dinge zu überdenken‹?« oder »Was genau ist passiert, daß du so verärgert bist?« Sie können Ihnen helfen, unbestimmte Forderungen oder allgemeine Kommentare zu klären – »Welche Art von Zahlen suchen Sie genau, und wann brauchen Sie sie?« oder »Was genau wollen Sie von mir sehen oder hören, damit Sie wissen, daß ich meine Schularbeiten für dieses Projekt gemacht habe?« Und Sie können sie auch benutzen, um aus einem Kontrollneurotiker »mehr von derselben Art« herauszulocken – »Welche weiteren Gründe können Sie mir nennen, damit ich meine Meinung ändere?« oder »Können Sie mir noch irgend etwas sagen, das mich davon überzeugen könnte, Ihren Plänen zuzustimmen?«

Da eine Frage nach der anderen wie ein Verhör wirken kann, benutzen Sie dieses Handwerkszeug sparsam und streuen Sie lieber Fragen in andere Botschaften der Ausrichtung ein.

Nichts tun

Zunächst mag das wie ein merkwürdiges Werkzeug zur Ausrichtung aussehen, aber in Wirklichkeit ist es außerordentlich wertvoll. Es gibt keine Regel, die besagt, daß Sie sofort oder überhaupt verbal oder nonverbal auf jeden Schritt eines Kontrollneurotikers reagieren müssen. Nichts sagen oder tun ist in sich schon eine Antwort. In der Tat, wenn Sie auf eisiges Schweigen, starre, leere Blicke oder bedeutungsschwangere Pausen treffen, kann es die beste Ihnen zur Verfügung stehende Möglichkeit sein, wenn Sie dem Schweigen des Kontrolleurs mit aufmerksamem, aufnahmebereitem Schweigen begegnen.

»Aufmerksames, aufnahmebereites Schweigen« bedeutet, daß Sie mit Körpersprache und Gesichtsausdruck signalisieren, daß Sie sich darauf freuen, das Problem zu lösen, sobald die andere Person sich dazu entschließt. Es bedeutet *nicht*, »Duell der Augäpfel« zu spielen, indem Sie versuchen, die andere Person noch heftiger anzustarren. Gähnen Sie auch nicht, sehen Sie nicht auf die Uhr, gucken Sie nicht gelangweilt, summen Sie nicht vor sich hin, und trommeln Sie nicht mit den Fingern auf die Tischplatte. Entspannen Sie statt dessen Ihren Körper, atmen Sie, halten Sie einen guten Augen-Gesicht-Kontakt, seien Sie sehr aufmerksam (wie immer), und warten Sie. Wie lange sollten Sie warten, bevor Sie befinden, daß eine andere Taktik erforderlich ist? Das hängt von der Situation ab. Ganz generell warten Sie länger, als Sie denken, daß Sie es sollten; Sie werden überrascht sein, wie oft Ihre Geduld belohnt wird.

Sorgen Sie für viel Übung

Feste, Fußballspiele, Restaurants – Sie können Ihr Übungslabor überall aufbauen. Im Falle der Ausrichtung liegt das Problem nicht darin, wo man übt, sondern wo man *anfängt*. Es stehen so viele Ausrichtungstaktiken zur Verfügung und so viele Möglichkeiten, diese Taktiken einzusetzen, daß das ein bißchen überwältigend sein kann. Allein in diesem Kapitel wurden Dutzende von Möglichkeiten erwähnt, und doch haben wir in Wirklichkeit nur einige der grundlegendsten Muster behandelt.

Scheibchenweise

Das ist die beste Methode, einen Elefanten zu verspeisen, und es ist auch die beste Methode, die Ausrichtung zu erlernen. Wählen Sie eine spezielle Taktik aus, an der Sie arbeiten – Entsprechung in der Intensität, Widerspiegelung von Bewegungen, Umschreibung. Wann immer Sie dann mit Menschen zusammenkommen, beobachten Sie sie einen oder mehrere Tage lang, sammeln Sie Daten, und probieren Sie die Technik aus. Machen Sie mit einem Freund oder Familienmitglied Rollenspiele. Konstruieren Sie eine Situation, und bitten Sie den anderen, die Rolle des Kontrollneurotikers zu spielen. Wenn der andere diesen Menschen nicht persönlich kennt, geben Sie ihm ausreichend Hintergrundinformationen, damit er diese Rolle übernehmen kann, und bitten Sie ihn, sie voll und ganz auszuspielen. Richten Sie sich nach dem »Kontrollneurotiker« aus, bis der Rollenspieler keinen Dampf mehr hat oder es ansonsten schwierig findet, das Kontrollverhalten beizubehalten. Diskutieren Sie über das Rollenspiel, um herauszufinden, was funktionierte und wie sich die andere Person an verschiedenen Punkten des Gesprächs fühlte.

Wenn Sie zufällig jemanden kennen, der dieses Buch gelesen hat oder auch daran interessiert ist, die Ausrichtung zu lernen, dann machen Sie diese Übung, wie wir sie beschrieben haben, und tauschen Sie hinterher die Rollen. Setzen Sie die Übungen zur Umprogrammierung aus Kapitel 6 ein, damit Sie lernen, sich unter hochgradig streßbelasteten Bedingungen wirkungsvoll auszurichten.

Alles, was zu tun sich lohnt ...

In *The Amateur*, einem vor einigen Jahren erschienenen Spionageroman von Robert Littel, wird der Protagonist gefragt, warum er mit seiner CIA-Ausbildung weitermacht. Er ist eindeutig nicht geeignet für diesen Beruf – er verfügt über keinerlei Fähigkeiten, keine Geschicklichkeit und macht sich bei jeder Ausbildungsübung zum Narren. Der junge Mann antwortet: »Es lohnt sich für mich, es zu tun. Und alles, was zu tun sich lohnt, ist es wert, schlecht getan zu werden.«

Während sich diese Philosophie vermutlich nicht so gut auf Drachenfliegen oder Autorennen anwenden läßt, ist sie absolut wichtig für alle jene von uns, die wirksamere Formen der Kommunikation lernen wollen. Für die meisten Menschen, die lernen, sich auf jemanden auszurichten, der sich um jeden Preis wie ein Gegner aufführt, ist das keine leichte Aufgabe. Es fühlt sich nicht natürlich an, manchmal fühlt es sich nicht einmal richtig an. Außerdem kann es sein, daß Sie bei den ersten paar Malen, wenn Sie es versuchen, nicht viel Erfolg haben. Der Kontrolleur wird einen Schritt ausprobieren, bei dem Sie nicht wissen, wie Sie sich ausrichten sollen, oder er wird Sie so heftig verärgern, daß Sie gar nicht mehr in der Lage sind, sich auszurichten.

Geben Sie nicht auf. Bleiben Sie dran, und üben Sie trotz allem. Betrachten Sie das Unbehagen, die Ungeschicklichkeit, selbst die Zweifel, die Ihnen vielleicht kommen, als einen Teil des Lernprozesses. Alles, was zu tun sich lohnt, ist es wert, schlecht getan zu werden – weil das die einzige Methode ist, mit der Sie lernen, es gut zu tun. Wenn Sie durchhalten, *werden* die Fähigkeiten der Ausrichtung am Ende etwas Natürliches für Sie sein und werden Ihnen in den folgenden Jahren in schwierigen Situationen nützen.

Ausrichtung ist nicht das Ende des Weges. Das Beste, was Sie in manchen Kontrollinteraktionen erhoffen können, ist, daß Sie den Tiger reiten und das Ganze lebend überstehen. Doch gibt es auch viele Gelegenheiten, bei denen Sie den Tiger umdrehen, neu ausrichten und zu einem für beide zufriedenstellenden Ergebnis lenken können. Das nächste Kapitel erklärt, wann und wie man das macht.

Kapitel 8

Neuorientierung

Wie man den Tiger (sanft) umdreht

»Ausrichtung« ist ein ziemlich allgemeiner Ausdruck, und er bezieht sich auf zahlreiche unterschiedliche Fähigkeiten. Aber all diesen Fähigkeiten ist zumindest eins gemeinsam: Wenn sie erfolgreich ausgeübt werden, sorgen sie bei einem Kontrolleur für das Gefühl, daß er mehr Aufmerksamkeit bekommt, es ihm besser geht, weniger Gegensätze herrschen, er nicht mehr soviel allein ist. In gewisser Weise ist jede Fähigkeit auf ein Bedürfnis ausgerichtet und führt so dazu, daß der Kontrolleur sich einfach weniger bedürftig fühlt.

Außerdem kann der Kontrolleur dabei weiterhin alles tun, was er tut, um Kontrolle auszuüben. (Die Kontrollstrategien haben vielleicht nicht mehr dieselbe *Wirkung* wie sonst, aber für den Kontrolleur fühlen sie sich immer noch wie Kontrolle an, und das reicht im allgemeinen aus.) So werden also auch die Kontrollbedürfnisse zufriedengestellt. Wie der Tiger, der vor kurzem gefressen hat, wird der Kontrolleur, dessen Drang zur Kontrolle teilweise befriedigt wurde, weniger stark dazu getrieben, herumzukommandieren oder zu manipulieren. Er wird vielleicht nicht gerade zum Schmusekätzchen, nein, das nicht, aber die Aussichten stehen gut, daß er aufgehört hat, mit Ihnen herumzuschimpfen oder Sie wie verrückt zur Seite zu schieben.

Zusätzlich erkennt diese Person vielleicht, daß Sie nicht ganz so reagieren, wie sie es vorausgesagt hätte. Sie *scheinen* nachzugeben, aber nicht auf die Weise, die der Kontrolleur bei Ihnen gewohnt ist. Das verwirrt ihn. Oder er erwartet Widerstand, trifft auf keinen und wird erwischt, als er nicht mehr auf der Hut ist. Verwirrt, entwaffnet, aus dem Gleichgewicht geraten, legt er eine Pause ein, um die Situation neu zu betrachten und eine neue Vorgehensweise zu überlegen. Wenn Sie aufpassen, werden Sie wissen, wann der »Augenblick des Stolperns« eintritt. Das ist Ihre Gelegenheit, nach den Zügeln zu greifen und langsam anzufangen, den Tiger umzudrehen.

In diesem Kapitel werden wir einige Taktiken des Umlenkens erforschen, einfache und fortgeschrittene. Sie haben sich alle als nützlich erwiesen – was bedeutet, daß sie bei manchen Leuten manchmal funktionieren. Denken Sie daran, nichts funktioniert bei allen, und wenn Sie von Kontrollneurotikern reden, dann können Sie sicher sein, daß bei einigen Leuten überhaupt nur sehr wenig funktioniert. Versuchen Sie Ihr Glück.

Grundlegende Fähigkeiten

Ausrichtung schafft die Grundlage für das Umdrehen des Tigers, indem sie alles, was Sie als nächstes tun, wahrscheinlich eher erfolgreich ausgehen läßt. Mit dem Gedanken daran werden wir uns verschiedene Strategien der Umorientierung und wirksame Kommunikationsfähigkeiten ansehen, wobei wir mit den allgemeinen Mitteln anfangen, die in vielen verschiedenen Kontrollsituationen hilfreich sein können. Die folgenden drei Mittel sind die Butter bei den Fischen guter Kommunikation.

Metakommunikation

»Metakommunikation« ist Kommunikation *über die Kommunikation, die gerade abläuft* – der Austausch Ihrer Einsichten, Gedanken und Gefühle zu dem Prozeß mit der anderen daran beteiligten Person. Metakommunikation oder Metagespräch ist eine wirksame Methode, mit dem Kontrolleur auf neutralem Boden zusammenzukommen, sich mit ihm in eine Art von Auszeit-Bereich zu bewegen, wo Sie darüber diskutieren können, was vorgeht. Es ist auch eine ausgezeichnete *Ausgleichstaktik*, wie in Kapitel 5 beschrieben.

Führen Sie die Metakommunikation durch, indem Sie den Schwerpunkt vom *Inhalt* Ihres Gesprächs wegnehmen und auf den *Prozeß* des Sprechens verlagern. Indem Sie immer noch Informationen benutzen, die die andere Person geliefert hat, können Sie Ihre Gefühle in bezug auf die Interaktion zum Ausdruck bringen: »Ich bin ziemlich verwirrt durch manche Dinge, die ich höre« oder »Ich weiß nicht, wie es Ihnen geht, aber wenn ich mit so vielen Gedanken zugleich konfrontiert werde, fühle ich mich wirklich überwältigt. Jetzt in diesem Augenblick dreht sich alles in meinem Kopf. Ich könnte mit dem Problem besser fertig werden, wenn wir einen Punkt nach dem anderen durchgehen würden.« Hier einige spezifische Methoden, wie Metakommunikation eingesetzt werden kann.

Berichte über Fortschritte

Berichte über Fortschritte tragen dazu bei, zielgerichtete Kommunikation in der Spur zu halten. »Es sieht aus, als ob wir uns im Kreis drehen« oder »Ich glaube, ich war aufnahmebereiter für Ihre Ideen, bevor Sie anfingen, mich anzuschreien.« Entlocken Sie auch dem Kontrolleur Kommentare über den Vorgang. »Was meinen Sie? Kommen wir hier der Lösung irgendwie näher?« oder »Ich stelle fest, daß Sie in bezug auf diese Sache starke Gefühle haben, deswegen muß ich wissen, ob da noch Raum für Diskussionen ist. Sind Sie bereit, sich meinen Standpunkt anzuhören?«

Auf Widersprüche hinweisen

Sie können auf Widersprüche hinweisen, vor allem, wenn nonverbale Signale beteiligt sind, die nicht zu den Worten der anderen Person passen: »Ich höre dich sagen, daß du nicht verärgert bist. Aber wenn ich sehe, wie du mich anstarrst, die Schranktüren zuknallst und das arme Steak zu Brei klopfst, dann komm' ich nicht um den Gedanken herum, daß du doch verärgert bist.« Andere Beispiele wären: »Ich weiß, daß du gesagt hast, daß es dir gut geht, aber dieser Seufzer bedeutet im allgemeinen, daß du wegen irgend etwas beunruhigt bist. Willst du darüber reden?« oder »Hast du das ernst gemeint, als du sagtest, du wolltest mich ausreden lassen? Denn es sieht so aus, daß du mich jedesmal unterbrochen hast, wenn ich mit meiner Erklärung angefangen habe.«

Gefühle mitteilen

Schließlich gibt Ihnen das Metagespräch eine Gelegenheit, die Kontrolleure wissen zu lassen, wie ihr

Kontrollverhalten Sie beeinflußt: »Wenn Sie mich überprüfen, habe ich das Gefühl, Sie wollen mir sagen, daß ich inkompetent bin, daß Sie mir nicht zutrauen, meine Arbeit zu erledigen« oder »Es wäre mir lieber, Sie würden nicht schreien. Wenn Sie es tun, dann werde ich so nervös, daß ich nicht mehr klar denken kann. Ich bringe keinen Ton mehr heraus. Sie werden ungeduldig und schreien noch mehr. Das ist ein Teufelskreis.«

»Wenn«-Aussagen

»Wenn Sie _____ tun, dann fühle ich _____.«
»Wenn ich _____ tue/sage, scheinen Sie zu _____.«
Diese Sätze sind *Wenn-Aussagen*. Ihr Vorteil liegt in der Tatsache, daß sie nicht Fehler, Schuldzuweisung oder irgendeinen kausalen Zusammenhang implizieren (auch wenn durchaus einer bestehen kann) zwischen dem, was *Sie tun* und was *ich fühle*. Es ist gut, »Wenn«-Aussagen zu benutzen anstelle von Feststellungen wie »Sie machen mich _____, wenn Sie _____ sagen/tun«.

Beispiel: »Sie machen mich ärgerlich, wenn Sie mich kritisieren« wird zu »Wenn Sie mich kritisieren, werde ich ärgerlich.«

Viele Kontrolleure sind sich des Eindrucks, den ihr Handeln auf Sie macht, nicht bewußt. Wenn Sie es ihnen klarmachen, werden sie ihr Verhalten oft ändern, zumindest vorübergehend.

Natürlich haben manche Kontrolleure einen Pan-

zer, der zu dick ist, als daß diese Technik ihn durch-
dringen könnte. »Machen Sie keine Psychoanalyse
mit mir«, knurren sie, wenn Sie es mit der Metakommunikation versuchen. Richten Sie sich neu aus, und
versuchen Sie es noch einmal. Vielleicht dringen Sie
zu ihnen durch. Wenn das nach mehreren Versuchen
nicht der Fall ist, versuchen Sie etwas anderes.

Auf dem Höhepunkt einer Krise oder dann, wenn
Sie in einem emotional erregten Zustand sind, ist Metakommunikation sehr schwierig. Wenn Sie glauben,
sie könnte hilfreich sein, Sie aber einfach nicht ruhig
und beherrscht genug sind, um sie *während* der Interaktion einzusetzen, versuchen Sie es bei einer anderen Gelegenheit. Zu diesem späteren Zeitpunkt beginnen Sie mit der Sache, indem Sie dem Kontrolleur
sagen, daß Sie über Ihre frühere Interaktion diskutieren möchten, und wenn er einverstanden ist, tun Sie
es auf eine nicht bewertende, kooperative Weise (benutzen Sie Wenn-Aussagen).

Wenn die Methoden eines Kontrollneurotikers, Sie
zum Handeln zu veranlassen, die Hauptursache Ihrer
Schwierigkeiten sind, kann ein Metagespräch ausrei-
chen, um sie zu beseitigen. Meistens jedoch pflastert
die Metakommunikation den Weg für eine andere
Form der Umlenkung, oder sie folgt einem bestimmten oder leicht fehlzudeutenden Versuch, etwas zu
bekommen, was Sie haben wollen.

Bitten

Wenn die Kraft im Angriff des Kontrolleurs neutralisiert worden ist, wird es Zeit, daß Sie handeln. Im
allgemeinen werden Sie irgendeine Bitte äußern. Bei-

spielsweise können Sie darum bitten, daß er bestimmte Verhaltensweisen einstellt: »Wenn Sie mit meiner Arbeit unzufrieden sind, wäre es mir lieber, wenn Sie es mir unter vier Augen sagen würden, statt mich in Gegenwart der anderen Angestellten anzuschreien.«

Sie können um die Mitarbeit des Kontrolleurs bitten: »Ich bin diese Woche wirklich von Arbeit überschwemmt, Mama. Könntest du mir helfen, indem du eine Liste mit Hochzeitseinzelheiten aufstellst, um die ich mich kümmern soll, und die du mir dann vorliest, wenn ich dich gegen sieben anrufe?« Oder um die Unterstützung des Kontrolleurs: »Ich weiß, du bist nicht begeistert, daß ich diese Abendkurse mache, aber dieser Abschluß ist sehr wichtig für mich. Ich würde es wirklich sehr zu schätzen wissen, wenn du dir meinen Stundenplan einprägst und für die Abende, an denen ich Unterricht habe, keine Pläne für uns machst.«

Oder Sie können die Gelegenheit ergreifen, etwas zu erbitten, das Ihnen der Kontrolleur in der Vergangenheit verweigert hat: »Ich bin froh, daß Sie das zur Sprache bringen. Das gibt mir die Gelegenheit, Sie nach der Gehaltserhöhung zu fragen, die Sie vor ein paar Wochen erwähnten. Wann bekomme ich sie?« oder »Dabei fällt mir ein, haben Sie den Wagen schon zur Inspektion gebracht?«

Bitten gibt es in zwei Formen: *einfach* und *komplex*. Eine einfache Bitte ist schlicht eine Frage oder eine Feststellung, die nach einer Erfüllung verlangt. »Würdest du mir bitte den Zucker geben?« und »Ich will nicht, daß Sie mich weiterhin einladen«, sind einfache Bitten. Aber es gibt viele, viele andere Methoden, Bitten zu äußern. Manche dieser Methoden sind komplex, elegant und außerordentlich subtil. Manche können Sie verrückt machen – beispielsweise die paradoxe Bitte, der man nur entsprechen kann, wenn man ihr nicht entspricht. Bei manchen Taktiken des Bittens richtet man sich aus und übernimmt gleichzeitig die Führung – beispielsweise, wenn Sie um etwas bitten, von dem Sie wissen, daß der andere es geben möchte, und das auf eine Weise tun, die Ihre Chancen steigert, daß eine zweite, weniger menschenfreundliche Bitte auch erfüllt wird. In diesem Abschnitt werden wir uns die einfachen Bitten ansehen – und werden dabei doch nur an der Oberfläche dieses faszinierenden Themas kratzen können.

Seien Sie genau

Wenn Sie eine Bitte äußern, seien Sie nicht doppeldeutig in bezug auf das, was Sie wollen. Spezifizieren Sie genau, was Sie von der anderen Person sehen und hören wollen – selbst wenn Sie denken, der andere sollte eigentlich wissen, was Sie meinen. Benutzen Sie eine klare, genaue Sprache, die ein durchschnittlicher Zehnjähriger verstehen könnte. Verzichten Sie auf unbestimmte Verallgemeinerungen wie »hier mehr Verantwortung übernehmen« oder »mich unterstützen, wenn ich die Kinder bestrafe« oder auf Fachausdrücke oder Slang der Straße, den die andere Person wahrscheinlich nicht versteht. Ihre Freundin, die Künstlerin, hat vielleicht keine Ahnung, was ein »Interface« ist, und Ihr Ehemann, der Börsenmakler, denkt vielleicht, daß er Sie bereits »unterstützt«, wenn er einen Scheck mit nach Hause bringt.

Seien Sie kurz

Zwar kann es hilfreich sein, wenn man Bitten mit Einleitungen wie »Könntest du mir helfen, indem du ...« oder »Ich wäre wirklich dankbar, wenn ...« weicher gestaltet, aber versuchen Sie, Ihre Forderung nicht abzuschwächen. Wenn Sie sagen »Könntest du vielleicht darüber nachdenken, den Kindern gegenüber ein bißchen geduldiger zu sein?« oder »Es ist nur so ein Gedanke, und vielleicht stimmen Sie nicht mit mir überein, aber es scheint, daß Sie aus uns Angestellten mehr herausholen könnten, wenn Sie uns ein bißchen weniger kritisieren würden«, dann vermitteln Sie sonstwas, *nur nicht* Ihre Bitte. Es gilt die Regel: Je weniger Verpackung Sie benutzen, desto besser. Und wenn Sie Ihre Bitte einmal ausgesprochen haben, hören Sie auf zu reden. Wenn Sie nichts weiter sagen, vermeiden Sie die weitverbreitete Falle, den Kontrolleur mit Informationen zu versorgen, die er dazu benutzen kann, die Erfüllung abzulehnen.

Wenn der Kontrolleur ablehnt

Es gibt nur zwei mögliche Antworten auf eine Bitte: Erfüllung oder Ablehnung. (Natürlich gibt es viele Formen der Ablehnung. Der Kontrolleur kann auch erfüllen *und* ablehnen.) Wenn der Kontrolleur erklärt, warum er Ihnen auf keinen Fall helfen kann, Ihre Position kritisiert, Ihre Bitte mit einer eigenen Bitte beantwortet, versucht, bei Ihnen ein schlechtes Gewissen auszulösen, wütend wird oder irgend etwas anderes tut als die Bitte zu erfüllen (oder verspricht, es zu tun), dann richten Sie sich neu aus. Benutzen Sie die Vorgehensweise, die Sie in Kapitel 7 gelernt haben, eine oder mehrere der fortgeschrittenen Aikido-Taktiken, die später in diesem Kapitel beschrieben werden, oder irgendein anderes angemessenes Verhaltensmuster. Richten Sie sich weiter aus, bis Sie das Stolpern erkennen oder bis die Angriffsenergie des Kontrolleurs nachläßt. Dann wiederholen Sie Ihre Bitte.

Umgang mit Schweigen

Manche Kontrolleure werden Ihre Bitte mit Schweigen beantworten, Sie anstarren in der Hoffnung, Sie einzuschüchtern, damit Sie Ihre übertrieben dargestellte Bitte auf ein Mindestmaß reduzieren oder sie ganz zurückziehen. Oder sie werden Sie übersehen, in der Hoffnung, daß Sie und Ihre Bitte einfach verschwinden. Ganz allgemein, richten Sie sich auf Schweigen aus, indem Sie selbst schweigen. Bewahren Sie einen guten Blickkontakt, atmen Sie, mit anderen Worten, seien Sie *anwesend*; nur sagen Sie einfach nichts.

Die meisten Leute werden nachgeben oder auf eine andere Form des Widerstands umschalten, wenn sie merken, daß ihre Schweigetaktik nicht funktioniert. Aber manche halten durch. Das sollten Sie auch tun. Denken Sie daran, was Sie in Kapitel 7 gelernt haben: Warten Sie länger, als Sie denken, daß Sie es tun sollten. Wenn die Stille unerträglich wird oder wenn es strategisch richtig erscheint, wiederholen Sie die Bitte mit etwas anderen Worten, oder setzen Sie Metakommunikation zum Thema Schweigen ein. (»Oje, es sieht so aus, als hätten wir uns gegenseitig eine ganze Weile angestarrt.«) Dann schweigen Sie wieder.

Umgang mit kategorischer oder wiederholter Ablehnung

Andere Kontrolleure werden kategorisch ablehnen, das zu tun, worum Sie bitten. Sie werden Sie vielleicht ausfragen, kritisieren oder lächerlich machen, Ihren Knopf für das schlechte Gewissen betätigen oder zu irgendeiner anderen Kontrolltaktik greifen, um sich Ihrem Versuch zu widersetzen, von ihnen etwas zu bekommen. Richten Sie sich neu aus oder nutzen Sie die Metakommunikation (oder tun Sie beides), und dann wiederholen Sie Ihre Bitte, wobei Sie überprüfen, ob der andere versteht, worum er gebeten wird.

Wenn Sie keine Erfüllung bekommen können, holen Sie sich Anerkennung

Wenn sich Kontrolleure wiederholt weigern oder sich auf eine Weise weigern, die mehr Unbehagen hervorruft, als Sie ertragen können, dann erreichen Sie am Ende den Punkt der fallenden Profitrate. Bevor Sie die Interaktion beenden, versuchen Sie, den anderen dahin zu bringen, daß er Ihre Bitte anerkennt – »Verstehen Sie, daß ich lieber unter vier Augen kritisiert werden möchte, als vor der Belegschaft vorgeführt zu werden?« oder »Hörst du, daß ich dich bitte, für uns keine Pläne für die Abende zu machen, an denen ich zum Kursus gehe?« Wenn Sie ein Ja bekommen, bestätigen Sie es (»Danke fürs Zuhören«), und belassen Sie es dabei. Wenn dem Ja ein »Aber« folgt, unterbrechen Sie, und bestätigen Sie das Ja.

Bestätigen Sie *jede* Erfüllung herzlich

Wann immer ein Kontrolleur *tatsächlich* zustimmt, Ihnen eine Bitte zu erfüllen, bestätigen Sie diese Zustimmung mit Herzlichkeit. Verteilen Sie ein paar nette Streicheleinheiten, indem Sie dem Kontrolleur Komplimente machen, daß er so vernünftig, flexibel, verständnisvoll, bereitwillig ist, Chancen zu ergreifen, oder sonst etwas, das zutrifft. Sie brauchen nicht überschwenglich zu sein. Aber Sie dürfen *nicht* sarkastisch klingen.

Umgang mit halber Beute

Was ist mit dem Kontrolleur, der Launen hat? Sie bitten Chucky, Ihren Sohn im Teenageralter, die Milch aufzuwischen, die er verschüttet hat, und Chucky tut das – knurrend und die Schubladen zuknallend –, nachdem er Ihnen einen Blick verpaßt hat, gegen den Medusa ein Waisenkind wäre. Was tun Sie? Sie danken ihm dafür, daß er das gemacht hat, worum Sie ihn gebeten haben. Egal, wie sehr er dabei geknurrt hat. Egal, daß er es hätte freiwillig tun sollen. *Immer wenn* Ihre Bitte erfüllt wird, belohnen Sie diese Erfüllung und beenden die Interaktion mit Anerkennung.

Wenn Sie mit Chucky gern über seine Launen reden wollen, gut so. Das ist sogar ein guter Gedanke. Aber machen Sie dafür einen »neuen Ansatz« – das bedeutet: Erkennen Sie das Saubermachen an, machen Sie eine Pause, atmen Sie ein- oder zweimal durch. Wenn Sie es durchhalten können, warten Sie ein paar Minuten. Dann machen Sie es zu einem ganz neuen Thema, indem Sie sich mit Chucky hinsetzen und auf seine Launen zu sprechen kommen. (Viel Glück.)

Umgang mit Zustimmung, gefolgt von Nichterfüllung

Chucky stimmt zu, sein Zimmer aufzuräumen (seine Schlamperei geht über den Frühstückstisch hinaus); als nächstes merken Sie, daß Xaxxon-Soldaten aus dem Nintendo-Apparat in Ihr Wohnzimmer stürmen. Hier liegt der Trick in der Wiederholung. Werden Sie nicht wütend (wenn Sie es schaffen); Sie müssen es nicht lauter oder klarer sagen. Sagen Sie es einfach noch einmal: »Geh dein Zimmer aufräumen.«

Konsequenzen einsetzen

Eine Angestellte wird getadelt oder rausgeschmissen, wenn sie wiederholt zu spät zur Arbeit kommt. Ein Kind, das zwei Stunden zu spät nach Hause kommt, wird ausgeschimpft oder darf nicht mehr fernsehen oder bekommt das Taschengeld gekürzt. Ein Freund, der einen Vertrauensbruch begeht, schafft sich einen verletzten, wütenden Freund.

Es ist *in Ordnung,* zu Konsequenzen zu greifen. Ich schlage aber vor, daß Sie sie nur als letzten Ausweg benutzen oder wenn Sie gar nichts anderes mehr tun können. Setzen Sie ganz allgemein sowohl positive als auch negative Konsequenzen ein; lassen Sie beispielsweise Chucky wissen, welchen Vorteil, welches Privileg oder welche Belohnung er bekommt, wenn er sein Zimmer *tatsächlich* aufräumt. Drohen Sie nicht mit Konsequenzen; selbst bei kleinen Kindern sollten sie eine *Wahlmöglichkeit* sein, kein Ultimatum. »Geh um halb neun ins Bett, und ich lese dir eine Geschichte vor. Überschreite die Schlafenszeit, dann gibt es morgen kein Fernsehen. Verstanden?« (Wenn Ihre Kinder stets die negativen Konsequenzen wählen, dann sind Ihre Konsequenzen natürlich zu weich – es wird Zeit, den Einsatz zu erhöhen.)

Ich meine, sofortige negative Konsequenzen sollten folgen, wenn jemand zustimmt, eine Bitte zu erfüllen, es dann aber nicht tut. Ein Kind sollte bestraft, eine Angestellte getadelt, ein Freund mit seinem Verhalten konfrontiert werden. Lassen Sie die Menschen in Ihrer Umgebung wissen, daß für Sie die *Zustimmung zur Erfüllung* gleichbedeutend ist mit der tatsächlichen Erfüllung und daß Sie erwarten, daß die anderen sich entsprechend verhalten. Natürlich sollten Sie dasselbe tun. Unter anderem sollten Sie, wenn Sie die

Bedingung für eine Konsequenz (positive oder negative) einmal festgelegt haben, sich auch daran halten, wenn diese Bedingungen eingetreten sind. Es sind nur ein paar »inhaltslose Konsequenzen« nötig, um Ihre Glaubwürdigkeit zu zerstören und ihre Fähigkeit, überhaupt Wünsche erfüllt zu bekommen, wirklich einzuschränken.

Ablehnungen

Wenn es Ihnen schwerfällt, sich vorzustellen, wie Sie Bitten äußern und die Kontrolleure in Ihrem Leben zustimmen, sie zu erfüllen, dann finden Sie es vermutlich unmöglich, sich vorzustellen, daß Sie sich weigern, die Anforderungen des Kontrollneurotikers zu erfüllen. Den meisten von uns fällt es schwer, nein zu sagen, und das um so mehr, wenn die andere Person nicht gewillt ist, nein als Antwort zu akzeptieren. Aber es geht.

Schätzen Sie die Situation ein

Zuerst schätzen Sie Ihre Situation realistisch ein. Gibt es Bedingungen, die das Neinsagen zu einem größeren Risiko machen, als Sie es eingehen wollen? Könnten Sie Ihren Arbeitsplatz verlieren? Festgenommen werden? Würden Sie einen anderen Menschen in Gefahr bringen? Besteht eine entfernte Möglichkeit, daß der Mensch, bei dem Sie ablehnen, gewalttätig wird? Wenn es tatsächlich zu solchen Konsequenzen kommen könnte, dann ist die Ablehnung vermutlich keine Wahlmöglichkeit – sosehr Sie es sich auch wünschen würden.

Kosten und Nutzen

Würden Sie ein schlechtes Gewissen haben? Sich Sorgen machen, daß Sie es später heimgezahlt bekommen? Eine Schimpfkanonade, eine langatmige Debatte, eine ganze Litanei von Erinnerungen an all die Dinge, die der andere Mensch für Sie getan hat, ertragen müssen? Wenn das der Fall ist, müssen Sie diese unerfreulichen Auswirkungen gegen Ihre Ziele und Bedürfnisse abwägen und entscheiden, ob Ablehnung eine Möglichkeit ist, zu der Sie greifen möchten.

Was für Sie dahintersteckt

Bewerten Sie schließlich ehrlich Ihre Motive. Ärgern Sie sich über die Bitte oder die Art, wie sie vorgetragen wurde? Sind Sie immer noch wütend über etwas, das der Kontrolleur früher während der Interaktion oder zu einem früheren Zeitpunkt gesagt oder getan hat? Ist Ihnen der Gedanke gekommen, daß Sie mit Ihrer jetzigen Ablehnung quitt sind für etwas, das der andere früher getan hat? Wenn diese oder andere rachsüchtige Motive vorliegen, treten Sie geistig einen Schritt zurück, konzentrieren Sie sich, und überprüfen Sie die Anforderung oder Bitte noch einmal. Sie entdecken vielleicht, daß Sie willens und in der Lage sind, einen *Teil* des Plans des Kontrolleurs zu erfüllen, oder daß Sie ihm folgen könnten, wenn er seine Bitte auf irgendeine Weise modifizieren würde. Wenn das der Fall ist, wenden Sie eine andere Strategie der Umlenkung oder der Kommunikation an als die Ablehnung.

Wackeln Sie nicht

Es gibt eine alte japanische Redensart, die grob übersetzt sagt: »Wenn du sitzt, sitz. Wenn du stehst, steh.

Wackel nicht.« Wenn Sie befinden, daß Sie absolut *nicht* tun wollen, was der Kontrolleur von Ihnen verlangt, und daß es absolut *keinen* Raum für Kompromisse gibt, dann müssen Sie nein sagen. Sagen Sie es entschieden, sagen Sie es freundlich, sagen Sie es bedauernd, sagen Sie es auf eine Weise, die am wenigstens Schmerz, Peinlichkeit oder Gesichtsverlust verursacht – aber sagen Sie es.

Manchmal ist es nützlich, die Anforderung oder Bitte zu umschreiben. Überprüfen Sie bei sich und dem Kontrolleur, daß Sie verstanden haben, was gefordert wird. Dann sprechen Sie Ihr Nein aus. Wenn Sie beschlossen haben, entschieden zu sein, sagen Sie: »Ich bin nicht bereit, das zu tun.« Oder sagen Sie: »Ich verstehe, daß du von mir verlangst, daß ich meine Abendkurse aufgebe (den Party-Service sofort anrufe / dir sage, was Joe mit dem Konto von Widget macht / mit dir ausgehe), aber ich tu es nicht (oder möchte es lieber nicht).«

Notlügen

Es ist nicht verkehrt, Notlügen zu gebrauchen. Übertriebene oder erfundene Gründe für das Neinsagen, Ausreden (einschließlich der allgemeinsten »Ich kann nicht«), all das hat seine Berechtigung. Wenn alle vollkommen ehrlich wären und sich jedem anderen auf diesem Planeten offenbaren würden, hätten wir uns innerhalb eines Jahres alle umgebracht. Aber das *Motiv* für die Lüge ist wichtig. Eine Notlüge wird erzählt, um einen anderen nicht zu verletzen. Wenn Sie lügen, weil es Ihnen zu peinlich ist, die Wahrheit zu sagen, oder aus einem anderen egoistischen Grund, dann halten Sie sich nicht an das Aikido-Vorbild. Und Sie sorgen vermutlich für Schwierigkeiten, in die Sie irgendwann später geraten werden.

Zustimmen, daß man nicht zustimmt

Eine Verhandlungstaktik für den Einsatz gegen eine andere Person, die nicht bereit ist, nein als Antwort zu akzeptieren, geht so:

JANE: *(Nach mehreren Runden Streit)* Zum letzten Mal, wir müssen diesen Vertrag abschließen – wir können es uns nicht leisten, das nicht zu tun.

SIE: Das glaube ich nicht, ich glaube, wir sollten auf ihn verzichten.

JANE: Das ist verrückt. Wir haben die Arbeitskräfte, und wir brauchen das Geld.

SIE: Jane, ich glaube, wir sind in dieser Angelegenheit unterschiedlicher Meinung.

JANE: Ja, der Unterschied liegt darin, daß ich recht habe und du verrückt bist!

SIE: Naja, ich glaube, auch da sind wir unterschiedlicher Meinung.

Darüber kann Jane mit Sicherheit nicht diskutieren – es stimmt offensichtlich. »Zustimmen, daß man nicht zustimmt«, ist eine Taktik, die darauf angelegt ist, unlösbare Fragen zurückzustellen. Sie wird als letzter Ausweg aufbewahrt, nachdem Ausrichtung und andere Vorgehensweisen ausprobiert wurden. Im Idealfall arbeiten die Parteien zusammen, um festzulegen, welche Übereinstimmungen und welche Unterschiede es in ihren Positionen gibt, und zumindest darin Einigung erzielen. Wenn es angebracht ist, können Sie die Tatsache, daß Sie die Zustimmung dazu,

daß man nicht übereinstimmt, ausgelöst haben, ab-
mildern, indem Sie etwas wie »Vielleicht denke ich
morgen früh anders darüber« oder »Ich brauche etwas
Zeit zum Nachdenken« sagen.

Umgang mit Widerstand

Seien Sie auf Widerstand vorbereitet. Wie Sie ja wissen, haben Sie es mit jemandem zu tun, der es haßt,
abgewiesen zu werden (und wenig Übung hat, ein Nein
mit Anstand hinzunehmen). Verhinderte Kontrolleure
werden alles aufbieten, vom Wutanfall bis hin zum
Vorwurf des Hochverrats, um Sie dahin zu bringen,
Ihre Meinung zu ändern. Seien Sie wie eine kaputte
Schallplatte. Richten Sie sich neu aus, wiederholen
Sie die Forderung des anderen, und umschreiben Sie
irgendwelche neuen Drehs, die er hinzugefügt hatte.
Dann wiederholen Sie Ihre Weigerung. Denken Sie
daran, daß die meisten Neins für den Augenblick gelten, nicht für alle Ewigkeiten. Bleiben Sie offen für die
Botschaften, die die Kontrolleure übermitteln. Wenn
sie Ihnen tatsächlich einen Grund aufzeigen, die Dinge
auf ihre Weise zu tun, der Ihnen sinnvoll erscheint
und Sie überzeugt, daß es Sie nicht viel kostet, die Bitte
zu erfüllen, dann tun Sie das auf jeden Fall.

Wenn Sie die Hitze nicht aushalten ...

Leider gibt es Gelegenheiten, bei denen der Kontrolleur sich nicht nur weigert, nein als Antwort zu akzeptieren, sondern Sie weiterhin so unter Druck setzt, bis
die Kosten der Weigerung den Nutzen erheblich zu
übersteigen beginnen. Wenn Ihnen das je passiert,
wenn Sie das Trommelfeuer, das wegen der Weigerung auf Sie niedergeht, einfach nicht ertragen können, seien Sie nachsichtig mit sich selbst. Es ist in

Ordnung, im Interesse des Überlebens nachzugeben. Verabschieden Sie sich aus *dieser* Schlacht mit soviel Anstand wie möglich, damit Sie lange genug anwesend sind, um den Krieg am Ende zu gewinnen.

Aber arbeiten Sie an Ihrer Fähigkeit, Ihren Standpunkt zu vertreten. Wenn Sie nein sagen und dann später einen Rückzieher machen, zeigen Sie Kontrollneurotikern, daß ihre Taktik bei Ihnen funktioniert. Bei der nächsten Gelegenheit werden sie länger und intensiver versuchen, Ihre Meinung zu ändern. Wenn sie also nicht bereit sind, sich von ihnen für immer zu lösen (eine Wahl, die Sie in Betracht ziehen könnten!), üben Sie, programmieren Sie neu, und bauen Sie Ihre Ressourcen auf für den Tag, an dem Sie die Kraft haben, eine sorgfältig überlegte Position einzunehmen und keinen Schritt zurückzuweichen.

Grenzen setzen

Grenzen zu setzen ist in Wahrheit eine aus mehreren Bestandteilen zusammengesetzte Fähigkeit – sehen Sie sie sich genau an, und Sie werden eine Kombination der drei voraufgegangenen Taktiken erkennen: Metakommunikation, Bitten und Ablehnen. Doch das Ergebnis, zu dem das Grenzensetzen führen kann (relative Freiheit von den Anforderungen des Kontrollneurotikers), ist so wichtig, daß ich es als eigene Kunst unterrichte.

In der einfachsten Form bedeutet das Grenzensetzen, daß Sie dem Kontrolleur Ihre Grenzlinien, Ihre »nicht verhandelbaren Punkte« mitteilen. Der Grenzzieher sagt im wesentlichen: »Bis zu diesem Punkt passiert x. Jenseits dieses Punktes passiert y.« Menschen setzen immer und überall Grenzen, ohne daß sie es überhaupt merken. Das kann oft geschehen, indem man eine enge Beziehung aufrechterhält – ist Ihre Grenze richtig abgesteckt, kann die andere Person sie tatsächlich als eine Gelegenheit oder ein Kompliment auffassen.

Das DESC-Modell

DESC ist ein Akronym, das für das englische »Describe, Express, Specify (and Share) Consequences« steht (Konsequenzen beschreiben, ausdrücken, spezifizieren [und teilen]). Es handelt sich um eine allgemeine Aussageform, die sich gut für Grenzensetzen anbietet. Die vier Schritte können einzeln getan werden (wobei man zwischen den einzelnen die Reaktion des Kontrolleurs hervorlockt und sich auf sie ausrichtet) oder zusammen als eine Einheit.

DESCRIBE: (beschreiben)	Beschreiben Sie deutlich das Verhaltensmuster, das Sie beseitigen oder begrenzen möchten, und Ihre Reaktionen darauf.
EXPRESS: (ausdrücken)	Beschreiben Sie kurz und knapp, aber bestimmt, was Sie in bezug auf das Zielverhalten empfinden.
SPECIFY: (spezifizieren)	Sagen Sie dem Kontrolleur präzise, welche Grenzen Sie ziehen wollen oder wo Sie eine Veränderung sehen wollen.

CONSEQUENCE: (Konsequenz)	Sagen Sie dem Kontrolleur genau, was geschehen wird, wenn er dieser Bitte nicht entspricht. (Freigestellt, aber empfehlenswert: Sagen Sie ihm auch, zu welchen positiven Konsequenzen es kommt, wenn er kooperativ ist.)

Aber wenn Sie es mit einem Kontrollneurotiker zu tun haben, wird das Grenzensetzen manchmal ein bißchen schwieriger. Der Kontrolleur will keine Grenzen. Sie haben Angst, sie zu ziehen. Oder Sie ziehen sie, der Kontrolleur ignoriert sie, und Sie haben Angst, die Konsequenzen durchzusetzen. Für Menschen, die Schwierigkeiten beim Grenzensetzen haben, machen wir eine Anleihe bei der Arbeit von Sharon Bower, einer Managementberaterin und gemeinsam mit ihrem Mann Verfasserin des ausgezeichneten Buchs über bestätigende Kommunikation *Asserting Yourself: A Practical Guide for Positive Change*. Sie nennt ihr Verfahren das DESC-Modell (siehe Kasten).

DESC ist eine Kommunikationsstrategie in vier Schritten, die in Kombination mit anderen sozialen Fähigkeiten bei einer ganzen Reihe von zwischenmenschlichen Situationen nützlich sein kann. Aber das DESC-Modell kann auch allein ausgeübt und angewandt werden, als eine Art von Kommunikationstext. In dieser Form läßt es sich besonders leicht merken und unter Druck einsetzen und kann so ein wertvolles Mittel zum Grenzensetzen sein.

Ein Wort der Warnung. Wenn in der knappen Form

eingesetzt wie im folgenden Beispiel, ist DESC mit Sicherheit *keine* Strategie der Ausrichtung. Sie beschreiben die Situation, sagen, was Sie dabei empfinden, stellen fest, was Sie wollen, und sagen dem anderen Menschen, was passiert, wenn er die Bitte nicht erfüllt. Das ist alles. Jemand, der das knappe DESC einsetzt, kann schwerfällig, unsensibel und unflexibel wirken – die Technik sollte in dieser Form nur als letzter Ausweg benutzt werden!

Dennoch, viele Anpasser, die jahrelang von Kontrollneurotikern beschimpft wurden, sind einfach noch nicht im Stadium der Ausrichtung. Wenn der Kontrolleur etwas unternimmt, wissen sie kaum noch, wie man spricht, von der Umschreibung oder einer Entsprechung in der Intensität gar nicht erst zu reden. Ihr Überleben steht auf dem Spiel, sie *brauchen* letzte Auswege. Für sie kann das DESC-Modell ein Gottesgeschenk sein.

DESC in Aktion

Betty wird böse eingeschüchtert von Roger, ihrem Vorgesetzten. Beim wöchentlichen Treffen des Teams kritisiert Roger häufig Bettys Arbeit und macht sie manchmal lächerlich. Aber ängstlich oder nicht, Betty hat die Nase voll, und jetzt hat sie endlich ein Mittel, etwas zu unternehmen. Sie beginnt damit, das unangemessene Verhalten zu identifizieren, wobei sie ihre Botschaft in einer »Wenn«-Aussage verpackt. Und dann macht sie sofort alle vier Schritte, ohne zuzulassen, daß Roger sie unterbricht. (Sie weiß, daß sie, wenn sie abgelenkt wird, vermutlich nie zum Ende kommt und sich dann fühlt, als hätte sie wieder einmal gekniffen.) Wenn möglich redet sie mit Roger unter vier Augen; wenn sie aber bedrängt wird oder als letzten Ausweg, setzt sie DESC vor versammelter Mannschaft ein.

BETTY: Roger, ich möchte mit Ihnen reden, bitte.

ROGER: Gern, worüber?

BETTY: Darüber, wie Sie mich vor der Mannschaft heute morgen behandelt haben. Wenn Sie mich vor allen Leuten so lächerlich machen, dann werde ich aufgeregt und sehr verärgert! Ich kann mich dann auch nicht mehr auf die Besprechung konzentrieren (D).

ROGER: Ich hab' Sie nicht . . .

BETTY: Roger, lassen Sie mich bitte ausreden. Es paßt mir nicht, wie Sie mich behandeln. Ich finde das unfair und werde das nicht mehr hinnehmen (E). *Ich will, daß Sie damit aufhören* (S). Wenn Sie nicht aufhören . . . also, dann weiß ich nicht, was ich tue. Aber ich werde es nicht einfach so übergehen (C).

ROGER: Ich bin erstaunt! Wann sind Sie auf den Gedanken gekommen, daß ich Sie lächerlich mache? Ich . . .

BETTY: Tut mir leid, Roger, aber so sehe ich das. Egal, wie Sie es nennen, hören Sie bitte damit auf, ja?

In einer perfekten Welt wäre Betty in der Lage, Roger auf eine entspannte, selbstbewußte Weise gegenüberzutreten, wobei sie ein Verhältnis aufbauen und sich ausrichten würde, sie ließe Roger seine Sicht darstellen, seine Position erläutern usw. Aber sie kann das einfach nicht. Also gibt sie sich für den Augenblick mit dem grundsätzlichen Grenzensetzen zufrieden. Später kann sie damit beginnen, daran zu arbeiten, einige ihrer automatischen Reaktionen zu reduzieren und fortgeschrittenere Fähigkeiten zu entwickeln.

Fortgeschrittene Taktiken

So wie dieses Buch angelegt ist, scheint es darauf hinzuweisen, daß Ausrichtung und Neuorientierung nacheinander eingesetzt werden – das bedeutet, erst richten Sie sich aus, dann lenken Sie in eine neue Richtung. Tatsächlich trifft das nur eingeschränkt zu. In Wirklichkeit ist es auf einer fortgeschritteneren Ebene oft schwierig, den Unterschied zwischen einer Ausrichtungsstrategie und einer Umlenkungsstrategie zu erkennen, weil die meisten Techniken sowohl eine Ausrichtungskomponente als auch eine Umlenkungskomponente enthalten. Während wir also aus Lerngründen einen Unterschied zwischen diesen beiden Stufen machen, ist dieser Unterschied eher theoretisch als wirklich vorhanden.

Ebenso sind viele fortgeschrittene Taktiken nicht vollkommen direkt. In Wahrheit kann jede Taktik, die niemandem schadet, ein sinnvoller Aikido-Schritt sein. Beispielsweise finden manche der emotionalen Haken, die in Kapitel 7 aufgezählt werden, auch sinnvolle, ethische Anwendung. Hypnotiseure benutzen Taktiken der erzwungenen Wahl und Voraussetzungen, um eine heilende Trance auszulösen; Gäste benutzen Täuschung, damit ihre Gastgeberin sich in bezug auf ein Essen besser fühlt, das nicht so gut gelungen ist usw. Indirekte oder komplexe Kommunikation ist nichts Schlimmes, solange sie mit der Absicht eingesetzt wird, zu helfen und zusammenzuarbeiten, statt zu manipulieren und zu kontrollieren.

Auf dieser Ebene dreht sich eigentlich alles um Ihre Absichten und die Ergebnisse, die Sie erreichen. Wenn Sie kooperieren *wollen*, und wenn Sie es *erfolgreich* tun, dann ist es im allgemeinen nicht so wichtig, was Sie getan haben, um das zu schaffen. Zuweilen können sehr indirekte, »manipulative« Taktiken den Bedürfnissen der anderen Person weit wirkungsvoller dienen als ein »ehrlicheres«, direktes Vorgehen. Ebenso kann direkte, ehrliche Kommunikation benutzt werden, um zu verletzen, zu kontrollieren und zu beschimpfen. Kommunikationstaktiken sind eben nur Werkzeuge. Ein Hammer kann zum Aufbauen oder zur Zerstörung gebraucht werden – es hängt alles davon ab, was Sie damit machen. Vermeiden Sie indirekte Taktiken nicht nur, weil sie indirekt sind. Achten Sie aber darauf, daß Sie sie mit Ehrlichkeit einsetzen.

Nachdem das gesagt ist, hier noch einige fortgeschrittenere Vorgehensweisen, die in Verbindung mit der Aikido-Alternative eingesetzt werden können.

Bedingte Zustimmung (»Sie könnten recht haben«)

Wenn ein Kontrollneurotiker glaubt, daß er recht hat und Sie unrecht, wenn er wütend ist über eine tatsächliche oder eingebildete Beleidigung, dann ist der Umgang mit ihm oft schwierig. Ihre erste Aufgabe besteht darin, sich auf die Person auszurichten, eine Beziehung herzustellen. Dann haben Sie vielleicht eine Chance, die Dinge in Ordnung zu bringen. Und hier kommt die bedingte Zustimmung ins Spiel: Reagieren Sie auf den Ausbruch des Kontrolleurs mit dem Eingeständnis, daß er *recht haben könnte*. Stellen

Sie gezielte Fragen, um mehr Informationen zu bekommen.

JANET: Wie zum Teufel konnten Sie einen solchen Investitionsvorschlag machen! Als ob wir Monopoly-Geld für so ein Ding hätten!

PETER: *(Entspricht Janets Intensität, ohne ärgerlich zu klingen)* Sie könnten recht haben. Aber wo genau sehen Sie dabei die Probleme?

Es ist in Ordnung zu sagen: »Sie könnten recht haben«, selbst wenn Sie sich ziemlich sicher sind, daß der Kontrolleur sich irrt. Denken Sie daran, Sie geben nur eine *bedingte* Zustimmung; wenn nötig, können Sie sie später überdenken. (Andererseits, wenn die andere Person recht *hat*, dann sagen Sie das auf jeden Fall ohne Einschränkung.) An diesem Punkt des Zusammenstoßes brauchen die meisten wütenden, selbstgerechten Kontrolleure diese »Konzession«, damit sie sich selbst wieder aufheitern können. Sie können es sich leisten, ihnen diese im Interesse der Ausrichtung einzuräumen. Außerdem, wer weiß, ob sie nicht vielleicht doch recht haben.

Bedingte Zustimmung ist ein besonders nützliches Mittel im Umgang mit explosiver Wut. Denken Sie daran, daß Sie ihr eine spezielle, auf das Problem gerichtete Frage oder Aussage folgen lassen, oder lenken Sie die Aufmerksamkeit des Kontrolleurs von Ihnen ab und wieder auf das anstehende Thema. Richten Sie sich weiterhin aus; aber wenn Sie das Gefühl haben, Sie brauchten das, suchen Sie nach der ersten Gelegenheit zum Abschalten.

Übrigens, niemand hat das Recht, mit Ihnen so zu reden wie Janet mit Peter. Ob Sie eine Bitte äußern

(»Bitte, sprechen Sie nicht so mit mir«), Metakommunikation einsetzen (»Ich mag das nicht, wenn Sie so
mit mir reden«), Grenzen setzen (»Beruhigen Sie sich
oder ich geh'«) oder einfach weggehen, das ist eins
wie das andere in Ordnung. Bedingte Zustimmung
eröffnet eine weitere nützliche Möglichkeit – Sie wählen die aus, die Ihrer Meinung nach am besten funktioniert.

Dechiffrieren

Es gibt viele Methoden des Dechiffrierens. Bei allen
gehört es dazu, daß Sie auf das reagieren, was Sie für
die *Absicht* des Absenders halten, nicht so sehr auf
das, was er tatsächlich sagt. Hier einige Gelegenheiten, bei denen Dechiffrierung sinnvoll sein könnte.

Meinungsverschiedenheiten

Eine der einfachsten, häufigsten Formen des Dechiffrierens besteht in der Umschreibung, in der Sie die
andere Person in der Diskussion zum Kern der Dinge
»führen«. Um diese Form einzusetzen, deuten Sie Botschaften, die Sie empfangen, *unverbindlich,* statt sie
einfach zu umschreiben (oder Sie tun das zusätzlich).
Dieser Spielraum versetzt Sie in die Lage, auf versteckte Tagesordnungspunkte oder unausgesproche-
ne Implikationen zu stoßen und den Kontrolleur vielleicht dahin zu bringen, sie zuzugeben. Aber Vorsicht:
Denken Sie daran, Ihre Erwiderungen als unverbind-
liche Hypothesen zu formulieren, nicht als Feststellungen von Tatsachen. Das Ziel ist es, der anderen
Person zu helfen, über ein Problem oder Thema zu
reden – nicht, ihm vorzuwerfen, daß er eins hat! Ihre

Kommentare sollten nicht die Botschaft »Aha! *Ich* weiß, was du denkst!« übermitteln, sondern eher »Ich glaube, das wird dich noch weiter beschäftigen, und wenn das so ist, würde ich gern darüber reden.«

Im folgenden Beispiel setzt eine Mutter lenkende Umschreibung bei ihrer Tochter im Teenageralter ein:

TOCHTER: Carries Mutter erlaubt ihr, allein mit dem Zug in die Stadt zu fahren.

MUTTER: Ich vermute, du möchtest, daß ich mehr wie Carries Mutter wäre.

TOCHTER: Ich möchte nur, daß du mich allein mit dem Zug in die Stadt fahren läßt, damit ich mit Carrie ins Konzert gehen kann. Sogar *du* solltest wissen, daß Jugendliche in meinem Alter das heutzutage tun und es auch überleben.

MUTTER: Das klingt, als würdest du mich für zu altmodisch und überängstlich halten.

Dieses Gespräch endete damit, daß die Tochter ein besseres Verständnis für die Haltung der Mutter hatte und daß die Mutter zustimmte, die Tochter mit dem Auto zu einem anderen Konzert zu fahren, zu einem, das in der folgenden Woche näher an ihrem Wohnort stattfand. Jetzt überlegen Sie einmal, wie die Interaktion vielleicht verlaufen wäre, wenn die Mutter sich verteidigt hätte:

TOCHTER: Carries Mutter erlaubt ihr, allein mit dem Zug in die Stadt zu fahren.

MUTTER: Ich bin *nicht* Carries Mutter, und wenn du anfangen willst, mich mit diesem blöden Konzert zu nerven, kannst du dir deine

Worte sparen. Ich hab' dir gesagt, daß du nicht hinkannst, und das hab' ich auch so gemeint.

TOCHTER: Das ist *kein blödes* Konzert. Du verstehst gar nichts.

MUTTER: Ich verstehe, daß meine Tochter sich nicht wie ein Groupie anziehen und in ein Konzert in der Stadt gehen wird, die voller Straßenräuber und Drogenabhängiger ist.

TOCHTER: Ach bitte! Du hast keine Ahnung. Du lebst in einer anderen Zeit. Du glaubst, daß du June Cleaver oder so bist. Das bist du nicht. Du bist eine ...

Sie haben jetzt eine Vorstellung.

Dampf ablassen

Manchmal können Aggression, Kritik, Ärger oder einer der in Kapitel 7 beschriebenen emotionalen Haken als eine Art Code dienen, können etwas bedeuten, das in Wirklichkeit wenig zu tun hat mit Angriff oder emotionaler Ausbeutung. Dudley beispielsweise sitzt vor dem Fernsehapparat, als seine Frau Teresa aus dem Büro nach Hause kommt. Im Korridor stolpert sie über die Rassel ihres dreijährigen Kindes und fällt fast hin. Natürlich ist das der Tropfen, der das Faß zum Überlaufen bringt.

»Verdammt!« schreit sie. »Dudley, wenn du dir um mich oder das Haus auch nur ein paar Gedanken machen würdest, dann würdest du, verdammt noch mal, aufräumen, *bevor du dich hinsetzt und fernsiehst.*« Und dann stapft sie die Treppe hinauf. Nun hat Dudley es nicht besonders gern, wenn er angeschrien oder beschimpft wird, und daher macht er sich in

Gedanken eine Notiz, das Thema zur Sprache zu bringen (Metakommunikation einzusetzen), wenn Teresa sich wieder beruhigt hat. Andererseits nimmt er es nicht persönlich, weil er ihre Worte und ihr Verhalten leicht *dechiffrieren* kann: Teresa war schon immer ein bißchen sprunghaft, und eindeutig hat sie einen schlechten Tag. Ihre Energie und ihre Unberechenbarkeit gehören zu den Dingen, die er am meisten an ihr liebt, und er ist bereit, neben dem Guten auch das Schlechte zu akzeptieren. Außerdem weiß er, daß sie in einer halben Stunde nach unten kommt, ihm einen Kuß gibt und eine Geschichte erzählt über irgend etwas Verrücktes, das im Büro passiert ist. Also zuckt er mit den Achseln und schaltet auf einen anderen Kanal um. (Irgendwann geht es vielleicht auch hin und hebt die Rassel auf.)

Eingebettete Botschaft als höfliches Verhalten

Manchmal ist das, was wie ein Haken wirkt, keineswegs ein Haken, sondern einfach die Methode des Absenders, höflich zu sein oder Kritik oder eine Bitte abzuschwächen. In solchen Fällen dechiffrieren Sie die Bitte oder Aussage, statt vom Absender zu verlangen, daß er sich buchstabengetreu an die »richtige« Kommunikation hält.

Hier ein persönliches Beispiel. Meine Mutter hatte die Angewohnheit, Bitten (denen ich mich am Ende natürlich nicht verweigern konnte) als Fragen zu formulieren. Viele Leute tun das; es ist eine akzeptierte Form der höflichen Kommunikation. Beispielsweise fragte Mum immer: »Gerry, möchtest du jetzt den Müll nach draußen tragen?«

Unter bestimmten Umständen kann diese Frage manipulativ sein, aber meine Mutter wollte einfach nur nett sein, und alle Anwesenden wußten das. Ich durchlief meine Phase als »Kommunikationsexperte« und wollte es ihr nicht durchgehen lassen, daß sie eine Bitte in eine Frage einbettete! So antwortete ich also in nettem, freundlichem Ton: »Nein, Mum. Ich glaube nicht, daß ich das möchte.« (Übersetzung: »Ich werde den Müll hinaustragen, aber nur, wenn du mich auf *meine* Weise bittest.«) Meine Mutter machte ein langes Gesicht, und alle Anwesenden sahen mich an, als wäre ich ein Marsbewohner.

Es ist erstaunlich, wie unausstehlich und unsinnig »gute Kommunikation« sein kann, wenn sie willkürlich und automatisch eingesetzt wird, ohne Rücksicht auf die Menschen und ihre Gefühle. Ich hätte die *Absicht* hinter den Worten meiner Mutter erkennen müssen, auf die Bitte eher als auf die Frage reagieren und den Müll hinaustragen sollen. Ich war kein guter Kommunikator, ich war auch kein Marsbewohner – ich war einfach nur eine Nervensäge.

Natürlich müssen Sie zum Dechiffrieren den Code kennen. Wenn sich herausstellt, daß der Absender *tatsächlich* versucht, Sie zu manipulieren, dann werden Sie vermutlich an den Haken genommen. Aber wenn Sie es können, gehen Sie davon aus, daß der Absender in den ersten beiden Runden ehrlich mit Ihnen umgeht. Seien Sie aufmerksam, und sehen Sie, was passiert. Was, wenn Sie an den Haken geraten? Jetzt wissen Sie es; lecken Sie Ihre Wunden und verändern Sie Ihre Reaktion. Hier trifft eine alte Redensart ein bißchen zu: »Führ mich einmal an der Nase herum, Schande über dich. Führ mich zweimal an der Nase herum, Schande über mich.«

Wann man nicht dechiffriert

Andererseits, wenn Sie sich ziemlich sicher sind, daß die andere Person tatsächlich versucht, Sie zu manipulieren oder anzugreifen, dann kann es am wirksamsten sein, *nicht* zu dechiffrieren. Vor vielen Jahren leitete ich einen Workshop für Persönlichkeitstraining für eine große Gruppe von Fachleuten bei einer nationalen Konferenz. Es war meine allererste »größere« Vorstellung, und ich war ziemlich nervös.

Die Dinge liefen einigermaßen glatt, als in der Mitte des ersten Vormittags eine Frau in der hinteren Reihe aufstand. Sie wedelte mit ihrem Bündel Seminarunterlagen und rief mir zu: »Darf ich Ihnen eine Frage stellen?«

»Natürlich.«

»Bedeutet die Tatsache, daß Sie sowohl in Ihren Unterlagen als auch in Ihrem Vortrag vorwiegend männliche Beispiele benutzt haben«, fragte sie, und ihre Stimme troff vor Sarkasmus und Verachtung, »daß Sie ein männliches Chauvi-Schwein ohne jegliches Gespür für die Probleme der Frauen in diesem Land sind?«

Zweihundert Leute schwiegen absolut still; man hätte eine Stecknadel fallen hören können. Jetzt war eindeutig ich an der Reihe. Was in Gottes Namen sollte ich sagen? Ich dachte daran, eine Zustimmungs- oder Umschreibungstaktik einzusetzen, um ihre offensichtliche Fangfrage zu entschärfen, indem ich etwas wie »Ich höre, daß Sie es gern sähen, wenn ich in meinen Unterlagen und Beispielen mehr Frauen einsetzen würde« sagte, aber irgendwie hatte ich das Gefühl, daß sie mich niedermachen würde, wenn ich so etwas versuchte. Außerdem, richtig oder falsch, da wurde ich vor zweihundert Leuten auf einem Seminar wütend angegriffen! Ich mußte sowohl an die Bedürfnisse der Zuhörer (und meine eigenen) denken als auch an die der Sprecherin. So beschloß ich, den Angriff abzuwehren und zu sehen, was passierte.

Ich ging an den vorderen Rand des Podiums, und indem ich den Kopf einen Augenblick lang drehte, um das gesamte Publikum einzuschließen, setzte ich in einem gleichmäßigen Ton *ohne einen Hauch von Sarkasmus* die Metakommunikation ein. »In Ordnung. Ich werde das jetzt beantworten, als sei es eine direkte Frage.«

Ich wandte mich wieder der Fragestellerin zu. Indem ich die Intensität beibehielt, jedoch in dem freundlichsten und neutralsten Tonfall, den ich aufbringen konnte (auch nur *ein bißchen* ärgerlich zu klingen wäre eine Katastrophe gewesen), sagte ich: »Nein.« Dann wartete ich, mit offener Körperhaltung, den Blick auf die Fragestellerin gerichtet.

Die Frau öffnete den Mund, aber offensichtlich fiel ihr nichts ein (der »Augenblick des Stolperns«). Das tödliche, bedrohliche Schweigen dauerte Stunden (in Wirklichkeit etwa drei Sekunden). Dann brach die Spannung; das Publikum lachte, ich glaube, vor allem aus Erleichterung.

Aber die Frau da hinten blieb beharrlich: »Was bedeutet diese Tatsache denn dann?« sagte sie verärgert.

»Ich glaube, sie zeigt ein Versehen meinerseits«, antwortete ich. »Ich glaube, Sie haben recht, ich sollte mehr weibliche Beispiele benutzen. Das ist ein wichtiges Thema, und ich danke Ihnen, daß Sie mich darauf aufmerksam gemacht haben.« Die Frau setzte sich hin.

Taktisch lenkte ich die Attacke der Frau ab, indem ich *die Fangfrage wörtlich beantwortete*, statt sie zu dechiffrieren und auf die offensichtlich eingebettete Bedeutung einzugehen. Das ist eine Variante einer Technik, die ich vor langer Zeit von dem Psychologen Errol Schubot gelernt habe und die er »wegspülen« nannte. Wir werden uns später in diesem Kapitel diese Technik noch einmal ansehen.

Ein abschließender Kommentar. Die Fragestellerin hatte zweifellos recht, was meine Beispiele und Unterlagen anging, und die Rückmeldung, die sie mir gab, half mir tatsächlich, mich in zukünftigen Seminaren effektiver auf weibliche Teilnehmer auszurichten. Warum also »spülte ich sie weg«? Erstens, weil ein großes Problem in der Art lag, wie sie ihren Standpunkt vortrug. Die Leute greifen Sie ständig mit der Wahrheit an; manchmal ist es wichtig, den Angriff zu neutralisieren, bevor man die Richtigkeit der Anmerkung, die sie machen wollen, anerkennt. Zweitens, obwohl ihre Beobachtungen theoretisch korrekt waren, waren es die *Schlußfolgerungen*, die sie daraus zog, nicht, und das wollte ich klarstellen.

Übergehen

»Übergehen« ist der Prototyp der fortgeschrittenen verbalen Aikido-Kunst. Bei den meisten Varianten wird eine Kombination aus Umschreibung, Vorschlag und Annahmen eingesetzt, um das Gespräch in eine fruchtbare Richtung zu lenken oder die Aussichten auf Übereinstimmung zu vergrößern. Es gibt viele, viele Wege des Übergehens; hier einige Beispiele.

Vorausgesetzte Zustimmung

Wenn Sie davon ausgehen, daß die andere Person Ihnen zustimmen wird, bleibt die Atmosphäre positiv, und die Energie bewegt sich im allgemeinen in die richtige Richtung. Dennoch ist sehr viel Feingefühl erforderlich. Setzen Sie zuviel voraus, kann sich bei dem anderen ein Kurzschluß einstellen, und er kann anfangen, sich ganz allgemein zu widersetzen.

Es gibt eine bestimmte Variante bei der vorausgesetzten Zustimmung, die maßgeschneidert ist für Leute, die bei Ihnen einen Kurzschluß auslösen, indem sie Termine verpassen, Anrufe nicht beantworten usw. Nehmen wir an, Sie wollen von Martha eine schriftliche Zustimmung zu einer bestimmten Vertragsergänzung haben, die Sie dem Partner am Freitag vorlegen müssen. Sie schicken ihr Ihren Vorschlag eine Woche vorher, bekommen keine Antwort, rufen an, bekommen keine Reaktion, und inzwischen ist es Mittwoch. Schicken Sie Martha eine *sichtbare* Erinnerung (mit Kopien für Sie und/oder Marthas Vorgesetzten, wenn das in Ihrer Firma angebracht ist), in der es in etwa heißt: »Ich weiß, daß Sie viel zu tun haben, und vielleicht gefällt Ihnen der Vertrag, so wie er ist. Wenn ich also bis Donnerstag mittag von Ihnen keine Vorschläge zur Vertragsänderung bekomme, gehe ich davon aus, daß Sie der vorliegenden Fassung zustimmen, und werde eine Vorlage ausarbeiten, wie wir sie besprochen haben.«

Diese Art von Erinnerung mag rechtlich vielleicht nicht bindend sein, aber sie verletzt mit Sicherheit keinen von Ihnen. Meiner Erfahrung nach erleben Leute, die diese Art von Erinnerung schicken, mehr Zusammenarbeit seitens ihrer Kollegen als die, die das nicht tun. Und ihre Anrufe werden auch beantwortet.

Selektive Reaktion

Zu einer häufig vorkommenden Kontrolltaktik gehört es, Positives und Negatives in derselben Botschaft zu vermischen (beispielsweise eine Kritik in ein Kompliment zu verpacken, so daß sie schwerer abzuwehren ist). Eine Methode, um auf diesen Trick zu reagieren, besteht darin, den positiven Teil der Botschaft auszuwählen und nur auf ihn zu antworten. Ignorieren Sie vorübergehend den negativen Teil, und warten Sie ab, was passiert. Wenn das Negative später wieder zur Sprache kommt, müssen Sie sich damit befassen; aber wenn nicht, können Sie es vergessen oder zu einem Zeitpunkt wieder aufgreifen, zu dem es erfolgreich behandelt werden kann (wenn die andere Person weniger verärgert ist, wenn Sie mehr Zeit haben oder wenn weniger Leute dabei sind usw.). Oder Sie reagieren erst auf den positiven Teil, und dann tippen Sie die negative Komponente nur an, um zu sehen, ob der Kontrolleur weiter darüber reden will.

JOAN: Du kommst immer zu spät zum Mittag . . . du rufst mich nicht mehr an . . . Himmel, wir waren immer so gute Freundinnen, aber jetzt behandelst du mich wie Dreck!

FRAN: Du hast recht, Joan. Wir waren sehr gute Freundinnen. Und das sehr lange Zeit. (*Wartet auf eine Reaktion.*) (Wahlweise: Glaubst du wirklich, daß sich das geändert hat?)

Richtungswechsel

Fast jede Vorliebe und jeder Standpunkt kann in positiver oder negativer Form zum Ausdruck gebracht werden. Mein Sohn Ryan beispielsweise könnte mir erzählen, wie er den Donnerstagabend verbringen möchte, indem er sagt: »Ich will heute abend nicht zum Karatetraining gehen« oder »Ich möchte mit den anderen Pizza essen gehen.« Zu einer wirkungsvollen Umlenkungstaktik kann es gehören, daß die Aussageform des Sprechenden von negativ auf positiv umgeschaltet wird oder umgekehrt. Oft liegt der Schlüssel zum Erfolg dieser Taktik in der speziellen Form der Umschreibung, die benutzt wird. Richtungswechsel ist eine komplexe Taktik und wird im allgemeinen in Verbindung mit anderen Vorgehensweisen eingesetzt. Hier ein einfaches Beispiel.

SALLY: *(Wütend)* Gib auf, Janice! Wir werden Richard diesen Plan nie verkaufen. Er ist ein richtiger Brummbär, wenn es darum geht, die Auftragnehmer mitten im Projekt zu wechseln!

JANICE: *(Intensiv)* Bah, mir war nicht klar, daß es derartig schlimm ist! Klingt, als ob wir wirklich unsere Hausaufgaben machen müssen, wenn wir überhaupt eine Chance haben wollen.

SALLY: *Das* mit Sicherheit. Wir müßten viel Überzeugungsarbeit leisten.

JANICE: Es würde sich vielleicht lohnen, sich noch einmal zusätzlich zu treffen, um sicherzustellen, daß wir alle Möglichkeiten abgedeckt haben, bevor wir ihn damit überfallen . . .

SALLY: Naja, ich glaube, wir könnten ein paar neue Dias machen . . .

Bitte, versuchen Sie auf jeden Fall, dieses Beispiel zu verstehen; es illustriert eine äußerst wirkungsvolle Taktik. Janice umschrieb »Wir werden diesen Plan nie verkaufen« mit »Wenn wir überhaupt eine Chance haben wollen«. Sie benutzte eine führende Umschreibung, aber sie veränderte auch die *Richtung der Bewegung*, die durch Sallys Worte vorgegeben war, vom Negativen (»gib auf«, »nie verkaufen«) ins Positive (»überhaupt eine Chance«, »unsere Hausaufgaben machen«). Zusätzlich benutzte sie Voraussetzungen – »bevor wir ihn überfallen« beispielsweise impliziert, daß Janice und Sally bereits übereingekommen sind, ihn zu überfallen.

Taktiken der Vorwegnahme

Zu den »Taktiken der Vorwegnahme« gehört es, den Kontrolleur auf die eine oder andere Weise zu schlagen. Sagen wir, Ihr Geschäftspartner ist wütend, weil Sie mit Ihrem Teil des Projekts hinter dem Zeitplan zurückhängen, und vermutlich wird er das Problem bei der Belegschaftskonferenz zur Sprache bringen. Gehen Sie in sein Büro, und sprechen Sie als erster darüber. Auf diese Weise wählen Sie den Verhandlungsort und den Zeitpunkt aus – vielleicht können Sie ja das Problem unter vier Augen klären, ohne daß es vor der gesamten Abteilung ausgebreitet wird. Aus verschiedenen Gründen werden Sie außerdem selbstbewußter wirken, und Ihre Position wird irgendwie stärker sein, wenn die Initiative von Ihnen ausgeht.

Es gibt viele Variationen zu diesem Thema. Wenn Ihre Vorgesetzte Ihnen eine Aufgabe übertragen will und Sie kein Entkommen sehen, sitzen Sie nicht einfach da, als ob Sie auf ein Wunder warteten. Melden Sie sich freiwillig für diese Aufgabe, bevor sie sie Ihnen zuteilt. Wenn Sie wissen, daß Ihre Mutter Sie bitten wird, ihr eine Limonade aus der Küche zu holen, fragen Sie vorher, ob sie etwas Kaltes trinken möchte. Das bringt Ihnen mehr Punkte ein, und ob Sie es glauben oder nicht, auf lange Sicht erspart es Ihnen manchen Weg in die Küche.

Zu den verbalen Vorwegnahmetaktiken kann es gehören, daß man die Sätze anderer Leute für sie vollendet. Statt zu umschreiben, was der andere gerade gesagt hat, umschreiben Sie, was er Ihrer Meinung nach gleich sagen wird. Klingt verrückt, aber wenn es richtig gemacht wird, ist dieses eine der wirkungsvollsten Strategien zur Umlenkung, die es gibt. Das liegt zum Teil daran, daß sie sich so leicht mit anderen Mustern kombinieren läßt, etwa mit dem Übergehen und der lenkenden Umschreibung. Gute Gastgeber, Politiker, Vertreter und Manager tun das so geschickt, daß Sie es kaum merken. Hauptsächlich haben Sie das Gefühl, daß die andere Person eine sehr enge Beziehung zu Ihnen aufgebaut hat, Sie wirklich versteht, daß Ihrer beider Verstand fast wie einer funktioniert. Natürlich vollendet der strategische Vorwegnehmer nicht einfach Ihre Sätze – er vollendet sie auf eine Weise, die das Gespräch sehr fein in eine Richtung steuert, die er sich wünscht.

Hauptsache, es funktioniert

Es steht eine ungeheure Anzahl von fortgeschrittenen Ausrichtungsaktivitäten zur Verfügung. Tatsächlich kann jede Taktik, die *die Bedürfnisse des anderen Menschen auf irgendeine Weise erfüllt,* ein Kunstgriff zur Ausrichtung und Umlenkung sein. Das eröffnet den Leuten viele Möglichkeiten, die es gelernt haben, aufmerksam genug zu sein. Theoretisch sollte es möglich sein, sich auf *alles* auszurichten und dann entsprechend für eine Umorientierung zu sorgen. Doch auf diesem hohen Niveau kann Ausrichtung recht merkwürdig aussehen – manchmal sieht sie nach allem anderen als Ausrichtung aus.

Sagen wir, meine Frau kommt eines Abends von der Arbeit nach Hause, stellt ihre Aktentasche ab und ruft: »Hallo, Gerry!«

»Hmm!« kommt die Antwort aus dem Wohnzimmer. Joan geht hinein und sieht ihren Mann ausgestreckt vor einer Sportsendung, ein Getränk in der Hand, die Füße mit Schuhen auf der neuen Couch. Das macht Joan nicht sehr fröhlich, aber sie kann damit umgehen.

»Wer gewinnt?« fragt Joan.

»Wen interessiert das?« knurrt der Kerl auf der Couch. »Der Computer ist heute abgestürzt, und mir ist ein halbes Kapitel verlorengegangen. Und was gibt es überhaupt zum Abendessen?«

An diesem Punkt legt Joan eine Pause ein, um eine Bestandsaufnahme zu machen. Sie kennt ihren Mann sehr gut, sie kann sich einfühlen, sie beherrscht die Metakommunikation, und sie kann so gut umschreiben, daß es nicht einmal nach einer Technik klingt. Aber sie kann auch beobachten und dechiffrieren. Gerry hatte eindeutig einen schlechten Tag; er sieht so aus und verhält sich so, als müsse er losmarschieren und einen Mord begehen.

Joan kommt auf den Gedanken, sich neben ihren Mann zu setzen, seine Hand zu ergreifen und zu sagen: »Oje, ich wette, dein Tag war lausig. Willst du mir davon erzählen?« oder »Oje, ich wette, dein Tag war lausig. Aber ich bin immer noch betroffen, wenn du mich anschnauzt. Kannst du das verstehen?« Beides wären vernünftige Alternativen, und jede könnte funktionieren (oder auch nicht). Aber bei dieser Gelegenheit spürt Joan, daß keine an das herankommt, was wirklich los ist, und sie die Dinge tatsächlich noch verschlimmern könnte. Etwas anderes ist notwendig.

»Ich glaube«, sagt Joan zu sich selbst, »Gerry braucht eine Auseinandersetzung. Wenn ich darüber nachdenke, könnte ich mich dafür zur Verfügung stellen.«

Joan geht um den Couchtisch herum und sagt: »Vergiß das Abendessen. Und nimm die Schuhe von der neuen Couch!«

»*Was???*«

»Und was das Abstürzen angeht, warum zum Teufel hast du dein Kapitel nicht auf Diskette gesichert? Du sagst *mir* immer, ich soll *meine* Arbeit sichern.«

Königliche Schlacht! Aber beide Seiten sind einigermaßen saubere Kämpfer, und bei keinem von beiden ist viel alter Ärger aufgestaut; daher ist nach etwa fünfzehn Minuten alles wieder ruhig. Ruhig und anders! Joans Mann ist wieder zu Dr. Jekyll geworden: Er lächelt, redet – bietet sich sogar an, die Kinder abzuholen.

Sie hatte sich gründlich auf Gerry ausgerichtet; die Ausrichtungstaktik bestand in einem *handfesten Kampf*. Bitte, sehen Sie das richtig – Joan entschloß sich zum Kämpfen, um sich damit auszurichten. Aber sie hat auf keinen Fall den Kampf *vorgetäuscht*. Sie entschloß sich einfach, ihren Ärger zu diesem Zeitpunkt herauszulassen, nicht bei einer anderen Gelegenheit, und sie ließ ihn auf weniger sanfte Weise heraus, als sie es sonst vielleicht getan hätte.

Lassen Sie mich eins noch einmal betonen. Bei vielen Leuten wäre Joans Taktik keine ideale, nicht einmal eine konstruktive Art der Reaktion gewesen. Ich habe Auszüge aus diesem Kapitel Leuten gezeigt, die mich ein bißchen merkwürdig anguckten und sagten: »Ach, das ist nett, aber ich möchte lieber, daß meine Frau versteht, daß ich einen schlechten Tag hatte, und einfach ehrlich zu mir ist.« Ganz allgemein gilt das auch für mich. Es ist gar keine Frage, daß Ehrlichkeit und Verständnis wichtige Bestandteile einer guten Ehe sind. Aber bei manchen Leuten und unter bestimmten Umständen funktionieren vielleicht andere Alternativen (Humor, eine freche Rede – oder sogar eine Auseinandersetzung) sogar noch besser.

Anmerkung: Dieses ist ein sehr fortgeschrittenes, sehr kniffliges Manöver. Seien Sie bitte vorsichtig dabei. Versuchen Sie es nicht, wenn Sie nicht genau wissen, was Sie tun, wenn Sie Ihren Partner und dessen Reaktionen nicht ganz genau kennen, und falls Sie nicht bereit sind, die Konsequenzen zu tragen, wenn Ihnen das Ding um die Ohren fliegt.

Allgemeine Kommunikationsrichtlinien

- *Seien Sie genau:* Reden Sie über vorliegende Verhaltensweisen und spezielle Vorfälle. Vermeiden Sie pauschale Vorwürfe (»Du willst dich *immer durchsetzen*« oder »*Du hörst mir nie zu*«).

- *Benutzen Sie »Ich«-Aussagen und »Wenn«-Aussagen:* Konzentrieren Sie sich auf sich selbst – auf Ihre Gefühle und Überzeugungen, wenn Sie Bitten äußern oder Beobachtungen machen –, nicht so sehr auf den Kontrolleur. »Wenn du deine Versprechen brichst, bin ich frustriert« eher als »Du frustrierst mich, weil du so unzuverlässig bist«. Oder: »Ich möchte eine Mitspracherecht bei dieser Entscheidung haben« statt »Du solltest mich zu Rate ziehen, bevor du die Entscheidung für uns beide triffst«.

- *Seien Sie höflich:* Behandeln Sie den Kontrolleur mit demselben Respekt, den Sie jedem anderen Menschen entgegenbringen würden. Vermeiden Sie Beschimpfungen, Schläge unter die Gürtellinie, wunde Punkte. Sprechen Sie Verhaltensweisen an, nicht persönliche Charaktereigenschaften.

- *Schlagen Sie nicht zu und laufen dann weg:* Unternehmen Sie Ihre Schritte nicht, wenn der Kontrolleur auf dem Weg durch die Tür nach draußen ist oder versucht, sich auf etwas anderes zu konzentrieren; vermeiden Sie, Diskussionen anzufangen fünf Minuten, bevor Sie einen Termin mit einem Kunden haben, oder im Auto oder auf dem Weg zu einer Party.

- *Bleiben Sie ruhig:* Wenn die Sache anfängt, sich aufzuheizen, nehmen Sie eine Auszeit, um wieder abzukühlen, oder lindern Sie die Spannung mit ein bißchen Humor oder einem positiven Kommentar zu dem Ablauf, etwa: »Das ist wirklich schwierig, aber ich weiß, wir können es schaffen.« Denken Sie daran, daß Sie sich nicht auf eine bestimmte Weise *fühlen* müssen, um auf eine bestimmte Weise zu *handeln.* Erkennen Sie Emotionen, denen Sie normalerweise nachgeben, schieben Sie sie beiseite, und benutzen Sie Konzentrationstechniken, damit Sie in der Spur bleiben.

- *Bleiben Sie flexibel:* Halten Sie an Ihrer Grundlinie fest, lassen Sie aber alles andere offen für Verhandlungen.

• *Belohnen Sie alles Positive:* Erwähnen Sie wirklich alle Anzeichen von Flexibilität, Sensibilität, Kompromißbereitschaft usw. Geben Sie an verschiedenen Punkten der Interaktion Berichte über Fortschritte ab, wobei Sie den Kontrolleur wissen lassen, wann Sie sich gut fühlen oder was Sie beruhigend finden. Selbst wenn Sie überhaupt nicht vorankommen, danken Sie dem Kontrolleur dafür, daß er sich die Zeit genommen hat, die Sache mit Ihnen zu diskutieren.

Verhandlung und Kompromiß

Zu Verhandlung und Kompromiß gehört es, daß Sie Ihre eigenen Bedürfnisse und Ziele und die des Kontrolleurs klären und einen Handel abschließen, der es Ihnen beiden ermöglicht, wenigstens etwas von dem zu bekommen, was Sie wollen. Weil die kontrollierenden Menschen in Ihrem Leben im allgemeinen den ganzen Kuchen wollen und Kompromisse eher unter dem Aspekt betrachten, was sie verloren haben, und nicht unter dem, was sie gewonnen haben, werden sie dieser Möglichkeit gegenüber nur aufgeschlossen sein, wenn Sie sich erfolgreich auf sie ausgerichtet und sie zu der Überzeugung gebracht haben, daß es tatsächlich vielleicht in ihrem Interesse liegt, wenn sie die Hälfte oder Dreiviertel des Kuchens nehmen.

Versuchen Sie nicht, mit jemandem zu verhandeln, der offensichtlich noch in Kontrollstimmung ist, und erwähnen Sie das Wort »Kompromiß« nicht einmal gegenüber einer Person, die noch schreit, droht, doppelte Botschaften aussendet oder schweigt. Selbst nachdem die andere Person sich anscheinend beruhigt und Ihre subtileren Versuche, sie in eine andere Richtung zu lenken, akzeptiert hat, müssen Sie auf eine negative Reaktion gegenüber dem Gedanken der Verhandlung und des Kompromisses gefaßt sein. Richten Sie sich neu aus. Setzen Sie Metakommunikation ein. Benutzen Sie irgendeine fortgeschrittene Technik, von der Sie glauben, daß sie geeignet ist. Und wenn der Kontrolleur zustimmt, daß er zumindest versuchen will, zu einer Abmachung zu kommen, aber die Spannung in der Luft bleibt, dann vereinbaren Sie, zu einem anderen, für beide Seiten akzeptablen Zeitpunkt zu verhandeln.

Um effektiv zu verhandeln:

1. Spezifizieren Sie, daß es Ihr Ziel ist, zu einer *unvollkommenen* Lösung zu kommen. Sagen Sie zu, Ihr Bestes zu tun, eine Alternative zu finden, die Ihnen beiden den höchsten Nutzen und die niedrigsten Kosten einbringt.

2. Legen Sie einige wesentliche Grundregeln fest. Dazu kann gehören, nicht zu schreien, sich keine Beschimpfungen an den Kopf zu werfen oder mit »Alltagsmüll« aufzuräumen (d. h. Themen anzuschneiden, die in keinem Zusammenhang mit dem speziellen Konflikt stehen, den Sie lösen wollen). Eine Regel, die verhindert, daß man vom Verhandlungstisch aufsteht, ohne einen Termin für weitere Verhandlungen vereinbart zu haben, ist nützlich. Wenn Sie sich in diesem Stadium festgefahren haben, ist einer von Ihnen nicht wirklich bereit zu verhandeln. Richten Sie sich neu aus. Lenken Sie in eine andere Richtung. Oder versuchen Sie es später noch einmal.

3. Bestimmen Sie das Thema. Umschreiben Sie, und stellen Sie gezielte Fragen, um sicherzugehen, daß Sie beide genau verstehen, um welches Problem es geht und welche Gedanken und Gefühle Sie in bezug darauf haben.

4. Schlagen Sie mögliche Lösungen vor. Zusätzlich zu Ihren individuellen bestmöglichen Ergebnissen und Grundlinien (das Minimum, das Sie zu akzeptieren bereit sind) durchdenken Sie so viele andere Optionen wie möglich. Beurteilen Sie sie noch nicht. Schlagen Sie sie nur vor. Je mehr Optionen, desto besser – auch wenn einige von ihnen auf den ersten Blick ziemlich merkwürdig wirken.

5. Reden Sie über Nutzen und Kosten der verschiedenen Lösungen. Kombinieren Sie Optionen, wenn Sie Lust haben. Einigen Sie sich auf eine, die Sie beide zu akzeptieren bereit sind. Gehen Sie in bezug auf diese Option eine *zeitlich begrenzte* Verpflichtung ein. Betrachten Sie es als Experiment, und setzen Sie einen Termin fest, zu dem Sie die Ergebnisse bewerten wollen.

6. Halten Sie sich an den vereinbarten Handlungsablauf, und setzen Sie Neuausrichtung oder andere Umorientierungsstrategien ein, um auf Verletzungen hinzuweisen. (Davon können Sie von einem in der Wolle gefärbten Kontrollneurotiker einige erwarten.)

7. Bewerten Sie das Ergebnis zum vereinbarten Zeitpunkt, und entscheiden Sie, ob Sie Ihre Übereinkunft erneuern oder neu verhandeln wollen.

Seien Sie sich bewußt, daß manche Kontrolleure Verhandlungen einfach verweigern werden und daß andere bereitwillig einem Kompromiß zustimmen, aber dann das tun, was ihnen gefällt. Geben Sie sich alle Mühe, damit diese Strategie funktioniert, wenn sie das aber nicht tut, prügeln Sie nicht auf einen toten Gaul ein. Versuchen Sie statt dessen etwas anderes.

Spezialtaktiken

Hier fünf zusätzliche Taktiken für den Einsatz in besonderen Situationen oder im Umgang mit besonderen Kontrolleuren. Einige von ihnen sind fortgeschritten und verlangen gute Zeitabstimmung, Ausrichtungsfähigkeiten usw. Andere sind direkter. Zu ihnen gehört es, eher zu wissen, was zu tun ist als wie es zu tun ist. Wie immer beginnen Sie mit den Grundlagen – sammeln Sie Informationen, und richten Sie sich erfolgreich nach Ihrem Kontrolleur aus, bevor Sie Ihre Schritte unternehmen.

Die Technik mit den zwei Hüten

Es ist wichtig, diese Technik zur Verfügung zu haben. Wir alle haben hin und wieder Beziehungen mit verschiedenen Rollen erlebt; bei manchen von uns gibt es mehrere gleichzeitig. Viele Chefs schließen Freundschaften mit ihren Untergebenen. Die Mutter meiner Kinder ist auch meine Frau, meine Geschäftspartnerin, Freundin und Geliebte (und Sparringspartnerin). Der Vater meines Sohnes ist auch sein Fußballtrainer.

Es gibt eigentlich nichts auszusetzen an Beziehungen mit zwei (oder mehr) Rollen, aber sie können kompliziert werden. Unter bestimmten Umständen können die Rollen, die Sie spielen (die »Hüte«, die Sie tragen) in Konflikt miteinander treten. Was machen Sie dann?

Ich sage Trainees, daß sie, soweit es ihre Hüte betrifft, sich so verhalten sollten, als wären sie *tatsächlich zwei Personen*. Sie sollten ihre Rollen vollkommen trennen und dann unabhängig mit den Verantwortlichkeiten jeder einzelnen umgehen.

Beispielsweise Bob, der Marketing-Direktor eines großen Software-Herstellers, bekam von seiner sehr aggressiven, sehr beherrschenden Chefin, Marge, gesagt, daß die Marketing-Pläne für ein bestimmtes neues Produkt geändert worden waren. Und Marge war diejenige, die letzten Endes das Sagen hatte. Doch das Marketing neuer Produkte war normalerweise Bobs Aufgabenbereich; als Experte mit langer Erfolgsliste war er derjenige, der am besten geeignet war, solche Entscheidungen zu treffen. Offensichtlich griff Marge wieder zu ihren alten Tricks: Sie delegierte Verantwortung, und wenn sie dann in letzter Minute nervös wurde, holte sie sie sich zurück und handelte allein. Und dann kam noch dazu, daß Bob sich ziemlich sicher war, daß Marges Entscheidung falsch war.

Bob hatte ein Zwei-Hüte-Problem. In diesem Fall waren die beiden Rollen, die den Konflikt hervorriefen, der *Angestellte* (Angestellte werden dafür bezahlt, daß sie das tun, was man ihnen sagt) und der *Experte* (Experten bekommen eine Prämie zu ihrem Gehalt, weil sie über Spezialkenntnisse verfügen und Entscheidungen auf der Basis dieser Kenntnisse treffen). Wenn Bob sein Expertenwissen einsetzte, würde er sich einer Anweisung seiner Chefin widersetzen. Wenn er tat, was sie sagte, dann hatte er das Gefühl, nicht die bestmögliche Arbeit zu leisten (und da das Marketing seine Aufgabe war, wußte er, daß das später auf ihn zurückfallen würde). Und so wandte Bob die Technik der zwei Hüte an, indem er *nacheinander* die Rolle des Angestellten und des Experten spielte.

Am Tag, nachdem er Marges Anweisung erhalten hatte, bat er sie um ein paar Minuten Zeit. Auf ruhige, selbstbewußte Weise sagte er: »Ich hätte gern fünf Minuten, um den Marketing-Berater zu spielen. Sie bezahlen mich gut, weil ich diesen Bereich kenne; und ich denke, mir stehen Informationen zur Verfügung, die Sie brauchen, damit Sie in bezug auf das neue Produkt die beste Entscheidung treffen können. Egal, geben Sie mir zwei Minuten. Danach werde ich meinen Angestellten-Hut wieder aufsetzen, Sie sagen mir, was ich tun soll, und ich tue alles, was in meinen Möglichkeiten liegt. In Ordnung?«

Marge stimmte zu, und Bob machte seinen Standpunkt eindeutig und entschieden (wie ein Experte) klar. Er stellte die Probleme dar, wie er sie sah, dann beantwortete er die Fragen, die Marge ihm stellte. Danach entspannte er sich und sagte: »Gut, danke, daß Sie sich meine Meinung angehört haben. Jetzt sind Sie an der Reihe. Lassen Sie mich wissen, was ich tun soll, und dann fange ich an.«

Bob mag sich durchsetzen oder nicht, soweit es die Marketing-Pläne angeht, aber er hatte das Gefühl, sich bestens verkauft zu haben. Außerdem war er mit Hilfe der Technik der zwei Hüte in der Lage, aus einer unangenehmen Situation herauszukommen. Als Angestellter vermied er, seiner Chefin nicht zu gehorchen, und als Experte trug er seine Meinung vor. Schließlich war er auch in der Lage, mit Marge auf eine Weise zu verhandeln, die sie weder als aufsässig noch als schwach ansehen konnte. Vielleicht gefiel es Marge nicht, was Bob ihr sagte, aber die Aussichten sind gut, daß sie wegen der Art und Weise, wie er es vortrug, weiterhin Respekt vor ihm hat.

Die »Ich-habe-ein-Problem«-Technik

Wenn negative Konsequenzen (irgendeine wütende Schimpfkanonade, Kritik, Schweigen) am Horizont zu lauern scheinen, können Sie die Hilfe des Einschüchternden erbitten, indem Sie ihn direkt fragen, wie Sie an die Situation herangehen sollen, ohne unter diesen Konsequenzen leiden zu müssen.

Sam traf auf zahlreiche Probleme, während er an dem Auftrag arbeitete, zu dessen Annahme Cassie ihn schimpfend verdonnert hatte. Er wußte, daß er Cassie über diese Probleme informieren mußte, aber jedesmal, wenn er das tun wollte, stellte er sich vor, wie sie an ihrem vollgepackten Schreibtisch saß, ihren geplagten Angestellten Befehle zubrüllte und sich über die pure Tatsache, daß er anwesend war, ärgerte. Obwohl er überzeugt war, daß er wieder einmal verbal angegriffen werden würde, widerstand Sam der Versuchung, die Dinge selbst zu klären, sondern ging in Cassies Büro.

»Ich habe ein Problem«, sagte er fest und behielt festen Blickkontakt. »Ich muß Ihnen eine Sorge mitteilen, die ich wegen des Projekts habe. Aber ich weiß, daß Sie viel Arbeit haben, und ich habe keine Lust, Sie zu verärgern. Welches ist die beste Art und Weise, mit der ich Ihre Aufmerksamkeit bekomme?«

Offensichtlich hatte Sam die Aufmerksamkeit Cassies *bereits* erregt. Aber zusätzlich hatte er seine Bitte in eine Vorwegnahme-Taktik verpackt, die echte Besorgnis vermittelte. Und Cassie empfing die Botschaft.

Sie wußte, daß sie von Zeit zu Zeit überreagierte, und sie war sich der Belastung bewußt, die sie damit ihren Mitarbeitern manchmal zumutete. Ein Teil von ihr schämte sich der Launen (auch wenn ein anderer Teil die Macht genoß, die sie ihr verliehen), und sie hätte das mit Sicherheit nie selbst zur Sprache gebracht. Aber sie hatte irgendwie Freude an der Lösung, auf die Sam gekommen war. Er fragte *Cassie*, wie er mit *Cassie* umgehen sollte. Das ergab tatsächlich Sinn, wenn sie darüber nachdachte.

»Ach, ich denke, am besten setzen Sie sich hin und erzählen mir von dem Problem«, sagte sie mit einem leichten Lächeln. Sam tat das, und obwohl er tatsächlich der Überbringer schlechter Botschaften war, gab es bei Cassie an diesem Nachmittag keine Ausbrüche.

Wegspülen

»Wegspülen« wird eingesetzt, um mit doppelten Botschaften umzugehen; dazu gehört, buchstäblich auf das zu reagieren, was der Absender *sagt*, nicht auf das, von dem Sie mit ziemlicher Sicherheit annehmen, was er *meint*. Ein Beispiel für diese Taktik haben wir bereits vorgestellt. Wenn jemand eine doppelte Botschaft übermittelt – nonverbale Signale aussendet, die den Worten widersprechen –, machen Sie im allgemeinen einen oder zwei ernsthafte Versuche zur Metakommunikation, wobei Sie vorsichtig beide Seiten der Angelegenheit anerkennen und den Kontrolleur einladen, darüber zu diskutieren. Wenn der Kontrolleur weiterhin die nonverbalen Signale, die er aussendet, leugnet, ignorieren Sie sie einfach und reagieren buchstäblich auf die verbale Botschaft. Zum Beispiel:

MELINDA: . . . ich bin *nicht* wütend!

HOOVER: Sieh mal, ich höre, daß du sagst, daß du nicht wütend bist. Aber wenn ich sehe, wie du mich anstarrst, die Schranktüren zuknallst und herumrennst, dann muß ich einfach denken, daß etwas nicht in Ordnung ist. Wenn dir etwas Sorgen macht, möchte ich gern, daß du es mir erzählst.

MELINDA: Ich bin nicht wütend! Mir macht nichts Sorgen! Und ich möchte, daß *du* aufhörst, mir zu erzählen, wie *ich* mich fühle!

HOOVER: Du hast recht. Ich sollte nicht irgendwelche Vermutungen über deine Gefühle anstellen. Ich bin froh, daß dir nichts Sorgen macht. Ich sehe jetzt fern. Guckst du mit mir zusammen?

MELINDA: Nein!

HOOVER: Gut. Bis später.

Ganz gleich, wie viele nonverbale Hinweise er auf das Gegenteil empfängt, Hoover handelt dann so, als ob seine Frau nicht wütend sei, wenn sie ihm nichts anderes sagt (oder die Taktik ändert). Wenn er trotz des emotionalen Aufruhrs, den Melindas nonverbale Signale hervorrufen, fest bleibt, wird sie am Ende merken, daß sie nicht die Reaktion bekommt, die sie haben will, und wird vielleicht etwas anderes versuchen.

Das Wegspülen ist kein Allheilmittel, und es wird vielleicht nie ganz leicht sein, mit Melinda zu leben. Schmollende, Abstreiter und andere Kontrolleure, die Kombinationen aus emotionaler Ausbeutung und Abschalttaktiken einsetzen, sind von Natur aus sehr schwer zu beeinflussen. In diesem Fall kann Melinda ihren Versuch zur Kontrolle noch intensivieren, und Hoover wird sich dann mit einer neuen Kontrolltaktik und dem emotionalen Aufuhr, den sie verursacht, befassen müssen.

Diese Variante des Wegspül-Manövers wird am besten als letzter Ausweg benutzt und nur, wenn Sie bereit sind, sie ständig einzusetzen und sich mit den kurzfristigen negativen Konsequenzen zu befassen, die sich ergeben können. Wenn Sie sie einsetzen und an Ihren Waffen festhalten, steht auf der Haben-Seite die gute Absicht, daß der Kontrolleur Ihnen am Ende weniger doppelte Botschaften schickt – einfach weil sie nicht mehr funktionieren.

Den Überbringer der Botschaft feuern

»Bezugnahme auf Dritte« ist eine Kontrolltaktik, bei der der Kontrolleur einem anderen ein Gefühl, eine Meinung oder Bitte zuschreibt (zum Beispiel: »Ich habe keine Probleme mit dem Vertrag, aber Bill will nur unterschreiben, wenn Sie diese Änderungen vornehmen«). Ganz gleich, wie mißtrauisch Sie sind, beim ersten Mal, wenn jemand diese Bezugnahme auf Dritte anwendet, nehmen Sie die Botschaft als bare Münze – aber setzen Sie dem Verhalten auch vorsichtig Grenzen. (»Danke, daß Sie mir Bills Einstellung mitteilen. Ich sehe mir diese Klauseln sofort an. Aber ich habe eine Bitte. Mir wäre es lieber, wenn Sie in Zukunft nicht Bills Drecksarbeit für ihn erledigen würden. Ich bin glücklicher, wenn ich mit ihm selbst reden kann.«)

Beim nächsten Mal, wenn der »Überbringer der Botschaft« diesen Schritt unternimmt (und da er beim letzten Mal funktionierte, können Sie sicher sein, daß er ihn noch einmal tun wird), danken Sie ihm für die Übermittlung der Botschaft und versichern Sie ihm, daß Sie sich um die Angelegenheit kümmern werden, sobald Sie von dem Dritten gehört haben. (»Ich bin froh, daß Sie mir Bills neue Sorgen mitgeteilt haben. Lassen Sie ihn wissen, daß ich darauf warte, von ihm zu hören, damit wir darüber reden können.«) Da der Kontrolleur weiß, daß Sie von dem Dritten nichts hören werden, wird er sich vielleicht entschließen, direkter mit Ihnen über seine eigenen Sorgen zu sprechen, und Sie können sich mit ihnen befassen.

Wenn der Kontrolleur sich auf Dritte bezieht, um zu vermeiden, seine eigenen Gefühle einzugestehen, können Sie eine sanfte Version der Wegspül-Technik einsetzen:

VATER: Ich verstehe, warum du mit deinem Freund zusammenleben möchtest, aber deine Mutter hat diese Neuigkeit umgehauen.

TOCHTER: Ich bin froh, daß du das nicht so empfindest. Ich rufe Mutter sofort an und rede mit ihr darüber.

Wenn die Mutter nicht richtig zitiert wurde, wird der Vater seine Tochter vielleicht daran hindern, sie anzurufen und zugeben, daß er selbst von ihrer Entscheidung sehr betroffen ist.

Täuschungstaktiken kontern

Täuschung ist ein Manöver, mit dem besonders schwer umzugehen ist. Bevor dieselbe Person Sie nicht mehrere Male hereingelegt hat, haben Sie keine gute Möglichkeit, *vorher* zu wissen, daß Sie vermutlich getäuscht werden. Nachher ist es natürlich zu spät. Geschickte Kontrolleure täuschen Sie auch nur manchmal. Meistens sind sie ehrlich zu Ihnen, und wenn Sie ihnen *dann* Unehrlichkeit vorwerfen, kommt die gerechte Empörung wie ein Wasserfall über Sie. Selbst wenn sie Sie täuschen, ist es wahrscheinlich sinnlos, sie mit ihrer Unehrlichkeit zu konfrontieren. Sie werden einfach versuchen, Sie noch einmal zu täuschen, indem Sie leugnen, Sie im ersten Fall getäuscht zu haben. Folglich besteht die beste Vorgehensweise darin, ihre »Leistungen« aus der Vergangenheit zu berücksichtigen, davon auszugehen, daß sie Sie unter bestimmten Bedingungen belügen werden, und sich entsprechend zu schützen.

Doch da gibt es etwas, das Sie *nicht* tun sollten. *Treffen Sie keine verbalen Abmachungen mit Menschen, von denen Sie wissen, daß sie verbale Abmachungen brechen!* Das klingt wie ein simpler Rat, aber tatsächlich tun das viele von uns stets und ständig. Und wir haben die lustigsten Erklärungen dafür, warum wir es taten:

JOAN: Warum um alles in der Welt hast du erwartet, daß er anruft, nachdem er siebenmal hintereinander nicht angerufen hat?

BARB: Ich weiß es nicht. Er ist siebenunddreißig Jahre alt, und er hat versprochen, daß er dieses Mal *bestimmt* anrufen wird. Er weiß, wie beunruhigt ich sonst bin. Meinst du nicht, daß ich ihm vertrauen kann?

JOAN: Du hast also von ihm erwartet, daß er tut, was er tun *sollte*, statt das, was er in den letzten zwei Jahren getan *hat!* Kommt dir das sehr klug vor?

BARB: Naja, ich hab' gedacht, dieses Mal wäre es anders.

JOAN: Stimmt.

Die Regel bei denen, die Abmachungen brechen, lautet: *Lassen Sie es sich schriftlich geben.* Am Arbeitsplatz ist das oft einfach – es ist nur schwer, daß Sie sich selbst dazu bringen. Sofort nachdem Sie eine neue Vereinbarung getroffen haben (mit jemandem, der vorher eine gebrochen hatte), schicken Sie eine bestätigende Notiz. Und wenn es in Ihrer Firma angemessen ist, schicken Sie eine Kopie an den Vorgesetzten. Wenn Notizen nicht funktionieren, machen Sie sich datierte Aufzeichnungen mit Einzelheiten der Abmachung. Zumindest bewahrt Sie das vor Selbstzweifeln, wenn der Kontrolleur nächste Woche hereinkommt und sagt: »Sie träumen. Ich habe nie zugestimmt, daß . . .« Und wenn die Sache eskaliert, können Sie solche Notizen beim Chef gut gebrauchen – oder sogar vor Gericht.

Im privaten Bereich kann das kniffliger sein. Sie können sich natürlich auch da Notizen machen, um auf dem laufenden zu bleiben. Sie können sich hartnäckig weigern, gebrochene Vereinbarungen hinzunehmen, und ein ums andere Mal wieder die Rede darauf bringen. Sie können das DESC-Modell benutzen oder eine Variante, um zu versuchen, Ihre Botschaft so klar wie möglich zu übermitteln. Vor allem aber können Sie sich kritisch aussuchen, mit wem Sie verbale Abmachungen treffen; und bei den Abmachungen, die Sie getroffen haben, beurteilen Sie noch kritischer, auf welche Sie sich verlassen können.

Weiteres Vorgehen

Diese fortgeschrittenen »verbalen Aikido«-Techniken sind mächtig und funktionieren. Aber denken Sie daran: Kein Aikidoka würde *jemals* eine Unterrichtsstunde nehmen oder ein Buch lesen und dann davon ausgehen, er könne sich verteidigen, wenn er auf der Straße angegriffen wird. Aikido erfordert Übung, und das gilt auch für gute Kommunikation – vor allem, wenn Sie sie bei einem Kontrollneurotiker anwenden wollen, der bis jetzt ziemlich gut in der Lage war, sich bei Ihnen durchzusetzen. In der Hitze des Gefechts werden Sie sich ertappen, wie Sie immer wieder in Ihre alten Muster verfallen, wenn Sie diese neuen Alternativen noch nicht sehr, sehr gut gelernt haben.

Zwar können Sie allein üben, aber es funktioniert am besten, wenn Sie einen Freund finden, der die Sache auch lernen möchte. Dann machen Sie *viele* Rollenspiele, bis die neuen Taktiken zu Ihrer zweiten Natur geworden sind.

Noch besser ist es, wenn Sie zu Kapitel 6 zurückkehren und eine Reihe von aus Einzelteilen zusammengesetzten Übungen zur Umprogrammierung entwickeln, die Ihnen helfen, spezielle Taktiken in Situationen mit Hochdruck einzusetzen. Arbeiten Sie mit Ihrem Partner, wie Lisa mit Tracy gearbeitet hat. Am Ende werden die neuen Verhaltensweisen anfangen, zur Verfügung zu stehen, wann und wenn Sie sie brauchen. Dann sind Sie bereit, sie bei echten Kontrollneurotikern einzusetzen und in Situationen des wirklichen Lebens.

Kapitel 9

Integration

Übernahme in die Wirklichkeit

Etwas über effektive Methoden im Umgang mit Kontrollneurotikern zu lesen, ist eine Sache; diese Methoden unter Druck und bei einer wirklichen Person anzuwenden, ist eine andere. Ob Sie eine neue Fähigkeit aus einem Buch, in einem Seminar oder von der neuesten Videokassette über »Wie man ein wirklich umwerfender Mensch wird« lernen, diese Fähigkeit mit nach Hause zu nehmen und sie in der Wirklichkeit anzuwenden, ist *hart*. Die Wirklichkeit kann ein gefährlicher, einsamer und liebloser Ort sein. In ihr gibt es Kontrollneurotiker im Überfluß, und einige von ihnen werden *nie* zu Ihrer Mannschaft gehören. Die Wahrheit ist, manchmal ist es sehr viel bequemer, einen vertrauten Weg zu wählen, von dem Sie wissen, daß er nirgendwohin führt, als das Risiko einzugehen, auf einem unbekannten zu reisen, der Sie dahin führen könnte, wo Sie hin wollen.

Dennoch gibt es Menschen, die tatsächlich über die Entschlossenheit, den Mut und die Hartnäckigkeit verfügen, echte Veränderungen vorzunehmen. Die beiden voraufgegangenen Kapitel dieses Buches haben sich nicht für die flüchtige Lektüre geeignet; wenn Sie also bis hierher gekommen sind, kann man davon ausgehen, daß Sie zu diesen Menschen gehören. Willkommen auf dem unbekannten Weg. Ich hoffe,

Sie sind der Ansicht, daß das, was Sie gelesen haben, Ihnen eine Grundlage und einen sinnvollen Anfang für Ihre Reise geliefert hat. Hier noch einige Gedanken und Gedächtnisstützen, die Ihnen auf Ihrem Weg helfen könnten.

Ihr Hauptziel sollte es nicht sein, den Kontrollneurotiker zu ändern

Es ist außerordentlich schwer, Leute in ihrem eigenen Spiel zu schlagen, vor allem, wenn es nicht einmal ein Spiel ist, das Sie besonders gern spielen. Arbeiten Sie statt dessen darauf hin, Veränderungen bei *sich selbst* vorzunehmen, durch die Sie weniger verletzbar durch Kontrollmanöver werden und besser in der Lage sind, wirksam zu reagieren, wenn es Ihnen abverlangt wird. Dieses Vorgehen verlangt Geschicklichkeit, Mut und Entschlossenheit, aber Sie können es schaffen, wenn Sie wollen. Natürlich können die Veränderungen, die Sie bei sich selbst vornehmen, wiederum einen starken Einfluß auf die Menschen in Ihrer Umgebung ausüben. Und der Kontrollneurotiker in Ihrem Leben kann sich vielleicht auch ändern. Wenn das der Fall ist, herzlichen Glückwunsch. Aber *erwarten* Sie nicht von ihm, daß er sich ändert, höchstens sehr langsam und schrittweise im Laufe der Zeit.

Passen Sie auf, daß Sie nicht selbst zum Kontrollneurotiker werden

Wenn Sie genau hinsehen, fangen die Unterschiede zwischen Kontrollneurotikern, Anpassern und dem

Rest von uns an, sich ein wenig zu verwischen. Wir alle spielen in unserem Leben verschiedene Rollen; und ein wenig von dem Kontrollneurotiker und dem Anpasser steckt in jedem von uns. In manchen Beziehungen ist das, was wer wem zu irgendeinem Zeitpunkt antut, eher eine Frage der Perspektive und der persönlichen Einschätzung als sonst etwas.

Auf jeden Fall sind die in den Kapiteln 6 bis 8 vorgestellten Methoden machtvoll, und sie funktionieren. Nutzen Sie diese Macht klug! Viele der fortgeschrittenen Taktiken aus Kapitel 8 könnten genauso leicht für die Kontrolle wie für die Umlenkung oder Zusammenarbeit benutzt werden. Bitte, benutzen Sie dieses Buch nicht dazu, um ein noch effektiverer Kontrollneurotiker zu werden!

Sorgen Sie auch dafür, daß Sie die Techniken, die Sie hier gelernt haben, nicht auf unehrliche oder nachlässige Weise einsetzen oder ohne die ernsthafte Absicht zur Kommunikation. Die Aikido-Alternative hat in Wirklichkeit sehr wenig mit Techniken zu tun – Techniken sind einfach nur die Werkzeuge, die Sie benutzen, um die Arbeit zu erledigen. *Ohne Aufrichtigkeit eingesetzt, sind sie nur hohle Hülsen und können auf lange Sicht sehr destruktiv sein.* Hier ein Beispiel.

Philip war ein sehr erfolgreicher Manager, dessen Frau Jane verletzt war, weil ihm seine Arbeit viel wichtiger zu sein schien als sie. Als sie ihm das sagte, beteuerte Philip, wie es sich gehört, seine Liebe und fragte Jane dann, was er denn getan habe, daß sie auf eine so verrückte Idee gekommen war. Unter anderem sagte Jane ihm, daß er ihr nie mehr Blumen schenkte; das bedeutete für sie, daß die Romantik aus ihrer Beziehung verschwunden war, daß sie ihm nicht mehr viel bedeutete.

Am nächsten Tag bekam Jane einen sehr schönen Blumenstrauß und war so glücklich, daß sie fast weinte. Natürlich waren es nicht die Blumen selbst, die ihr so wichtig waren, sondern die Tatsache, daß Philip endlich etwas begriffen und so schnell reagiert hatte. Vielleicht bedeutet sie ihm doch noch etwas. Von da an bekam Jane von ihrem Mann jede Woche Blumen (immer am Donnerstag vormittag) und fing an, sich fast wieder ein wenig so zu fühlen, als sie und Philip frisch verliebt waren. Aber nur so lange, bis sie, als sie am Ende des Monats Rechnungen bezahlte, auch eine Rechnung eines *Blumen-Service* fand, den Philip beauftragt hatte, sich darum zu kümmern, daß seine Frau ihre wöchentliche Dosis Romantik bekam.

Manche Leute finden diese Geschichte entsetzlich. Einige glauben nicht, daß sie wirklich passiert ist – sie lachen und sagen: »Komm, die hast du nur erfunden, um deinen Standpunkt über inhaltsleere Techniken zu unterstreichen.« (Wieder andere denken einen Moment lang nach, zucken dann mit den Achseln und sagen: »Geht für mich in Ordnung. Er hat reagiert, das wirkte, die Frau bekam ihre Blumen – aber warum hat Philip die Rechnung vom Blumen-Service nicht an sein Büro schicken lassen?«)

Dieser Vorfall ist tatsächlich passiert. Und wenn die meisten von uns ihre Ehefrauen auch nicht den Blumen-Diensten überlassen, so tun wir in geringerem Umfang doch ähnliche Dinge. Wenn wir »Ja, Liebes . . .« sagen, ohne eigentlich hinzuhören, oder eine Technik auf eine leere, unehrliche Weise einsetzen, dann überlassen wir den anderen Menschen einer Art »Kommunikations-Service«. Das mag zwar eine Weile funktionieren, aber auf lange Sicht wird es ge-

nauso zerstörerisch sein wie Philips kleine Zeiter-
sparnis für seine Ehe.

Erwarten Sie nicht, alles zu gewinnen

Die meisten Verhandlungen mit richtigen Kontrollneurotikern fallen in die Kategorie »Ergebnis wenig
wahrscheinlich«. Selbst wenn die Bedingungen ideal
sind und Sie alles richtig machen, verlieren Sie wahrscheinlich oft mehr als Sie gewinnen. Lassen Sie sich
davon nicht abhalten, und was auch geschieht, bewerten Sie die Qualität ihrer Vorstellung nicht auf der
Basis, ob Sie das gewünschte Ergebnis erreicht haben
oder nicht. Urteilen Sie statt dessen unter dem Aspekt
des Ausmaßes, in dem Sie in der Lage waren, *Ihren
besten Schuß abzufeuern*. Gehen Sie beispielsweise
davon aus, daß unter idealen Bedingungen Ihre Chancen, einen bestimmten Punkt zu gewinnen, eins zu
fünf standen. Haben Sie diese zwanzig Prozent voll
genutzt? Oder verließ Sie auf halbem Weg der Mut,
weil Sie »vermutlich ja doch keinen Erfolg haben würden«, und haben Sie sich deswegen nicht genug Mühe
gegeben, womit Sie Ihre tatsächlichen Chancen von
zwanzig Prozent auf fünf oder zehn verringerten?

Alles, was zu tun sich lohnt, lohnt sich, schlecht getan zu werden

Das wurde früher schon gesagt, verträgt aber eine
Wiederholung. Die einzige Möglichkeit, daß Sie je
lernen, etwas gut zu tun, besteht darin, daß Sie sich
selbst die Erlaubnis erteilen, Fehler zu machen und

unbeholfen auszusehen und zu klingen, wenn Sie anfangen. Die meisten Leute akzeptieren das, wenn sie Skilaufen oder Radfahren lernen. Aber Kommunikation ist ein bißchen anders. Es ist *peinlich*, unbeholfen oder unsicher zu klingen. Doch in der Lage zu sein, herumzustolpern und eine Weile schrecklich zu klingen, ist ein ungeheuer wichtiger Teil des Lernprozesses. Erteilen Sie sich die Erlaubnis dazu. Fähigkeiten, die Sie in einem Seminar oder mit Hilfe eines Ratgeberbuchs lernen, lassen nach, wenn Sie sie nicht üben. Es wäre schade, wenn Ihnen das passieren würde, weil Sie sich Sorgen machen, was andere Leute vielleicht denken, wenn Sie etwas falsch machen.

Hier wird manchmal den Seminarteilnehmern eine Taktik der Vorwegnahme vermittelt, die ihre neuen Fähigkeiten gern im Beruf einsetzen möchten, aber Angst haben, daß der Chef diese Unbeholfenheit in der Lernphase kritisieren oder falsch beurteilen könnte.

Der Teilnehmer wird angewiesen, sich bald nach der Rückkehr von dem Seminar mit seinem Chef zu treffen und etwas zu sagen wie: »Danke, daß Sie mich zu dem Kursus geschickt haben. Es war eine wertvolle Erfahrung, und ich glaube, die Firma wird diese Investition haufenweise zurückbekommen. Ich werde anfangen, die dort gelernten Fähigkeiten sofort anzuwenden. Wenn ich also in den nächsten paar Tagen ein bißchen merkwürdig klinge oder handele, sehen Sie mir das bitte nach. Der Stoff ist immer noch neu für mich, und ich bin vielleicht noch nicht sehr gut. Aber wir haben Zeit und Geld in das Seminar investiert; ich will üben, bis ich alles wie am Schnürchen kann.« In den meisten Fällen wird der Chef gegenüber seinem Angestellten nicht nur nachsichtig sein, sondern wird auch ehrliche Anerkennung für die zusätzliche Mühe aussprechen. Und natürlich hat der Angestellte jetzt die Erlaubnis, ein paar Fehler zu machen.

Überprüfen Sie, ob Sie eine Variation zu dem Thema finden, durch die Sie die Erlaubnis bekommen, es eine Weile »schlecht zu machen«, während Sie Ihre neuen Fähigkeiten üben.

»Sei wie das Wasser, nicht wie der Fels«

Dieses alte japanische Sprichwort bezieht sich auf die Wirkung des Wassers, die es ausübt, wenn es ein felsiges Flußbett hinunterfließt. Die Felsen stehen fest und undurchdringlich da, während das Wasser nachgibt, die Richtung wechselt und um die Felsen herumfließt, um seinen Weg nach unten fortzusetzen. Aber kehren Sie in drei- oder vierhundert Jahren zurück, dann haben sich die Dinge verändert: Diese majestätischen, undurchdringlichen Felsen sind nirgends mehr zu finden! Sie wurden abgetragen, während das Wasser friedlich weiterfließt.

Geduld und Hartnäckigkeit sind Eckpfeiler der Aikido-Alternative. Die meisten Kämpfe werden nicht mit einem einzigen Schlag entschieden, und die meisten Kontrollprobleme werden nicht in einer Sitzung entschieden. Wenn Sie bei ihrem Kontrolleur nicht so gut vorankommen, verfallen Sie nicht in Panik. Bleiben Sie dran. Schalten Sie auf andere Methoden um, wenn Sie meinen, daß die von Ihnen eingesetzte unwirksam ist, aber machen Sie hartnäckig weiter. Seien Sie geduldig. Geben Sie sich genügend Zeit, damit Sie die Wirkungen Ihrer Taktik der Ausrichtung und Umorientierung entwickeln können.

In einigen Fällen können die Dinge sich eine Zeitlang verschlechtern, bevor sie sich bessern. Das bedeutet, der Kontrolleur kann wütender, eigensinniger
werden oder sich vielleicht noch mehr Mühe geben,
Sie zu kontrollieren. Das ist im allgemeinen ein Zeichen dafür, daß Ihre Anstrengungen anfangen, Wirkung zu zeigen: Bleiben Sie dran. Denken Sie an
das »Netz-Modell« aus Kapitel 6: Schneiden Sie nur
immer einen Faden durch. Am Ende wird das Netz
schwächer, und Sie können sich befreien.

Was tun, wenn nichts funktioniert?

Oder Sie können es vielleicht nicht. Leider gibt
es Menschen, die weiterhin versuchen werden, Sie
zu kontrollieren, ganz gleich, was Sie tun. Manche
können in der Lage sein, bei Ihnen erfolgreich einen
Kurzschluß auszulösen, weil Sie einen Arbeitsplatz
brauchen, an Ihre Kinder denken müssen oder nicht
glauben, daß Sie es allein schaffen. Andere werden in
der Lage sein, Sie einfach deshalb zu manipulieren,
weil Sie sie lieben. Sie werden nicht zweimal überlegen, Ihre Liebe gegen Sie einzusetzen, und werden
deswegen hinterher nicht den Hauch eines schlechten Gewissens haben.

Alles, was bisher gesagt wurde, gilt noch. Aber während Sie weiterarbeiten, behalten Sie auch im Auge,
was die Beziehung mit dem Kontrollneurotiker Sie
kostet. Wenn die Beziehung anfängt, Sie mehr zu kosten als Sie zurückbekommen – und wenn ziemlich
klar ist, daß sich nichts ändern wird –, dann kann es an
der Zeit sein, daß Sie entscheiden, ob Sie bleiben oder
gehen wollen.

Die Wahl treffen

Diese Art der Wahl ist außerordentlich schwierig und schmerzhaft; im allgemeinen gibt es keine einfachen Antworten. Manchmal wissen wir im Herzen schon, daß wir eine Ehe beenden, den Arbeitsplatz wechseln, eine Freundschaft auflösen oder einen freundlichen, hart arbeitenden, aber letztlich unfähigen Angestellten feuern sollten. Aber die praktischen und/oder emotionalen Folgen wären verheerend. Also bleiben wir in der Beziehung, behalten den Arbeitsplatz, beschäftigen den Angestellten weiter – und verbringen dann die Hälfte unserer wachen Zeit damit, daß wir über den Ärger und die Schmerzen klagen, die die Beziehung weiterhin verursacht. Wir hassen abwechselnd den anderen Menschen, weil er soviel Elend schafft, und uns selbst, weil wir so schwach sind.

Es geht über den Rahmen dieses Buches hinaus, sich mit solchen Entscheidungen zu befassen. Führen Sie Tagebuch, gehen Sie zu einer Selbsthilfegruppe, vertiefen Sie sich in die Ratgeberliteratur, reden Sie mit einem vertrauenswürdigen Freund, Pfarrer, Berater oder Therapeuten – all das kann helfen. Andererseits hilft manchmal gar nichts. Freunde, religiöse Überzeugungen, professionelle Beratung und andere Hilfen können ungeheuer wertvoll sein. Aber letzten Endes müssen Sie die Entscheidung, die Verantwortung für die Konsequenzen dieser Entscheidung und alle begleitenden Zweifel und Schmerzen selbst tragen.

Außerdem, ganz gleich, wieviel Hilfen Sie haben, ganz gleich, wie hart Sie mit Ihnen arbeiten, Sie werden fast nie über genug Informationen verfügen, um eine wirklich »rationale« Entscheidung zu treffen. Sie werden unsicher bleiben, ins Dunkel schießen. Und ganz gleich, welche Entscheidung Sie treffen, ein Teil von Ihnen wird immer überzeugt sein, daß es die falsche war. Doch dem Problem weiterhin auszuweichen verschlimmert alles nur noch. Nur wenn Sie sich dem Problem stellen und etwas unternehmen, können Sie hoffen, einmal frei zu sein.

Gründe, aus denen Sie vielleicht eine Beziehung nicht beenden wollen . . ., aber

- Sie könnten Ihren Arbeitsplatz verlieren und Schwierigkeiten haben, einen neuen zu finden oder bis dahin ohne einen Scheck zu überleben.
- Sie sind nicht gewillt oder emotional nicht vorbereitet, eine Scheidung durchzuziehen oder eine Beziehung zu beenden.
- Der Kontrollneurotiker neigt zu Gewalt, und Sie wissen aus Erfahrung, daß Widerstand gegen seine Kontrolle oder eine Veränderung des Status quo bei ihm ein Auslöser ist.
- Der Kontrollneurotiker ist emotional instabil, schwer depressiv, in Trauer über einen Verlust, Alkoholiker oder Drogenabhängiger im Anfangsstadium des Entzugs oder durch sehr viel Streß belastet; und Sie haben Grund zur Annahme, daß eine gegenwärtige Veränderung Ihrer Beziehung ihm den Rest geben würde.
- Im Augenblick können Sie in Ihrem Leben eine zusätzliche größere Streßquelle einfach nicht ertragen – Sie sind sowieso nervlich schon vollkommen am Ende.

- Der Kontrollneurotiker ist ein Elternteil von Ihnen oder jemand, zu dem Sie eine lange Beziehung haben. Sie wissen, daß es selbst bei einer neuen Festlegung der Beziehung unwahrscheinlich ist, daß sich etwas ändert, und es lohnt den ganzen Aufwand nicht.
- Das Kontrollverhalten der anderen Person ist der einzige größere Fehler in einer ansonsten zufriedenstellenden Beziehung. Unter dem Strich sind Sie bereit, das Schlechte neben dem Guten zu akzeptieren.

Manchmal steht Ihnen nur eine durchführbare Alternative zur Verfügung: Sie *müssen* in der Beziehung bleiben, weil die Umstände Sie dazu zwingen. Barbara beispielsweise, die alleinstehende Mutter, die für einen chauvinistischen Chef arbeitete (Seite 72), hatte keine andere Wahl, als trotz der Demütigungen, die sie erleiden mußte, an ihrem Arbeitsplatz zu bleiben. Was ist mit Leuten wie Barbara? Wenn Sie nur eine Möglichkeit haben, können Sie diese Möglichkeit dann noch *wählen*? Oder werden Sie dazu gezwungen, das zu tun, was Sie tun, weil Sie »keine Wahl haben«?

Philosophisch kann man darüber streiten. Aber vom praktischen Standpunkt aus ist die Antwort klar: *Es liegt bei Ihnen!* Sie können das gefangene, unglückliche Opfer der Umstände spielen, verärgert, voller Widerstand, leidend. Oder Sie können sich *frei für die einzige Ihnen zur Verfügung stehende Möglichkeit entscheiden*, den Kopf hoch erhoben, auf der Suche nach Früchten, aus denen Sie etwas Saft pressen können.

Das ist nicht nur eine Frage des positiven Denkens

und der Anständigkeit. Sie finden sich nicht einfach ab oder machen sich vor, daß Sie sich besser fühlen. Sie sind eher wie der Aikidoka, der den Vorteil an seinen Gegner verloren hat und gleich auf die Matte geworfen wird. Im Idealfall wird er lieber selbst den Wurf ausführen, aber die Dinge haben sich eben nicht so entwickelt. Statt nun Zeit auf das zu verwenden, was hätte sein können, »geht er mit dem Strom« und *entscheidet sich, geworfen zu werden.*

Jetzt versucht der Ausübende des Aikido, ein perfekt im Gleichgewicht befindlicher und konzentrierter »Geworfener« zu sein. Nicht nur, daß er seinem Gegner keinen Widerstand leistet, er hilft ihm tatsächlich, den Wurf auszuführen. Damit behält er einen Teil der Kontrolle über das, was passiert, und kann die an der Bewegung beteiligten Energien teilweise umlenken. Fast buchstäblich »den Tiger in die Richtung reitend, in die er geht«, fliegt er durch die Luft, landet exakt so, wie er es geplant hat, und rollt schnell wieder auf die Füße. Er ist konzentriert, im Gleichgewicht, auf die Mitte ausgerichtet und sofort bereit, den Wettbewerb fortzuführen – vermutlich bereiter als sein Gegner, der erwartet hat, einen niedergeworfenen und vorübergehend hilflosen Widersacher auf der Matte liegen zu sehen.

Hat der Aikidoka sich wirklich dafür entschieden, geworfen zu werden, oder hatte er keine Wahl? Vom praktischen Standpunkt aus ist das eigentlich nicht wichtig. Die Entscheidungen, die er getroffen hat, gaben ihm ungeheure Macht und Kontrolle, *obwohl er geworfen wurde!* Sie können lernen, auf dieselbe Weise Ihre Wahl zu treffen – und als Ergebnis davon zumindest ein wenig derselben Macht zur Verfügung haben.

Wenn Sie sich zum Bleiben entschließen

Kehren wir zu Barbara zurück. Im großen und ganzen gefällt ihr ihre Arbeit, sie hat eine flexible Arbeitszeit, wenn Probleme mit dem Babysitting es notwendig machen, und Tatsache ist, daß sie vermutlich ein geringeres Einkommen hinnehmen müßte, wenn sie in ihrer augenblicklichen Lage wegginge. Sie spart das bißchen, das ihr übrigbleibt, damit sie wieder zur Schule gehen kann, und sie will ihr Einkommen natürlich nicht verringern, wenn es nicht unbedingt notwendig ist. Andererseits nennt Barbaras Chef Tony sie »Liebling«, kann ein bißchen zu plump-vertraulich mit seinen Händen sein und denkt offenbar, daß Frauen dazu geboren sind, Kaffee zu holen und Kinder zu kriegen. Zusätzlich lädt er Barbara regelmäßig zum Abendessen ein, trotz ihrer deutlichen Signale (so jedenfalls Barbara), daß sie kein Interesse an einer freundschaftlichen Beziehung hat.

»Sie können sich nicht vorstellen, wie ich mich darüber ärgere!« fuhr sie fort. »Ich bin freundlich zu Tony, weil ich es sein muß, aber jedesmal, wenn er bei einem Gespräch seine Hand auf meinen Arm legt und ich nicht darauf spucke, fühle ich mich wie eine Hure. Was ist der nur für ein Schleimer.«

»Haben Sie ihn je gebeten, Sie nicht anzufassen?«

»Mehrmals. Ach ja, dann nimmt er seine Hand weg, macht aber einen dummen Witz darüber, wie empfindlich ich bin. Und dann ist er ein paar Tage später wieder dabei. Mir ist sowas wirklich peinlich. Ich vermute, ich bin nicht sehr selbstbewußt.«

Barbara sagte, daß sie die meisten Leute am Arbeitsplatz gern mochte und nicht für Unruhe sorgen wollte, indem sie sich offiziell beschwerte. Sie wollte einfach nur, daß das Problem verschwand. Sie ärgerte sich über die Situation, haßte sich selbst, weil sie nicht energischer mit Tony umging und hatte sich manchen Nachmittag verdorben, indem sie sich abwechselnd über Tonys letztes gurrendes »Liebling, könnten Sie mir einen Kaffee bringen, Sie sind ein liebes Mädchen« ärgerte und sich voller Sorgen überlegte, was sie sagen würde, wenn Tony sie für den Abend wieder einlud.

Schreiben Sie es
in Ihre Arbeitsplatzbeschreibung

Im Grunde spielte Barbara das Opfer und brauchte Hilfe, um einen anderen Ansatz zu finden. So sehr ihr Chef auch ein unsensibler Chauvi sein mochte (und nichts von dem folgenden sollte als ein Versuch ausgelegt werden, Tony vom Haken zu lassen), der größte Teil der Frustration, Hilflosigkeit und Selbstverachtung, die sie als Folge seines Handelns empfand, wurde von Barbara selbst verursacht.

Ich fragte Barbara, ob sie bereit wäre, sich aktiv und frei zu *entscheiden*, für Tony zu arbeiten, trotz Chauviverhalten, Schleimerei und so. Als sie empört nein sagte, erinnerte ich sie daran, daß sie genau das tut, wenn sie jeden Morgen aufsteht, die Zähne putzt und sich kämmt.

»Aber ich habe keine Wahl! Ich brauche das Geld!« antwortete sie ein bißchen verärgert.

»Das stimmt nicht. Wenn es Ihnen wichtig genug wäre, könnten Sie viele andere Dinge tun.«

Jetzt ging Barbara in die Luft. »Aber Tony hat nicht das *Recht,* mich so zu behandeln!«

»Sie haben vollkommen recht – Tony ist weit entfernt vom richtigen Verhalten. Aber was soll's? Sie können oder wollen nichts dagegen unternehmen. Er wird sich mit Sicherheit nicht freiwillig ändern, und der rettende Ritter mit der Maske läßt noch Wochen auf sich warten. So ist es eben.

Wenn Sie sich jetzt ›entscheiden‹, für Tony zu arbeiten«, fuhr ich fort, »dann stehen Sie morgen früh auf, gehen zur Arbeit und werden vielleicht ein paarmal von ihm eingeschleimt. Wenn Sie sich andererseits weiterhin höllisch über die ganze Situation ärgern, sich selbst sagen, wie unfair das alles ist, und morgen nur für ihn arbeiten, weil Sie das müssen, dann stehen Sie auf, gehen ins Büro und werden vielleicht ein paarmal von ihm eingeschleimt. Sieht so aus, als ob es so oder so auf dasselbe hinausläuft, nicht? Sie können an Ihrer ›Hilfloses-Opfer‹-Sichtweise festhalten, wenn Ihnen das wichtig ist. Aber eigentlich haben Sie nichts zu verlieren, wenn Sie etwas anderes ausprobieren.«

Nach ein paar weiteren Geschichten darüber, wie man in die Richtung des Schleuderns mitsteuert, über Aikidoka, die sich entscheiden, geworfen zu werden usw., stimmte Barbara zu, sich zu »entscheiden«, für Tony zu arbeiten. »Aber wie mache ich das?« fragte sie.

Barbara bekam den Auftrag, an dem Abend nach Hause zu gehen und *eine detaillierte Arbeitsplatzbeschreibung aufzuschreiben* – einschließlich der Pflichten, Höhe des Gehalts, Vergünstigungen, alles. Dabei sollte sie die Teile der Arbeit betonen, bei denen sie auch für Tony tätig war – nicht für den Tony, den es geben *sollte*, sondern den Tony, den es tatsächlich gab.

Einer ihrer Punkte las sich beispielsweise so: »Ich bekomme 15,25 Dollar die Stunde bezahlt, um für einen Chef zu arbeiten, der mich ›Liebling‹ nennt und mich anfaßt, wenn er redet.« Ein weiterer: »Ich bekomme ein Gehalt und inoffiziell flexible Arbeitszeit zugestanden, um mich mit einem unsensiblen Chef abzufinden, der keinerlei Hinweise versteht.«

»Also«, fragte ich sie, als sie mir ihre neue Arbeitsplatzbeschreibung brachte, »ist das eine recht genaue Beschreibung dessen, was im Büro los ist und was Sie dafür bekommen?«

»Natürlich!« sagte sie. »Aber so sollte es nicht sein!«

»Vielleicht nicht, aber . . .«

»Ich weiß, so ist es nun einmal«, antwortete sie und beendete meinen Satz an meiner Stelle.

»Richtig. Akzeptieren Sie also die Aufgabe? In dem Wissen, was Sie zu erwarten haben? Freiwillig? Ohne Ärger? Bezahlung für geleistete Dienste? Einen ehrlichen Arbeitsvertrag?«

»Vermutlich ja«, sagte sie und lächelte ein bißchen über meine Förmlichkeit und gespielte Strenge.

»Gut. Wenn also Tony das nächste Mal kommt und Sie einschleimt, muß Ihnen das nicht unbedingt gefallen, Sie können ihm deswegen sogar das Leben schwermachen, wenn Sie wollen. Aber *nehmen Sie es nicht persönlich!* Es ist nur ein Teil Ihres Arbeitsvertrages. Ergibt sich aus dem Arbeitsbereich. Das bedeutet nicht, daß er Sie ausnutzt oder daß Sie sich kompromittieren oder sonst was. Es ist geschäftlich. Entspannen Sie sich einfach, atmen Sie durch und sagen Sie sich: ›Ich bekomme 15,25 Dollar die Stunde, um mich mit einem sexistischen Chef mit der Sensibilität eines Rettichs abzufinden.‹ Es ist *nur geschäftlich.*«

»Aber bedeutet das, daß ich mich für den Rest meines Lebens mit so einer Behandlung abfinden muß?«

»Sie haben sich zunächst einmal damit abgefunden und sich obendrein das Leben schwergemacht. Aber lassen wir das. Nein, das bedeutet es nicht. Ganz im Gegenteil. Es wird Ihnen helfen, daß Sie aufhören, sich selbst zu hassen und sich die Nachmittage zu verderben, weil Sie sich Sorgen darüber machen, wie Sie behandelt werden. Und wenn Sie auch noch die Art, wie Sie behandelt werden, *verändern* möchten, großartig! Reden wir darüber.«

Barbara und ich sprachen über das Thema Selbstbehauptung. Sie stimmte zu, daß sie in dem Bereich ein bißchen arbeiten müßte, und räumte ein, daß Tony sie vermutlich nicht feuern würde, wenn sie selbstbewußter mit ihm umging. »Vermutlich würde es ihm irgendwie sogar gefallen; ich weiß, ich wäre dann eine bessere Angestellte. In Wirklichkeit ist er nicht *ganz* der Schleimer, zu dem ich ihn gemacht habe. Ich bin ihm gegenüber nur so verdammt empfindlich.«

Barbara war einverstanden, ihrer neuen Arbeitsplatzbeschreibung die folgenden Zeilen hinzuzufügen: »Einer meiner Pläne für die nächsten neunzig Tage ist, die folgenden Selbstbehauptungsfähigkeiten zu entwickeln (wir stellten eine Liste mit Grundfähigkeiten auf) und sie bei Tony anzuwenden. Letzter Termin (Datum) für das Projekt und meine speziellen Ziele sind (sie führte mehrere Ziele an, die sich beobachten lassen).«

In den nächsten Monaten lernte Barbara tatsächlich, Tonys Verhalten weniger persönlich zu nehmen. Sie schloß den Kursus in Selbstbehauptung erfolgreich ab. Nach und nach entwickelte sie die Fähigkeit, Blickkontakt mit Tony zu halten, ihn aufzufordern, seine Hände im Zaum zu halten, und Einladungen zum Abendessen, die sie nicht wollte, abzulehnen.

Tony seinerseits änderte sich nicht sehr. Er blieb der unsensible, ziemlich flegelhafte (wenn auch im

Grunde wohlmeinende) Chauvi, der er immer gewesen war. Aber nach einiger Zeit kümmerte Barbara das nicht mehr sonderlich. Sie hatte ihn tatsächlich »in ihre Arbeitsplatzbeschreibung hineingeschrieben« – hatte gelernt, ihn so zu nehmen, wie er war, und nicht zuzulassen, daß er ihre Lebensqualität einschränkte. Die Erleichterung und die Selbstsicherheit, die sich dadurch einstellten, ließen sie dann noch weitergehen, veränderten ihr Verhalten, wie es vorher nie möglich war. Und weil sie nicht mehr so ein leichtes Opfer war, fing Tony nach und nach an, sich zurückzuziehen.

Zusammenfassung: Entscheiden Sie sich bewußt für den Verlauf Ihres Handelns, auch wenn Ihnen nur eine Möglichkeit zur Verfügung steht. Die Verantwortung für diese Wahl zu übernehmen wird Ihnen helfen, einen aktiven Standpunkt einzunehmen, statt sich wie ein hilfloses Opfer zu verhalten. Akzeptieren Sie die Probleme lieber, die Sie nicht ändern können, statt sich über sie zu ärgern oder sich ihnen zu widersetzen. *Schreiben Sie sie in Ihre Arbeitsplatzbeschreibung.* Dann arbeiten Sie an den Teilen der Situation, an denen Sie etwas ändern können. Wer weiß, vielleicht bessern sich die Dinge. Oder Ihre Bedingungen verändern sich auf eine Weise, die es Ihnen möglich macht, eine andere Alternative in Betracht zu ziehen: die Beziehung ein für allemal aufzulösen.

Wenn Sie sich entscheiden zu gehen

Als Kim ans College zurückkehrte, machte sie mehrere Entdeckungen, die ihr die Augen öffneten. Sie entdeckte, daß sie nicht so dumm war, wie sie gedacht hatte oder wie Alan sie glauben ließ. Sie machte die Erfahrung, daß andere Leute sie mochten, so wie sie war, und sogar zu ihr aufsahen – kein Formen, Kneten oder besondere Anweisungen waren nötig! Ihre Selbstachtung und ihr Selbstvertrauen wuchsen sprunghaft. Naiv wie sie war, erwartete Kim, daß Alan über diese Veränderung erfreut sein würde. Raten Sie mal, was passierte!

»So wie er sich verhielt, hätte man meinen können, ich sah einen ganz anderen Burschen vor mir«, sagte Kim. »Er fing mit seinem Wettbewerb an. Wenn er mich dazu brachte, ihm meine Aufmerksamkeit zu schenken und nicht meinen Hausaufgaben oder meinen Freunden vom College, hatte er gewonnen. Und Sie wissen, daß Alan es haßt zu verlieren. In meinem ersten Semester am College war er fordernder und übte mehr Kontrolle aus als je zuvor.«

Alan probierte jeden erdenklichen Trick aus, um Kims Selbstbewußtsein zu untergraben und sie wieder unter seine Kontrolle zu bekommen. Sie setzte die Aikido-Strategien ein, die sie auf einem Wochenendseminar gelernt hatte, war aber nur begrenzt erfolgreich damit. »Er schaltete einfach um in seiner Taktik«, sagte Kim. »Wenn ich ihm gesagt hatte, mich nicht um Vorschläge zu bitten und sie dann ins Lächerliche zu ziehen, machte er Pläne, die nicht zu meinem Stundenplan paßten und sagte dann, ich hätte ihn ja gebeten, mich nicht zu fragen. Er hörte auf, mich zu bearbeiten, etwas mit ihm zu unternehmen, wenn ich lernen mußte. Statt dessen versuchte er mich zu verführen oder zu bestechen. Es nahm einfach kein Ende.«

Nachdem sie zu dem Schluß gekommen war, daß ihr Leben weniger streßbelastet sein würde, wenn sie

Alan nachgab und ihm in jeder Weise entgegenkam, nahm Kim in ihrem zweiten Semester ihr friedenstiftendes Muster wieder auf. »Alan war begeistert«, sagte Kim. »Aber ich fühlte mich elend.«

Kim war zwischen Altem und Neuem gefangen. Schmeicheln, beschwichtigen, die wahren Gefühle unterdrücken, alle Konflikte glätten waren keine automatischen Verhaltensweisen mehr. Kim war sich ganz und gar bewußt, was sie tat, und es war schwer für sie, sich vor sich selbst zu rechtfertigen, schwerer als vor jedem anderen. »Meine Freundinnen vom College wollten nicht glauben, womit ich mich abfand. Sie fragten mich immer wieder, warum ich zuließ, daß Alan mich so behandelte, und als ich hörte, was ich ihnen erzählte, wurde *mir* schlecht.«

Als Kim merkte, daß sie vor und während der Besuche von Alan Panik spürte und Migräne bekam und erleichtert und entspannt war, wenn sie weit weg von ihm war, wurde ihr schließlich klar, daß sie das Handtuch werfen mußte.

Kim beendete ihre Beziehung zu Alan vor etwa einem Jahr. Gegenwärtig arbeitet sie an ihrem Abschluß am College und ist verliebt in einen Mann, den sie als »ganz anders als Alan« beschreibt. »Er wird nie soviel Geld verdienen, nie engen Kontakt zu den Reichen und Prominenten haben, nie soviel über gute Weine wissen«, sagte sie. »Aber er ist gelassen und verständnisvoll und genau das, was ich brauche.«

Den Bruch herbeiführen

Wie Kim herausfand, sind manche Menschen nicht bereit, sich zu ändern, und lassen den anderen ständig dafür bezahlen, wenn er sich auf die eine oder andere Weise verändert. Wenn diese Beschreibung auf den Kontrollneurotiker in Ihrem Leben zutrifft und Sie einen Punkt erreicht haben, an dem Sie nicht mehr genügend Vorteile bekommen, die es rechtfertigen, sich mit diesem Menschen abzufinden, dann ist es Zeit, darüber nachzudenken, Ihre Situation zu verändern oder ganz aus ihr herauszukommen.

Die Möglichkeit hat Ihnen immer zur Verfügung gestanden, aber aus dem einen oder anderen Grund haben Sie den Gedanken oder die Ausführung zurückgestellt. Einen Arbeitsplatz aufzugeben, eine Beziehung zu beenden, selbst den Kontakt zur kontrollierenden Mutter zu beschneiden oder weniger Zeit mit einem kontrollierenden Freund zu verbringen, ist etwas, das man nicht leichtnehmen oder übereilt tun sollte. Doch wenn alle anderen Möglichkeiten erschöpft sind, wenn *Sie* dadurch erschöpft sind, daß Sie sie ausprobiert haben, und wenn – trotz all Ihrer Mühe – die Dinge sich nach und nach verschlechtert haben, *dann* kann das Verlassen der Situation an die Spitze Ihrer Liste mit den Möglichkeiten rücken.

Natürlich werden Sie nicht gleich aus der nächsten Tür stürzen. Handeln Sie nicht erst, um dann hinterher nachzudenken. Sie brauchen einen Fluchtplan.

Schritt eins: Legen Sie eine bestimmte Zeit fest, um einen letzten Versuch zu machen, das Problem zu lösen ohne wegzugehen. Versuchen Sie es mit irgendwelchen Möglichkeiten, die Sie vorher vielleicht gescheut haben – vor allem mit Hilfe von außen. Je nachdem was Sie zu erreichen hoffen, sehen Sie für diesen Zweck eine Woche, einen Monat oder mehr vor. Geben Sie sich ehrlich Mühe und feuern Sie bei diesem letzten Versuch Ihren besten Schuß ab; aber wenn Sie bis zum gesetzten Termin keine positiven Ergebnisse sehen, dann ist es Zeit, weiterzugehen.

Wenn die Dinge zu schlimm sind, können Sie natürlich eher gehen. Wenn sich jedoch andererseits Ihre Situation zum Besseren zu verändern beginnt, nehmen Sie sich die Freiheit, den Termin hinauszuschieben.

Schritt zwei: Sorgen Sie dafür, daß Sie einen Platz haben, an den Sie flüchten können – eine neue Arbeit in Aussicht oder genug Ersparnisse, damit Sie während der Suche leben können; einen Platz zum Leben, wenn Sie Ihre gegenwärtige Wohnung aufgeben müssen; Versorgung für die Kinder, wenn Sie außerhalb des Hauses arbeiten müssen; einen Scheidungsanwalt – mit anderen Worten, alles Notwendige für einen glatteren Übergang, einschließlich emotionaler Unterstützung.

Schritt drei: Bestimmen Sie genau, wie Sie den Bruch vornehmen werden, wenn Sie den Kontrollneurotiker in Ihrem Leben über Ihre Entscheidung informieren, selbst das, was Sie sagen wollen. Vielleicht wollen Sie das mit einem Freund proben. Versuchen Sie alle Eventualitäten zu bedenken, auch die Möglichkeit der Verzögerung Ihres Abgangs, wenn unvorhergesehene Umstände auftauchen.

Schritt vier: Führen Sie Ihren Plan aus. Seien Sie sich bewußt, daß Sie, wo immer Sie hingehen, sich selbst mitnehmen. Wenn Sie sich immer noch als ein machtloses Opfer schon und sich der Welt auf eine Weise präsentieren, die dazu führt, daß andere Leute Sie auch so sehen, werden Sie weiterhin Opfer bleiben. Wenn Sie sich immer noch dazu berufen fühlen, sich lieb Kind zu machen oder sich für das Wohlergehen anderer zu opfern, werden Sie sich weiterhin in Situationen wiederfinden, die von Ihnen genau das verlangen. Und wenn Sie weiter mit geballten Fäusten herumlaufen oder einen Koffer voller Ärger mitschleppen, werden Sie hinter jeder Straßenecke neue Widersacher finden. Die Veränderung Ihrer Situation wird nicht Ihr Leben verändern, wenn Sie nicht neue Einsichten gewinnen, ein neues Bewußtsein und neue Fähigkeiten, und sie einsetzen, um sich selbst zu ändern.

Zusätzliche Hilfe bekommen

Hin und wieder haben wir alle Schwierigkeiten, den Wald vor lauter Bäumen zu sehen. Wir können jahrelang in demselben Kreis fahren und jedesmal die Ausfahrt verpassen oder nie merken, daß man andere Straßen gehen kann. Manchmal sind wir einem Kontrollneurotiker zu nahe oder zu sehr in einer Kontrollfalle gefangen, um unsere Beteiligung objektiv zu bestimmen oder zu erkennen, was zu tun wäre. Wenige von uns können selbständig lebenslange Gewohnheiten ablegen oder lange vorhandene Muster verändern. Zum Glück gibt es Menschen und Mittel, die uns helfen, unsere Räder anzuhalten und uns dann wieder vorwärts zu bewegen.

Professionelle Hilfe

Wenn Sie Schwierigkeiten haben, sich aus einer Kontrollfalle zu befreien oder sicherstellen wollen, daß Sie nicht bald wieder in eine neue geraten, überlegen Sie, ob Sie nicht auf eine oder mehrere Möglichkeiten der Hilfe von außen zurückgreifen wollen.

Individuelle Therapie bietet Ihnen die persönliche

Aufmerksamkeit eines ausgebildeten, helfenden Experten – eines Psychiaters, Psychologen, Sozialarbeiters oder Beraters. Eine Therapie ist besonders nützlich, um Ihre alte Programmierung aufzudecken und Barrieren gegen die Veränderung abzubauen. Wenn Sie Ihren negativen Verhaltensmustern auf den Grund kommen, verbessern Sie Ihre Aussichten, alte Gewohnheiten abzulegen und sie durch effektivere Umgangsstrategien zu ersetzen.

Genauso wie Sie nicht mit jedem gut auskommen, den Sie kennenlernen, wird Ihnen auch nicht jeder Therapeut, der im Telefonbuch steht, helfen können. Therapeuten haben unterschiedliche Methoden, eine unterschiedliche Ausbildung und unterschiedliche Fachgebiete, die ihr Vorgehen bei der Behandlung von Patienten beeinflussen. Folglich kann es passieren, daß der erste Therapeut, den Sie konsultieren, vielleicht nicht die Hilfe geben kann, die Sie brauchen. Wenn Sie erkennen, daß Ihre eigene Angst davor, in einer Therapie zu sein, Ihnen im Wege steht, versuchen Sie dem Therapeuten Zeit zu geben, Ihnen zu helfen. Wenn Sie nach mehreren Sitzungen immer noch das Gefühl haben, daß Ihnen nicht geholfen wird, sagen Sie das Ihrem Therapeuten, wobei Sie klar zum Ausdruck bringen, was Sie beunruhigt und was Sie gern anders hätten. Ein seriöser Therapeut wird Sie bis zum Ende anhören und entweder versuchen, Ihre Bedürfnisse zu erfüllen, oder Sie an einen anderen Therapeuten verweisen. Sie haben das Recht, sich von jedem Therapeuten zu trennen, der Ihnen nicht hilft – *vor allem* von einem, der es Ihnen schwermacht, das auszusprechen.

Therapie von Paaren trägt dazu bei, die Einstellungen, Verhaltensweisen und Kommunikationsprobleme herauszufinden, die Sie innerhalb einer Beziehung in eine Kontrollfalle geraten lassen und darin festhalten. Ziel ist es, Ihre Beziehung zu stärken und Sie beide dazu zu bringen, neue, für beide befriedigende Verhaltensweisen in der Beziehung zueinander anzunehmen. Doch die Therapie von Paaren ist *nicht* darauf angelegt, zwei Leute um jeden Preis zusammenzuhalten. Tatsächlich können Sie und Ihr Partner feststellen, daß die Beziehung nicht funktionieren wird, ganz gleich, wie sehr sich einer von Ihnen verändert. Wenn Sie zu dieser Schlußfolgerung kommen, werden Sie in der Lage sein, in größerem Frieden davonzugehen, und Ihre Kontrollmuster werden sich in Ihrer nächsten Beziehung mit geringerer Wahrscheinlichkeit wiederholen.

Gruppentherapie bietet Ihnen einen sicheren Ort an, an dem Sie neue Kommunikationsfähigkeiten üben und sich selbst neu programmieren können. Während ein Therapeut die Interaktionen zwischen den Gruppenmitgliedern überwacht, können Sie Risiken eingehen und auf neue Weise Beziehungen zu anderen Menschen aufbauen. Nützliche und die Augen öffnende Einsichten ergeben sich sowohl bei den Gruppenmitgliedern als auch bei den Leitern, die praktische Vorschläge machen, die Ihnen helfen, sich zu behaupten, negative Selbsteinschätzung zu revidieren, Ihre Theorien zu Ihrer Wirkung auf andere Menschen praktisch zu testen und entstehende Interaktionen zu diskutieren und zu proben. Sie bekommen eine Rückkoppelung, die Ihnen bei der Feinabstimmung Ihres Vorgehens im Umgang mit den kontrollierenden Menschen in Ihrem Leben hilft.

Familientherapie behandelt die Familieneinheit als Patienten, so daß alle Mitglieder zusammenarbeiten können, um die Beziehungen und die Kommunikation zu verbessern. Dieses Vorgehen verhindert, daß ungute Gewohnheiten von einer an die nächste Generation weitergegeben werden, und läßt Familienmitglieder aufhören, sich unbewußt gegenseitig im Kontroll- oder Anpassungsverhalten zu unterstützen.

Selbsthilfegruppen

Selbsthilfegruppen und Gruppen mit Betroffenen sind eine ausgezeichnete Möglichkeit, Ihre Gefühl der Isolation abzubauen, indem sie Ihnen eine neue Perspektive Ihrer Probleme vermitteln, Ihnen helfen, Selbstvertrauen zu entwickeln und Ihre Kommunikationsfähigkeit zu verbessern. Der Prozeß, sich selbst zu helfen, indem man anderen Leuten hilft, hat sich als so effektiv herausgestellt, daß es in fast allen Gemeinden Hilfsgruppen für die Opfer von sexuellem Mißbrauch und die Täter, für Verwitwete, Geschiedene, erwachsene Kinder von Alkoholikern, Familien mit Geisteskranken und viele andere Problembereiche gibt. Wir wissen von keiner Selbsthilfegruppe für Leute, die es mit Kontrollneurotikern zu tun haben, aber wenn Sie eines der obengenannten Probleme haben, können die Gruppen Ihnen auch bei Ihren Kontrollproblemen helfen. Eine weitere Möglichkeit, und zwar eine, die Sie ernsthaft in Betracht ziehen sollten, besteht darin, eine eigene Selbsthilfegruppe zu gründen. Sie wären vielleicht überrascht, wie viele Ihrer Freunde, Nachbarn und Kollegen echtes Interesse zum Ausdruck bringen würden – aber nie selbst den Vorschlag gemacht hätten.

Kurse und Seminare

Je mehr Kommunikationsfähigkeiten Sie entwickeln, und je mehr Sie über sich und andere Menschen erfahren, desto besser werden Sie ausgerüstet sein, mit dem umzugehen, was Ihnen irgendwelche Kontrolleure in Ihrem Leben hinwerfen. Seminare, Wochenendkurse und langfristig laufende Kurse, die Kommunikationsfähigkeiten, Durchsetzungsvermögen, Streßabbau, Zeitmanagement oder Techniken der Visualisierung lehren, können besonders hilfreich sein. Ehekurse am Wochenende und Kommunikationskurse für Paare können eine Beziehung stärken, die durch Konflikte und Machtkämpfe beschädigt wurde. Kurse und Seminare in Ihrer Region können von Kirchen, Behörden, Einrichtungen der Erwachsenenbildung oder psychosozialen Einrichtungen organisiert oder gefördert werden. Informieren Sie sich.

Aikido-Unterweisung

Aikido-*Dojos* finden auch bei uns immer stärkere Verbreitung. Sehen Sie in Ihrem Telefonbuch nach oder wenden Sie sich an den Deutschen Aikido-Bund e. V., Präsident: Rolf Brand, Claudiusring 4 L, 2400 Lübeck. Gehen Sie einmal zu einem Trainingsabend, und sehen Sie sich an, was es mit Aikido auf sich hat. Unangemeldete Besucher sind in den *Dojos* fast immer willkommen; Sie werden sich eine Übungsstunde ansehen können, vielleicht auch eine Demonstration von fortgeschrittenen Aikidoka oder Lehrern. Der *Sensei* (Lehrer) wird Ihnen gern Ihre Fragen beantworten.

Gruppenunterricht ist im allgemeinen nicht sehr teuer. Je nach *Dojo* findet der Unterricht im allgemeinen mehrmals in der Woche statt. Die Schüler bezahlen meistens einen monatlichen Mitgliedsbeitrag, und für die Gebühr können sie an beliebig vielen Abenden teilnehmen. Zusätzlich bieten manche *Dojos* pauschal ein Einführungstraining an.

Lassen Sie sich nicht durch körperliche oder gesundheitliche Probleme davon abhalten, diese Variante der Aikido-Alternative auszuprobieren. Anders als viele andere Disziplinen betont die Aikido-Ausbildung die geistige und seelische Entwicklung weit mehr als die körperliche Selbstverteidigung. In manchen *Dojos* spielen die Rollen und Würfe, die man normalerweise mit den fernöstlichen Sportarten verbindet, nur eine untergeordnete Rolle im Trainingsprogramm.

Halten mit geöffneter Hand: Wiederaufnahme

Wir haben gemeinsam ein großes Gebiet bearbeitet; jetzt wird es für mich Zeit, mich anderen Dingen zuzuwenden. Ich hoffe, diese Seiten haben Ihnen einige nützliche Alternativen aufgezeigt und sie funktionieren auf die Weise, wie Sie es sich wünschen. Aber denken Sie bitte an das Gesetz der notwendigen Vielfalt: Je mehr Optionen und Alternativen Sie haben, desto besser sind Sie dran. Es gibt keine »richtigen Antworten«, keine »Wahrheiten«. Es gibt nur Möglichkeiten, und nichts ist für jeden richtig. Ich bitte darum, daß Sie die Gedanken, die Sie hier vielleicht gefunden haben, auf die Weise festhalten, wie der Junge den kleinen Spatz zu halten gelernt hat: mit geöffneter Hand. Denken Sie über sie nach, üben Sie sie, wenden Sie sie an – dann öffnen Sie Ihre Hand und schaffen Platz für andere Ideen, andere Möglichkeiten. Jene, die Sie behalten und weiterhin einsetzen wollen, werden Ihnen zur Verfügung stehen, wenn Sie sie brauchen.

Unsere gemeinsame Reise endet hier, aber die Reise endet nie. Ich wünsche Ihnen alles Gute.

Anhang

Weiterführende Literatur

Diese Liste von Lektürevorschlägen enthält einige der Bücher, die ich persönlich am nützlichsten gefunden habe. Doch die Liste ist notwendigerweise eine Widerspiegelung meiner eigenen Vorlieben, und sehr viele außerordentlich wertvolle Quellen sind nicht enthalten. Sehen Sie sich in einer guten Bücherei oder Buchhandlung die Bereiche Sucht, Selbsthilfe, Psychologie oder Freizeit an.

Bandler, Richard/Grinder, John: Struktur der Magie. Paderborn, 1981.

Beattie, Melody: Unabhängig sein. München, 1990.

Berne, Eric: Spiele der Erwachsenen. Reinbek, 1970.

Brand, Rolf: Aikido. Niedernhausen/Ts., 1991.

Brown, Stephanie: *Safe Passage. Recovery for Adult Children of Alcoholics.* New York: Wiley, 1991.

Cohen, Herb: Sie können alles erreichen. München, 1982.

Elgin, Suzette Haden: *Success with the Gentle Art of Verbal Self-Defense.* Englewood Cliffs, N. J.: Prentice-Hall, 1989.

Ellis, Albert: *How to Live with a Neurotic.* New York: Crown, 1975.

Ekman, Paul: Weshalb Lügen kurze Beine haben. Berlin, 1989.

Gendlin, Eugene: Focusing. Technik der Selbsthilfe bei der Lösung persönlicher Probleme. Salzburg, 1981.

Glasser, William: *Control Theory.* New York: Harper & Row, 1984.

Haley, Jay: Die Jesus-Strategie. Weinheim, 1990.

Hayakawa, S. I.: Sprache im Denken und Handeln. Darmstadt, 1981.

Keyes, Ken: Das Handbuch zum höheren Bewußtsein. München, 1990.

Lazarus, Arnold A.: Fallstricke der Liebe. Stuttgart, 1990.

Meichenbaum, Donald: Intervention bei Streß. Stuttgart, 1991.

Musashi, Miyamoto: Das Buch der fünf Ringe. Düsseldorf, 1983.

Piaget, Gerald W. and Barbara Binkley: *Overcoming Your Barriers: A Guide to Personal Reprogramming.* New York: Irvington, 1985.

– *How to Communicate Under Pressure: Dealing Effectively with Difficult People.* Portola Valley, Calif.: LAHB Press, 1985.

Rogers, David J.: *Fighting to Win: Samurai Techniques for Your Work and Life.* New York: Doubleday, 1984.

Westbrook, A. M. und O. Rotti: *Aikido and the Dynamic Sphere.* Rurland, Vt.: Charles E. Tuttle, 1970.

Register

381